圣严法师◎著

大藏经精华
圣严法师讲佛经

华东师范大学出版社

图书在版编目（CIP）数据

大藏经精华：圣严法师讲佛经／圣严法师著. —上海：华东师范大学
出版社，2014.2

ISBN 978 – 7 – 5675 – 1754 – 7

Ⅰ．①大… Ⅱ．①圣… Ⅲ．①大藏经 – 研究
Ⅳ．①B941

中国版本图书馆 CIP 数据核字（2014）第 025410 号

台湾法鼓山文教基金会授权
华东师范大学出版社有限公司独家出版简体中文版
上海市版权局著作权合同登记　图字:09 – 2012 – 904 号

大藏经精华：圣严法师讲佛经

著　　者　圣严法师
项目编辑　许　静　储德天
特约编辑　邱承辉
审读编辑　吴雅凌
封面设计　吕彦秋

出版发行　华东师范大学出版社有限公司
社　　址　上海市中山北路 3663 号,邮编 200062
网　　址　www.ecnupress.com.cn
电　　话　021 – 60821666　行政传真 021 – 62572105
客服电话　021 – 62865537（兼传真）　门市电话　021 – 62869887（邮购）
地　　址　上海市中山北路 3663 号华东师范大学校内先锋路口
网　　店　http://hdsdcbs.tmall.com

印 刷 者　北京京都六环印刷厂
开　　本　880 × 1230　32 开
印　　张　11.5
字　　数　330 千字
版　　次　2014 年 6 月第 1 版
印　　次　2014 年 6 月第 1 次印刷
书　　号　ISBN 978 – 7 – 5675 – 1754 – 7/B. 831
定　　价　35.80 元

出 版 人　朱杰人

二、般若波罗蜜多心经讲记

三、地藏菩萨的大愿法门

四、普贤菩萨行愿赞讲记

五、四十二章经讲记

六、佛遗教经讲记

佛教的根本修行方法

七、八大人觉经讲记

八、佛经精选

　　上求无上佛道，下度无边众生，是一切诸佛菩萨共同的慈悲大愿。虽然菩萨的愿望各不相同、各有殊胜之处，但无不是以利益一切众生为依归。

　　观世音菩萨因曾发愿，如果将来自己能利益、安乐众生，便立刻长出千手千眼，因而成就了广度众生的无量方便，以及"千处祈求千处应"的普门示现，成为广大佛子千百年来的心灵依怙。地藏菩萨的无尽誓愿，是在五浊恶世与无佛世界度众生，而且众生度尽后才愿成佛。普贤菩萨的十大愿，则是菩萨诸愿中最尊贵的，因而有"普贤愿王"之称。

　　菩萨修学万善万行、难行能行的慈悲"大行"，发起无私无尽、成就众生的深重"大愿"。圣严法师在本书中，为三位菩萨的大行与大愿，提供了清楚、扼要的概观。法师讲经一向顾及现代人的需求，总是以一般大众最容易接受的方式，使读者获得最大的利益，本书也不例外。

《普门品》的讲解，不采用传统科判方式，改以"本论"、"重颂"，以及"结论"三个纲目，做为解说主轴。地藏菩萨大愿法门部分，是从三部经典节录与主题相关的经文来讲解，反映出法师常以现代人较习惯的主题单元来讲经的特色。普贤行愿则包括《普贤行愿赞》与《普贤十大愿》一文的补充，两篇内容除了一般人较熟悉的《普贤行愿品》十大愿之外，还有普贤菩萨"十种威力"与"圆满七海"，资讯完整而丰富。俗话说："有愿必成。"许愿，是敦促我们前进的动力。圣严法师在《祈愿·发愿·还愿》一书中曾表示，每个人的一生都应该为自己、为众生、为未来，发清净而远大的愿，乃至担负"如来家业"的菩萨行愿。我们若是能效法菩萨精神发愿、行愿、乃至满愿，便是许给自己与这个世界一个美好的未来了。

《四十二章经》是一部编辑而成的最早汉译佛典，内容含摄大、小乘思想。圣严法师说："如果能充分了解这部经，并且照着去做，实际上已得佛法大概。"《佛遗教经》则是佛陀一生说法制戒的最后提醒。圣严法师与这部经有很深的因缘，从小沙弥时期开始便经常诵读，法师指出，若不懂此经，"对佛法的认识和实践将会有所偏差"。至于《八大人觉经》，可说是佛法的精义所在、自觉觉他的圣道行。法师称此经"内容丰实，组织严谨，如此简短精要，除了《心经》，于诸经之中尚无能出其右者"。

圣严法师的讲经方式是以一般人所熟悉的"分段标题"取代传统的"分科法"。内容释义方面，不站在任何宗派的立场，而是从现代人的角度出发，直接回归佛陀的本怀，以切合时代背景的诠释，让一般大众能应用在每日生活中。以《佛遗教经》为例，经中的若干规定对汉地寺院与丛林型态的僧众而言，不免有为难之处，使得有些僧众对于是否弘扬此经陷入了两难。法师主张，戒律有其时代性，我们应从佛陀制戒的精神与宗旨契入，而非死板地执著于经中的文字，才能没有顾虑地弘扬《佛遗教经》。这即是"古为今用"，它不但是圣严法师的解经特色，也向来是法师说法的原则。

佛陀如良医，为众生开出了八万四千种药方；佛陀又如慈母，临别前不忘殷切叮咛。今天，阅读圣严法师的解经讲记，我们仿佛踏着前人的脚印继承了一份源自千百年前的精神遗产。解脱的药方早已开出，使用方法也已经解释清楚，就等着我们去领悟、去实践，把这份遗教绵延不断地传递下去。

法鼓文化编辑部

Chapter 1
观世音菩萨普门品讲记

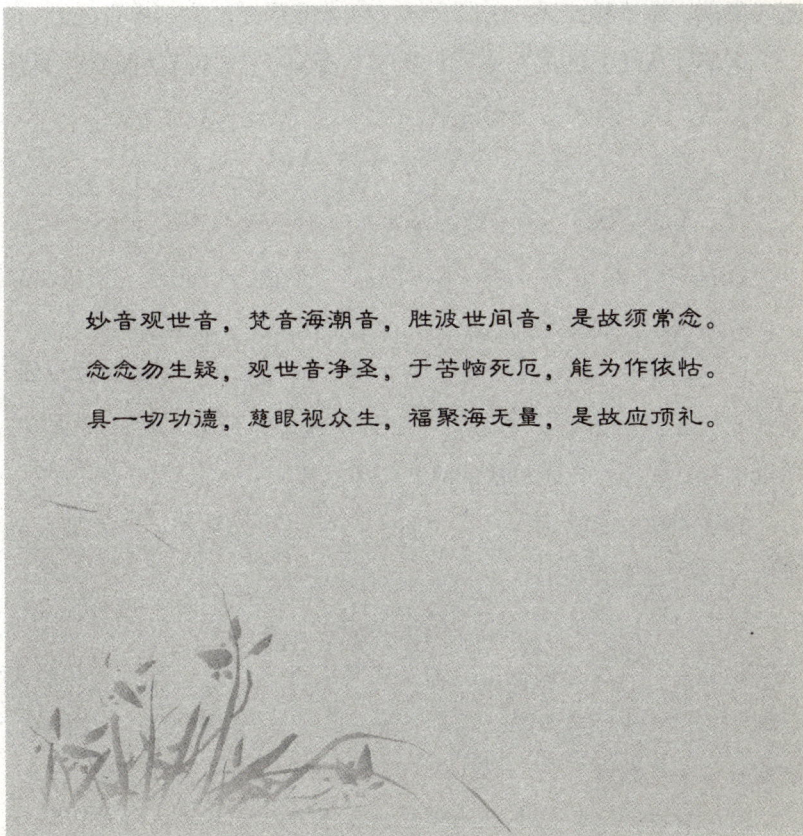

妙音观世音，梵音海潮音，胜波世间音，是故须常念。

念念勿生疑，观世音净圣，于苦恼死厄，能为作依怙。

具一切功德，慈眼视众生，福聚海无量，是故应顶礼。

绪 论

《观世音菩萨普门品》是《法华经》第二十五品，因为受到普遍的重视、流通和读诵，所以又以《观音菩萨经》为名单行成册。

这部经从高深的层面来看，极富有哲理，从其简易面看，又是非常易懂、人人都可接受的经典。

一、《法华经》与《普门品》

《法华经》全称为《妙法莲华经》，"妙法"意指是一切佛法之中最好的佛法；而将微妙的法句、法义贯串起来，便称为经。

佛法就像非常微妙的莲花，莲花出污泥而不染，莲藕营养美味，莲叶及花朵清洁芳香，花谢了之后会生莲子，莲子又可长成莲花，所以佛教常用莲花代表佛法的慈悲与智慧。

佛法的智慧能除烦恼，又使我们产生清净的慈悲；以智慧来除烦恼，以慈悲来度众生。

至于《普门品》的盛行，最早是由于五胡乱华时代的北凉国主沮渠蒙逊害了一场大病，正在群医束手，百药罔效之际，有一位来自印度的译经法师昙无谶，劝他至诚读诵《普门品》即可消障除病，能使身体恢复健康。

沮渠蒙逊就遵照昙无谶法师的指示去做，真的使他那场怪病不药而愈。因此,不但国主教令国人读诵《普门品》,很多人也自动地读诵《普门品》了。

所以,《法华经》是经中之王,《普门品》又成为《法华经》中与我国最有缘的一品。

二、观世音菩萨的因行与果德

观世音菩萨的修行法门在显教和密教中都很受重视,显教常用的两部经典中均有特别介绍观世音菩萨的,一部是《楞严经》,另一部就是《法华经》。

在《楞严经》中,观世音菩萨介绍自己修行的方法,所以称为因行,也就是在因中修行的法门。

《楞严经》卷六记载,在楞严会上,有二十五位大菩萨分别叙说自己所证得的圆通法门,最后由文殊菩萨评定,以观世音菩萨的耳根圆通最为殊胜。

观世音菩萨的耳根圆通修行方法,是耳根不向外闻,而是向内自闻耳根中能闻的闻性,由此做到"动静二相,了然不生";这也就是观察分析世间音声之虚妄不实,而能不受所动,入于如如不动的大解脱境。不像一般人的耳根是向外分别声音,以致于受外境例如赞叹或诽谤所动,生起贪、瞋、爱、恶的烦恼,促成杀、盗、淫、妄的恶业,再受轮转生死的苦报。

至于《法华经》则说的是观世音菩萨的果德,也就是观世音菩萨证得耳根圆通之后,来广度众生,用心耳来听得、知道一切众生的声音,然后处处度众生,时时度众生。而《普门品》就是说明、介绍观世音菩萨为什么叫作观世音菩萨，以及他如何广度众生的。

三、《法华经》的翻译者

译者是姚秦时代的三藏法师鸠摩罗什，姚秦是中国南北朝时代的胡人之国。鸠摩罗什出生于西域的龟兹国，被秦王苻坚派将军吕光，在 384 年自西域以武力请回，住在位于今日甘肃省的武威，也就是当时的凉州，而于 401 年到长安，406 年译出此经。

中国的佛经自梵文译成汉文，历经一千多年的历史，其中最有名的几位大翻译师中，第一位就是鸠摩罗什三藏法师，第二位就是玄奘三藏法师。一般都称鸠摩罗什法师翻译的叫作"旧译"或"古译"，唐太宗时玄奘法师翻译的叫作"新译"。

"观世音菩萨"的名字也有新译与旧译之别，最早译为"光世音"，鸠摩罗什法师译为"观世音"，玄奘三藏的《心经》译为"观自在"。

四、观世音菩萨的性别

很多人想知道观世音菩萨究竟是男是女？是印度人还是中国人？中国人说他是中国人，印度人说他是印度人；也有西方人告诉我，圣母玛利亚大概就是观世音。

曾经有人问我："观世音菩萨究竟是男是女？"

我说："你认为他是女的，他就是女的；你认为他是男的，他就是男的。"

究竟是男是女？我有一本小册子，名字就叫作《观世音菩萨》，内容将观世音菩萨介绍得很清楚，各位如果有兴趣可以看看。

在《普门品》中，观世音菩萨有三十三种不同的化身，《楞严经》中则举出了三十二种不同的化身，其中有男也有女，也有既非男也非女的。佛是中性的，大菩萨也是中性的，中文没有表达中性的语汇，但梵文中有男性、女性、中性之分，在表达佛与菩萨时都是用中性。

二十多年前我在日本，看到许多唐朝时代的观音像，不管是画的还是雕的，都有胡子；而在敦煌石窟壁画中的观世音菩萨像也有不少有胡子的，因此在唐朝翻译的八十卷《华严经》第六十八卷，介绍观世音菩萨时称为"勇猛丈夫观自在"，可见在隋唐以前的观世音是丈夫相，而非女人相。

将观音做成女相，是由于观世音菩萨经常示现妇女身度人的缘故。例如在《观音菩萨感应传》中，就记载了一则鱼篮观音的故事，内容是说在唐玄宗时陕西一带，当地很少人信仰三宝，有一天突然出现了一位非常美丽的少女，手上提着鱼篮在卖鱼。很多人都来向她买鱼，其中不乏想娶她为妻的人。这个女孩就说："你们人数这么多，我只能嫁一个人。如果有谁能背诵佛经，我就嫁给他。"于是就要他们背《普门品》。

结果第二天就有二十个人能背，她说："你们人数还是太多了，如果有谁能在一天之内背会《金刚经》，我就嫁给他。"结果还是有十个人会背。

于是她又说："我不能嫁给十个人。有谁能在一夜之间背会《法华经》，我就嫁给他。"结果竟然有一位姓马的青年背得出来，他很高兴能娶到这么一位漂亮的女子。

没想到新婚之夜，这个女孩子却害急症突然死了，并且立即腐烂，只好马上入殓，马姓青年很伤心。第二天来了一位老和尚，要他把棺材打开看看，结果里面什么都没有。老和尚就告诉他说："她不是卖鱼的女孩，而是观世音菩萨的示现。"因此，这位姓马的年轻人就发愿出家，弘扬佛法。

因为这个故事，"鱼篮观音"的形相就渐渐在中国民间流传开来，以致现在到处看得到示现女人相的观世音菩萨。

观世音菩萨为何常现妇女相？因为：1. 女人的苦难，自古以来，一直比男人多。2. 女人的特性，是慈和的，是柔忍的，例如伟大的母爱，在父性之中是不多见的。所以观世音菩萨的应现妇女身，乃是借女性受苦之多以表现菩萨的忍辱，借女性的母爱以表菩萨的慈悲。

尤其是以女人之身更能深入妇女群众，广度多苦多难的妇女。同时，《维摩经》中有言："先以欲钩牵，后令入佛道。"妇女之身除了可度女人及儿童；示现美艳的妇女之身，尚可广度男人，如同前面所说的鱼篮观音便是一例；当然，如果示现老妇人，则又可接近不同的群众。

五、观世音菩萨住在何处

观世音菩萨究竟住在哪里？佛经中有很多介绍。依据《悲华经》的记载，过去有位转轮圣王生了一千个儿子，第一个太子叫不眴，出家之后号观世音，第二个儿子叫作大势至，而转轮圣王就是后来极乐世界的无量寿佛，也就是阿弥陀佛。因此，阿弥陀佛成佛后，有两位大菩萨做为胁侍，常住在极乐世界，一位就是观世音，一位就是大势至。西方三圣就是根据《悲华经》而来的。

　　同时在《大阿弥陀经》、《无量寿经》和《观世音菩萨授记经》中，都说观世音菩萨是阿弥陀佛极乐世界的一生补处菩萨，在阿弥陀佛涅槃后，观世音菩萨就会成佛。

　　另外一部《观无量寿经》也是净土宗的经典，其中说娑婆世界的众生，希望生到阿弥陀佛的极乐世界，临命终时阿弥陀佛会带领观世音菩萨、大势至菩萨以及许多圣人手持莲台来接引临终之人往生；由此可知，观音菩萨的根本道场，是在西方极乐世界。

　　观世音菩萨不仅在人活着的时候救苦救难，在人往生时也接引人到西方极乐世界。所以如果平常只念观世音菩萨，没念阿弥陀佛，也可以往生阿弥陀佛的极乐世界，因为观世音菩萨本身就是在阿弥陀佛的极乐世界；也就是说，活着的时候念观世音菩萨有益，要往生时念观世音菩萨也一定能够往生弥陀净土。

　　又因为观世音菩萨无处不在，而且寻声救苦，有多少人求，就能给多少人救济，所以人称"救苦救难"、"大慈大悲"、"千手千眼"观世音菩萨。

　　千手千眼的观世音菩萨形相，是从《千手千眼大悲心陀罗尼经》而来的。这部经中说，观世音菩萨在过去千光王静住如来佛的时候，被教导受持《大悲咒》，那时他发愿，如果将来他可以利益、安乐一切众生，身上立刻就会长出千手千眼来，当观世音菩萨发完愿后，果然当下身上出现千手千眼。观世音菩萨的千手拿着各式各样的东西，不只有法器、文物，还有武器等，众生需要用什么样的方法离开烦恼、罪恶，观世音菩萨就用什么样的方法来救度。

　　另外在《华严经》中介绍善财童子参访的五十三位大菩萨，其中的第二十八位就是观世音菩萨，住于印度南方海边的普陀落伽山，这座山位于海面上，山上充满宝石，而且非常清净，满山遍布花草树木、好鸟、流泉、池沼，就像净土一样，观世音菩萨就住在那里。

　　而在中国人的信仰中，又以浙江省舟山市的普陀山为观世音菩萨的道场。那是由于五代时有位日本僧人慧锷，来华求法，请到了一座观世音菩萨的像，想要带回日本，但是行船经过舟山群岛时，被狂风阻挡了归程，传说当时海上长满了铁莲花，船只无法通过，于是只好把观世音菩萨送去供养在那座小岛上，从此以后来此朝拜的人多了，于是更名为普陀山，成为中国佛教四大名山之一。

　　西藏拉萨有一座布达拉宫，也就是梵文普陀落伽的意思。而且西藏传说他们过去有名的藏王和达赖喇嘛都是观世音菩萨的化身，所以把他们的住处叫作布达拉（即普陀落伽），观世音菩萨也成为西藏佛教中最重要的一尊菩萨。

　　在西藏，每个人都会念《六字大明王咒》——唵嘛呢叭咪吽，也就是观世音菩萨六字陀罗尼，这和念"南无观世音菩萨"的功能是完全相同的。

　　如此看来，观世音菩萨的道场，究竟是在印度，是在中国的浙江省，还是在西藏的拉萨？可谓莫衷一是。其实，我们对此问题，大可不必追问。只要你修观音法门，念观音圣号，观音菩萨就在你的面前，所以太虚大师曾说："清净为心皆补怛（普陀），慈悲济物即观音。"

本　论

　　这次讲说的方式和传统的讲经方式不太一样，传统对经文的科判都讲得很仔细；但这些我暂时略而不说，只以几个纲目为主轴，每个纲目之下又分有数个子题。在此我把《普门品》分为本论、重颂、结论三个纲目，主要的部分是第一个纲目，最后两个纲目比较简单。

一、为何名为观世音菩萨

（一）观声救苦——救济七难

　　尔时无尽意菩萨，即从座起，偏袒右肩，合掌向佛，而作是言：世尊！观世音菩萨，以何因缘，名观世音？

　　若是没人请法，释迦牟尼佛就没有机会说《普门品》。因为有无尽意菩萨代表所有听众向释迦牟尼佛请示观世音菩萨的名字由来，所以释迦牟尼佛才有机会说出《普门品》。

　　法是必须有人请的，不是随口就说的，所以经典中不问自说的经典，我所知道的有《阿弥陀经》，其他的经典则要有问法者、请法者，世尊才会郑重其事地应机说法。

此处请说《普门品》的无尽意菩萨是东方不眴世界的大菩萨。他之所以请示佛陀有关西方世界观世音菩萨的因缘，似乎也表示东方、西方的菩萨是相呼应的。

佛告无尽意菩萨：善男子！若有无量百千万亿众生，受诸苦恼。闻是观世音菩萨，一心称名，观世音菩萨，即时观其音声，皆得解脱。

因为无尽意菩萨现的是丈夫相，所以释迦牟尼佛称他为善男子，并告诉他如果有无量百千万亿众生受到诸多苦恼，只要听过观世音菩萨的名字，一心一意称念观世音菩萨的圣号，观世音菩萨就立即听到他们的声音，而使得无量众生同时得到解脱。

"善男子"意指很有善心的男子，"善"有二解：一为无烦恼、有智慧；一为无瞋恨心、贪欲心、有慈悲心。男的称为"善男子"，女的称为"善女人"。

许多人有时是善男子、善女人，但有时不是；听经修持时是，生烦恼时不是，而无尽意菩萨则永远都是。

"受诸苦恼"即蒙受种种痛苦与烦恼。痛苦与烦恼有些是生理的，有些是心理的，生理的痛苦还好解脱，心理的苦恼则不易面对、处理；因为真正的烦恼根源于我们的心，如果心中提不起又放不下，便会为我们带来种种困扰。

台北地区有一家专门收容特殊病患的医院里，有一位善女人，有一次我跟她说："你在这里住了三十年，实在很苦。"

她说："师父，我已不苦了。"

我说："你的四肢残缺，脸部五官不全，怎么不苦？"

她说："师父，现在我的身体虽然有病，但心理没有病，所以没有苦。"

我又问："为什么不苦？"

她说："因为佛法让我不苦，如同师父说的《四众佛子共勉语》中的两句话：'时时心有法喜，念念不离禅悦。'我在听了佛法后很欢喜，我现在会念佛、念观世音菩萨的圣号，觉得经常在禅悦之中，当然不觉得苦。"

我再问她："你不是自我陶醉吧？你是真的快乐吗？"

她说："佛法教我慈悲，所以我虽然是个病人，也能协助照顾其他病人；当我看到其他病人痛苦时，就去帮忙，就不会想到自己有病，所以也不觉得自己有什么苦的，反而觉得那些病人好可怜啊！"

从她的回答中，我相信她是真的很快乐。

所以，苦恼、烦恼是在"心"里，心苦才是真正的苦，身体的病不一定是苦。

当身心皆苦，不知如何处理时，应该一心称念"南无观世音菩萨"，就能得到观世音菩萨的感应而离苦得乐。

称念观世音菩萨有两种念法：

1. 散心念。一边念，一边还会想其他的事；散心念也会有用，但就像牛乳里掺了水一样，是被稀释过的，不过总比不念的好。

2. 一心念。念圣号时心无杂念，虽然耳中可听到其他声音，但不去注意它，心里可能还有念头，但不要在乎它，只是一心称念圣号。

若有持是观世音菩萨名者，设入大火，火不能烧，由是菩萨威神力故。若为大水所漂，称其名号，即得浅处。若有百千万亿众生，为求金、银、琉璃、车磲、马瑙、珊瑚、琥珀、真珠等宝，入于大海。假使黑风吹其船舫，飘堕罗刹鬼国。其中若有乃至一人，称观世音菩萨名者，是诸人等，皆得解脱罗刹之难。以是因缘，名观世音。

这里讲的是火、水、风三种灾难。

在"观声救济"项目中一共举出了七种灾难，这就是《普门品》中著名的"七难"；七种苦难只是代表，其实观世音菩萨是有求必应，所有的苦难都会救济。

观世音菩萨之所以被称作"寻声救苦"，是因为任何地方的众生只要念观世音菩萨的名号，他都能听到而给予救济。人世间大大小小的灾难处处都有，时时都有，凡是人力无法克服和救济的，便应当祈求观世音菩萨救济。

七难中的第一是"火难"。我曾经听过一个火灾的故事：有一栋大楼失火了，全楼的人都不知道从哪里可以逃出来，许多人被烧死，也有许多人从窗子跳下而摔死；其中有一个人在危急之下念观世音菩萨圣号，不久突然看到前方有个洞，像是出口，于是他往前走去，就走到了阳台，结果因此而获救。事后有人问他是如何出来的，他说："我也不知道，只是念观世音菩萨，就这么出来了。"

第二是"水难"，大水不限于大河、大海，如果下雨不停，海水倒灌，内陆也会变成汪洋一片。我童年时在大陆就经历过两次这种大水灾，来势汹汹，情况非常可怕，在那种情况下，逃也逃不掉，便应祈求观世音菩萨的救济。

第三是"风灾"，除了台风，应该也包括飓风、龙卷风。如果遇到这种大风，在海上的船只一定逃不过，在陆地上的人们同样也会遭殃。

香港昨天刮的台风很奇怪（编案：本文讲于香港），好像风势不小，但有时候又很平静。于是就有人问我："今天晚上讲不讲经？"

我回答说："因为是讲《普门品》，所以我一定讲，十个、一百个、一千个人听，我都会讲，乃至只要有一个人听，我也照常讲。"

结果今天下午两点，主办人永惺法师打电话告诉我说："台风警报已经解除了，晚上可以讲经了！"

听到后我直念："南无观世音菩萨。"

其实经文中已经告诉我们，连在大海中遇到黑风，念观世音菩萨都能躲过灾难，更何况我们要讲观世音菩萨的《普门品》，所以我很有信心，讲经法会一定能照常进行。这不是我的神通广大，而是观世音菩萨自己说的，他一定不会骗我们的。

所以我们一定要相信观世音菩萨所说的，有信心就一定有感应，他自己有这样的愿心，就有这样的感应。所以各位有任何困难时，不妨念观世音菩萨，一定能够度过难关。

经文中提到金、银、琉璃等八种宝，其实世上还有更多的宝，人世间以这些东西为宝，但学佛的人以佛、法、僧为宝，是为三宝。

　　求世间财宝会遭遇危难，而求佛法的人也是会遇到灾难的。例如，玄奘三藏到印度求法时便遇到了种种灾难，在他自己所写的《大唐西域记》中记载，他曾经在沙漠中有许多次缺水、迷路，已经濒临死亡的边缘，但是念观世音菩萨名号就突然能找到水、找到路，化险为夷。

　　至于一般人在求法学法时，在佛法的大海中也会遇到"黑风"所吹的灾难，但是吃得苦中苦，方为人上人，要成为菩萨一定会遇到种种灾难；因此，"黑风"也可以说是一种比喻，形容大魔难折磨修道人。

　　"罗刹鬼国"可作二解，一为吃人的恶鬼，一为人心里的恶鬼，如果我们为了求财富、法宝而内心产生大矛盾，或外在社会中有许多人要我们的命，也可算是遇到了罗刹。

　　所以当我们遇到内在挣扎或外在压迫时，为了救自己的身命及慧命，要念观世音菩萨圣号。

　　　若复有人，临当被害，称观世音菩萨名者，彼所执刀杖，寻段段坏，而得解脱。若三千大千国土，满中夜叉、罗刹，欲来恼人，闻其称观世音菩萨名者，是诸恶鬼，尚不能以恶眼视之，况复加害？设复有人，若有罪，若无罪，杻械枷锁，检系其身，称观世音菩萨名者，皆悉断坏，即得解脱。若三千大千国土，满中怨贼，有一商主，将诸商人，赍持重宝，经过险路，其中一人，作是唱言：诸善男子，勿得恐怖！汝等应当一心称观世音菩萨名号，是菩萨能以无畏，施于众生。汝等若称名者，于此怨贼，当得解脱。众商人闻，俱发声言：南无观世音菩萨。称其名故，即得解脱。

这段一共叙述了"七难"中的四种难：刀杖难、恶鬼难、幽系难、险路难，都是遇到灾难的人自己念观世音菩萨而得到解脱，这与前面所说的"黑风难"，只要其中有一个人念观世音菩萨名号，就能使许多人离开灾难，两者略有不同。

一人称念而众人得利，这是可以理解的，因为相信观世音菩萨的人就会相信因果，会去恶向善。一个人去恶向善就会影响、感化许多人，于是一个人念观世音菩萨就有很大的力量。

第四"刀杖难"，是指遇到强盗、土匪，甚至战争，如果能念观世音菩萨就能免于刀、枪伤害及杀身之祸。

有一位居士，是我的皈依弟子，在皈依时我曾经告诉他，若遇到灾难就念观世音菩萨。皈依后没多久，有一天晚上家里闯入一个强盗，手上拿刀威胁着要他交出财物。这位居士刚皈依，马上想到我的话，便大声念观世音菩萨。强盗听了有些心慌，就说："不要念了！不要念了！"结果强盗没有伤害他，连抢走的东西也很少。

第五是"恶鬼难"，可分两种：

1. 夜叉。来去很快，可善可恶，恶的害人，善的护法。

2. 罗刹。没有善的，我们平常生活里莫名其妙遇到灾难，不知是何原因，那就可能是遇见罗刹了。

有位住在纽约的居士，三个月前希望我到他的办公室去一趟。他说那里闹鬼，白天杯子会从架子上掉下来，本来没有水，会有水倒在桌子上，电灯会无缘无故被关掉。我说："我不是张天师，既不会画符，也不会抓鬼。你就念观世音菩萨吧！不但自己念，也要家人、同事一起念。"结果没多久果然就平安了。

第六是"幽系难"，是指遭人囚禁，失去自由；"杻械枷锁，检系其身"就是身体遭到手铐、脚镣、项板、铁索捆绑。不管今生有罪无罪都有可能遇到这种灾难，如果有罪，就是此生造的恶业；如果无罪，就是过去生造的恶业，故遭恶报。

我认识一对医生夫妇，是农禅寺的皈依弟子，有个独生子，上个月中旬清晨四点多，有人打电话来说："你们睡得真熟，连儿子不见了都不知道。"原来有人于夜间潜入家中绑走了他们的独生子，打电话要他们在早上十点之前准备好五百万元，到指定的地方赎人。

他们于是打电话给我，问我怎么办？

我告诉他们说："心里不要急，不要慌，念观世音菩萨，同时向警察局报案，只要念观世音菩萨就不会有问题。"

后来绑票的人一直没再打电话来，到了下午三点多，警察通知他们说小孩找到了，要他们去领回家。

他们问小孩是怎么逃出来的，小孩说："很奇怪，被关的地方没有门，而看我的伯伯老是在打瞌睡，好像很累的样子，我觉得很奇怪，就出去玩玩，遇到警察伯伯就把我送回来了。"

直到今天，我们还不知道这个小孩是怎么出来的，但我相信是观世音菩萨把他救出来的。因此我告诉这对夫妇说："这是因为你们有宿怨，所以出了事，如今小孩平安回来就好了。"

第七是"险路难"，险路有两种：

1. 为了求得世间的财宝，难免会有危险，所谓："人为财死，鸟为食亡。"

2. 为了求佛法，学佛法，行菩萨道，完成佛道，一定要历经千辛万苦才能真正成为菩萨行者。

不管是为求哪一种财，只要是求正当的财富，遇到任何困难都不要害怕，路虽艰险，若能一心称念观世音菩萨的圣号，便能履险如夷，求财得财，求法得法。

（二）观心救苦——救济三毒

"七难"说的是身体遭遇的灾难，并且指出观世音菩萨的神力；接下来要说的是人们心里的贪、瞋、痴三毒，并指出只要念观世音菩萨就能脱险解毒。

> 若有众生，多于淫欲，常念恭敬观世音菩萨，便得离欲。若多瞋恚，常念恭敬观世音菩萨，便得离瞋。若多愚痴，常念恭敬观世音菩萨，便得离痴。无尽意！观世音菩萨，有如是等大威神力，多所饶益，是故众生，常应心念。

"欲"的本身如果是正常的希望和愿心，就没什么不好，但是非分的、过分的追求就有问题。

非分之追求，不应要而要，就是贪欲。过分的贪欲，尤其以男女的淫欲最可怕。

人在成年之后，若不慎加约束男女之欲的话，很容易招致困扰，乃至酿成大灾大难。正常的夫妻关系没有什么大问题，但是邪淫、乱淫，不但有违道德良心，甚至会造成家破人亡。

淫欲除了生理的欲求之外，多半是由于心理的不满足。例如，在释迦牟尼佛的时代有位比丘淫心不断，为了断淫，便想把自己的生殖器割掉，佛陀却告诫他说，割掉生殖器是没有用的，必须断的是心中的欲念，而不是性器官，可见淫欲重在心而不在身。

瞋恨心通常称为发脾气、愤怒不满。经上说："一念瞋心起，百万障门开。"只要一念瞋心生起，障碍都会因此发生。也就是说，种种障碍都可能是因为瞋恚心而产生的。

那么，瞋心又是如何产生的呢？有时候是因为想要的求不得，不要的又丢不掉，所以生气；有时候是心中有对立、矛盾、放不下的人、事、物，那是非常痛苦的。若能用慈悲心来看待自己、看待别人，瞋心自然减少；我们念观世音菩萨，就是要学习他的大慈大悲，让瞋恚心减少，乃至熄灭。

至于愚痴心的意思就是不明事理、不解善恶、不信因果。

愚痴有两种：一种是愚笨，一种是愚蠢。愚笨是头脑不清楚、反应慢，对事情的理解度不够；愚蠢是头脑清楚、反应快，但就是不讲理，为了自己的利益可以讲歪理。

世上有许多很聪明、很有学问的人，但是仍然很愚痴，因为有时候会出现糊涂念头，做糊涂事情，明明知道不该想的却要想，不该做的偏去做了。

当然，我们也常常听到修行的人说："我真惭愧，我真愚痴。"

事实上能够自知愚痴算是不错的了，如果自己愚痴还不知道，那才是真正的愚痴。

两年前我在美国访问一对美国夫妇的家，先生患有糖尿病，但是很喜欢吃香蕉，太太于是管制他，但他还是会趁着太太不在的时候偷吃香蕉。他很无奈的告诉我："我实在没有办法控制自己。"

我说："我有办法！"我告诉他，只要想吃香蕉时，就念南无观世音菩萨，要常常念，用心念，而不是有口无心，那才有作用。

（三）观色救苦

> 若有女人，设欲求男，礼拜供养观世音菩萨，便生福德智慧之男，设欲求女，便生端正有相之女，宿植德本，众人爱敬。无尽意！观世音菩萨有如是力。若有众生，恭敬礼拜观世音菩萨，福不唐捐。是故众生，皆应受持观世音菩萨名号。无尽意！若有人受持六十二亿恒河沙菩萨名字，复尽形供养饮食、衣服、卧具、医药。于汝意云何？是善男子、善女人，功德多不？无尽意言：甚多！世尊。佛言：若复有人，受持观世音菩萨名号，乃至一时礼拜供养，是二人福正等无异，于百千万亿劫不可穷尽。无尽意！受持观世音菩萨名号，得如是无量无边福德之利。

这一段经文说明礼拜、供养、恭敬观世音菩萨以及受持观世音菩萨圣号，能得到很多利益，其功德之大不可思议，一人一时礼拜、供养观世音菩萨的功德，等于以种种物品供养六十二亿恒河沙菩萨。

这段经文中举出了求男得男、求女得女的两个例子。世间的人希望生儿育女是正常的，不管是否已经信仰佛法、皈依三宝，多半想要有儿女，因此，如果没有儿女，就可以祈求观世音菩萨。

今天早上有位女居士抱着两个月大的宝宝来看我，那是去年（1992）我来香港讲经时，她因怀孕过程不顺利来见我，希望我给她一些指导与开示，我就要她念观世音菩萨，念了两个星期后再去检查，医生就告诉她没有问题了。

所以这位女居士说，这个小孩是观世音菩萨送来的，将来要让他出家。

我说："观世音菩萨送来的小孩倒不一定会出家。"例如，清朝最后一位状元张季直，原本没有儿子，求了观世音菩萨，结果得到了儿子，后来这个儿子也并没有信佛教。不过前面说到香港的这位母亲，舍得让观世音菩萨送来的儿子出家，是值得赞叹的。

观世音菩萨送来的孩子是不会坏的，因为这种孩子有自己的福德。这些福德来自孩子过去世已有修行，但未真正断欲或出世，因此观世音菩萨介绍到念观世音菩萨的人家里，出生后对父母会很好。

所以我常常告诉人们说："怀孕时常念观世音菩萨，生出来的小孩一定聪明、乖巧。"因为母亲念观世音菩萨时心里就会清净，而与慈悲及智慧相应，影响到胎儿，就是一种非常有效的胎教。

尤其观世音菩萨与我们婆婆世界的众生特别有缘，所以念观世音菩萨名号比念其他菩萨名号的功德更多、更大、更容易立时见效。

二、如何游化娑婆世界

(一) 三十三身随类应化

无尽意菩萨白佛言：世尊！观世音菩萨云何游此娑婆世界？云何而为众生说法？方便之力其事云何？

这是《普门品》的请法主无尽意菩萨向说法主释迦牟尼佛请示："观世音菩萨如何在我们的娑婆世界度化众生？""其善巧方便究竟如何？"下段经文便指出观世音菩萨是以三十三种身份、身相来随类应化、随机教化。

观世音菩萨可以分身千百亿，但我们从《楞严经》和《法华经》里可以看到三十二身或三十三身，而地藏王菩萨也有三十多种分身，而且类别大同小异。因此，以多种身份来教化众生，可说是佛及大菩萨们共同的情形。

娑婆世界就是释迦牟尼佛所教化的国土，娑婆意指"堪忍"，有两层意思：一是指生在这个世界的众生，虽然受种种苦难，但却不知是在苦难之中；或者虽然知道受苦，竟然没有想到要离开这种苦况，所以众生是由于自身的愚痴而处于苦难之中。二是指佛与菩萨为了救度众生，不得不重入苦难的世界，所以能受种种苦而在这个世界广度众生。凡夫众生因为自己造的种种不善业，而在这个世界受种种苦难；佛与菩萨因为怜悯众生如此愚痴，所以也到这个世界，一面受苦，一面度众生。以此可见，我们自己造业不但自己受苦，也连累了佛菩萨们出现在这个世界受苦。

观世音菩萨的三十三种分身，又可分为圣人及凡夫两大类：

1. 四种圣人身：

> 佛告无尽意菩萨：善男子！若有国土众生，应以佛身得度者，观世音菩萨即现佛身而为说法。应以辟支佛身得度者，即现辟支佛身而为说法。应以声闻身得度者，即现声闻身而为说法。

这里所讲的三十三种化身中有三种是圣人，也就是佛、独觉、声闻。经文中虽然没有提到菩萨，但因为观世音本身就是菩萨，所以应该说有四类圣人的身份。

至于菩萨为什么可以显现佛身呢？这是因为凡是第八地以上的菩萨，也就是修行进入第三大阿僧祇劫时，就可以显现佛身来广度众生；而且观世音菩萨是古佛再来，所以能化现佛身。

辟支佛、声闻是二乘，即是小乘的圣人。辟支佛就是独觉，在没有佛法的期间，没有佛的环境下，因前世修行的因缘，自己悟得十二因缘的道理而成佛；声闻有四种层次，也就是初果、二果、三果、四果的圣人，最高的四果叫作阿罗汉。

小乘常常被大乘批评为自私自利，为了自己而不度众生。然而就是因为有许多人厌倦这个世界，不愿再来受苦受难，因此佛、菩萨也会向这些人说有一种修行法可以出三界、离生死，也就是说，为了使得这类根器的众生愿意接受、修习佛法，佛菩萨也会讲小乘法。

2. 天、人、鬼、神的凡夫身：

应以梵王身得度者，即现梵王身而为说法。应以帝释身得度者，即现帝释身而为说法。应以自在天身得度者，即现自在天身而为说法。应以大自在天身得度者，即现大自在天身而为说法。应以天大将军身得度者，即现天大将军身而为说法。应以毗沙门身得度者，即现毗沙门身而为说法。

这段经文讲的都是天神。天神与人类不同之处，在于其福报大、寿命长，物质条件细微、精妙，不像人间身相粗陋、寿命短促、生存条件恶劣。

天又可以分为欲界、色界、无色界三个层次，其中只有欲界天、色界天有身体，到了无色界天就完全是精神的世界，没有身体。所以《普门品》此处所说观世音菩萨的化身，只有欲界和色界的代表。

梵王天是色界初禅的大梵天王，根据《大智度论》指出，初禅天又分三个层次，即梵众天、梵辅天、大梵天。

帝释天是欲界六天中第二天忉利天的天主。

自在天身属于欲界最高层次的第六天，即是他化自在天；从这里看来，欲界中的每一种天神的身份，观世音菩萨都可以化现。

大自在天是色界最高的色究竟天天主，他有两种身份：一种是婆罗门教的教主湿婆，一种是佛教所说的净居天摩醯首罗，传说他有三目、八臂，乘白牛，住于色界之顶，故又名有顶天；它既是哲学思辨的原理，也是宗教信仰的神格。

天大将军属于欲界、色界诸天王的将军；毗沙门是欲界天之初阶四王天中北方的多闻天王，另外三位是西方的广目天王、南方的增长天王、东方的持国天王。经文中以北方的多闻天王为代表，其余三位天王也应该包括在内了。

以佛教的角度来看，中国道教的玉皇大帝相当于帝释天，基督教和天主教的上帝或天主，则相当于大梵天王。所以其他宗教的教主或神，也可被视为佛教菩萨的化现。我们之所以有这么大的心量，是因为菩萨能现种种身度种种人。

此外，释迦牟尼佛在菩提树下成道之前，受到魔王的诱惑和干扰，那就是欲界魔王天的作为。但是，从释迦牟尼佛的观点来看，虽然是天魔，但也是菩萨的化身；尤其有些人需要种种磨难，才能使得道心更坚固、修行更得力。所以从佛的立场来看，魔王也是修道的助缘，也是菩萨行者，观世音菩萨必要时也会现魔王身。

从观世音菩萨化身的立场来看，我们信佛、学佛的人，自己不得以魔鬼的行为迫害众生，但在遭遇到任何顺逆情况时，都要当作是助道的因缘，遇到任何人，不管是帮助、打击、毁谤、赞叹，都是菩萨的示现，都要感谢、感恩，这是菩萨行者应有的心态。

今天有位居士告诉我，她修观音法门，常常心想自己应该学习观世音菩萨的慈悲，因此瞋恨心愈来愈消融，慈悲心愈来愈增长，这就是修行观音法门的好处。因为对于修行观音法门的人来说，眼见的、耳闻的、接触的……没有一人一事可以使我们憎恨，而是时时处处都是那么好，对自己有益，这样才是真正的佛教徒及菩萨行者。

　　应以小王身得度者，即现小王身而为说法。应以长者身得度者，即现长者身而为说法。应以居士身得度者，即现居士身而为说法。应以宰官身得度者，即现宰官身而为说法。应以婆罗门身得度者，即现婆罗门身而为说法。应以比丘、比丘尼、优婆塞、优婆夷身得度者，即现比丘、比丘尼、优婆塞、优婆夷身而为说法。应以长者、居士、宰官、婆罗门妇女身得度者，即现妇女身而为说法。应以童男、童女身得度者，即现童男、童女身而为说法。

　　这里说的是人间的身体。凡夫都希望见到异人、圣人或佛菩萨，因为相信比我们能力强的人才能真正帮助我们。但同时也有另一种心理，如果有人高高在上、神秘兮兮、高深莫测、不易接近，却会使人害怕。这两种心理都是我们凡夫常有的。

　　因此对于菩萨来说，有些众生要以圣人、天王身来施行教化，有些众生则要以凡夫身来使他接受佛法。

　　经文中的"小王"是和统治全世界的转轮圣王相对的，指的是统治一时一地的国王。小王中又有大小之分，在释迦牟尼佛时印度有十六个大国以及许多小国，有些小国只有一城。

　　"长者"是指望重德劭之人，而不是实质的官员。

　　"居士"是在家学佛的人，男的叫居士，女的叫居士女、居士妇。

"宰官"就是政府的政务官或事务官，例如国家的宰相或地方的官吏。

"婆罗门"是类似道家的道士、天主教的神父、基督教的牧师般的宗教师，但在印度的婆罗门是指宗教师的阶级或种姓。

这段经文是说观世音菩萨为了教化众生，也可以现外道宗教师的身份来说佛法。现在有许多天主教的神父、修女、修士以及牧师跟我学佛法、打禅七，而比利时鲁汶大学的神父勒莫德（E. Lamotte）把《大智度论》译成法文，非常有名，因此虽然他是一位神父，但也可说是观世音菩萨的化身。

不过佛教虽可容受其他宗教，正信的佛法尚有不改的原则，菩萨化现仅是权宜之计。

"比丘"、"比丘尼"就是出家受了具足戒、修习佛法的男女。"优婆塞"、"优婆夷"是受了三皈五戒或仅仅受了三皈的男女。主持三宝、弘扬佛法的，就是以此四众为中心。

"妇女身"是指化现长者的妇女、居士的妇女、宰官的妇女、婆罗门妇女等的身份，而为众生说法。

还有一些人比较能接受小孩的感化与感动，因此观世音菩萨也会化身为男童、女童来说法。一星期前我看到一个小孩才六岁，就能背《心经》、《大悲咒》，也能讲三皈五戒的意义，所以有些本来不信佛教的大人看了之后，便说："我也要信佛了。"

我也听说有位西藏的迦罗仁波切于九十多岁圆寂后，最近找到他转世的灵童，没到过西藏就会修法，摇铃、打鼓、念经，有模有样。有些人看了便觉得佛教真是不简单，所以就相信了佛教。因此，有时观世音菩萨需要以童男、童女之身来感化、感动众生。

但也有一些人要看到护法神现身、听到护法神说法才相信佛法，所以有天龙八部身的化现。

应以天、龙、夜叉、干闼婆、阿修罗、迦楼罗、紧那罗、摩睺罗伽人非人等身得度者，即皆现之而为说法。应以执金刚神得度者，即现执金刚神而为说法。

这里提到了"天龙八部"。

"天"除了是指四天王以上各天天王的扈从，所谓天居神之外，也指游于空中的空居神，处于地上的地居神，在印度是泛指一般的神，如草木神、水神、火神，都叫作天，梵语名为提婆。

"龙"在传说中小的龙如蛇，大的龙能上天下海，行云下雨，居住在水底的龙宫。

"夜叉"是一种行走得很快的鬼。

"干闼婆"就是飞天、音乐神，如敦煌石窟壁画中的飞天，手里拿着乐器飘浮在天空。

"阿修罗"住在地上，但能上天，有天的福报，没有天的德行，所以瞋恨心重，猜疑心强，烦恼也很多，但在听了佛法后，也会护持三宝。

"迦楼罗"是大鹏金翅鸟，是类似大鹰般的神物。

"紧那罗"是人身但头上长角的一种神。

"摩睺罗伽"则是人身的大蟒神，如蛇腹行。

以上这些八部神王都叫"人非人"，因为他们不是人，却常常显现、变化出人的身体、人的头；蕅益大师的《法华会义卷一六》则另有解释："言人则老少贵贱何所不收，言非人则地狱鬼畜何所不收。"依《舍利弗问经》所言："八部皆曰人非人。"

"执金刚神"，又名那罗延天或大力天神，就是寺庙里的怒目金刚，有些手持降魔杵而且面孔凶恶难看，但也有面孔和善好看的，如同韦陀菩萨一般。

因为观世音菩萨可以现种种身、种种相，所以站在佛教徒的立场，不管看到任何形相、身份，只要对我们有帮助，为我们说佛法，我们就把他当作观世音菩萨的化身。

所以可以说处处都能看到观世音菩萨，而到处都有他的化身。

（二）施无畏者

　　无尽意！是观世音菩萨，成就如是功德，以种种形，游诸国土，度脱众生。是故汝等应当一心供养观世音菩萨。是观世音菩萨摩诃萨，于怖畏急难之中，能施无畏，是故此娑婆世界，皆号之为施无畏者。

这段经文告诉我们观世音菩萨功德无量，因为他能以种种形相、身份，在所有的世界出现，帮助、度脱一切众生，因此我们应该一心供养观世音菩萨，表示恭敬感恩。

并且由于观世音菩萨在任何情况下都可以使人得到平安，没有恐怖，给予无畏的布施，所以他又有"施无畏者"的名号。

所谓"千江水映千江月",各处地面凡有积水,都能映照天上的月亮,而天上的月亮并不因此而增减多少;同时,月亮是不须移动的,只要有水的地方就能现出月亮的光影。

如同观世音菩萨救济苦难、度脱众生,是不须离开极乐世界的,只要我们念观世音菩萨圣号,希望他来救济我们,便随时可得到救济,而他根本不忙,根本没动,只是我们有求,他便有应,等于凡有水处就看得到月亮,没水就看不到月。

(三)为悯众生应受供养

无尽意菩萨白佛言:世尊!我今当供养观世音菩萨。即解颈众宝珠璎珞,价值百千两金,而以与之,作是言:仁者!受此法施珍宝璎珞。时观世音菩萨不肯受之。无尽意复白观世音菩萨言:仁者!愍我等故!受此璎珞。尔时佛告观世音菩萨:当愍此无尽意菩萨及四众、天、龙、夜叉、干闼婆、阿修罗、迦楼罗、紧那罗、摩睺罗伽人非人等故,受是璎珞。即时观世音菩萨愍诸四众及于天、龙、人非人等,受其璎珞,分作二分,一分奉释迦牟尼佛,一分奉多宝佛塔。无尽意!观世音菩萨有如是自在神力,游于娑婆世界。

这段文字虽长,但意思相当简单,就是因为前面释迦牟尼佛说应该一心供养观世音菩萨,所以无尽意菩萨马上把自己颈项上所挂的许多宝珠、璎珞取下来要供养，可是观世音菩萨不肯接受，无尽意菩萨就说："你若怜恤我们，就应该接受。"

这时佛陀也帮忙说话："观世音菩萨，你应怜恤这些众生而接受供养。"

观世音菩萨在接受供养之后，并没有把这些宝物收起来，而是分成两份：一份供养释迦牟尼佛，一份供养多宝佛塔。

《法华经》第十一品记载东方宝净世界的教主，名叫多宝如来，他曾经发愿，他的舍利塔会在释迦牟尼佛的法华会上，从地下踊出在空中，以证明释迦牟尼佛所说的《法华经》；因此在佛说《普门品》时的法华会上，便有两尊佛：一尊是过去的多宝佛，一尊是现正在说法的释迦牟尼佛；所以观世音菩萨就把所得到的供养，分作两份，奉献给这两尊佛。

释迦牟尼佛赞叹观世音菩萨救度众生的功德，可是观世音菩萨不觉得自己真有功德，因为一切佛法都是由佛而来的，为了报佛恩，应该把所有的功德回向于佛，因此把所得的供养也供养了两尊如来。

中国人有句话："借花献佛"，表示自己并没有花，但借了别人的花来献给佛，这是为送花的人求福，也让献花的人对佛产生敬意，而不是对自己恭敬、供养。这是一种菩萨心，也是观世音菩萨值得我们学习的了不起的心怀。

至于今天我在这里讲《普门品》，若有任何功德，也是观世音菩萨的功德、佛的功德，我没有功德。诸位要感谢的话，不要感谢我，要感谢释迦牟尼佛，要感激观世音菩萨，感谢住持佛法的三宝，这也是我的"借花献佛"。

重颂问答观音圣德

重颂问答观音圣德这一部分，鸠摩罗什法师并未译出，是后人补译出来再加入《法华经》的。这样的偈颂，是佛经中常用的文体，是为了便利读诵、记忆，多半是在一段散文之后，再用颂文重新表现一遍，所以其内容与散文是大致相同的。

一、为何名为观世音

尔时无尽意菩萨以偈问曰：世尊妙相具，我今重问彼，佛子何因缘，名为观世音，具足妙相尊？

释迦牟尼佛接着也是以偈颂回答，赞叹观世音菩萨的修行：

偈答无尽意：汝听观音行，善应诸方所，弘誓深如海，历劫不思议，侍多千亿佛，发大清净愿。

这是因为观世音菩萨已经发了深誓，修持了很长的时间，供养了很多的佛，发了很大的清净悲愿，要广度无量的众生。

下面四句，是要我们心念观世音菩萨，便有不可思议的感应。

我为汝略说：闻名及见身，心念不空过，能灭诸有苦。

释迦牟尼佛说：我为你大略介绍，你听到他的名字或见到他的身相，并且心里不断念观世音菩萨，便能灭三界的一切苦难。

一般人习惯把念佛的"念"字加个"口"字边"唸"，那是错的，仅仅口念心不念，等于是放录音带；所以这里特别强调要用"心念"。

接下则说明念观世音菩萨的好处：

假使兴害意，推落大火坑，念波观音力，火坑变成池。
或漂流巨海，龙鱼诸鬼难，念波观音力，波浪不能没。
或在须弥峰，为人所推堕，念波观音力，如日虚空住。
或被恶人逐，堕落金刚山，念波观音力，不能损一毛。
或值怨贼绕，各执刀加害，念波观音力，咸即起慈心。
或遭王难苦，临刑欲寿终，念波观音力，刀寻段段坏。
或囚禁枷锁，手足被杻械，念波观音力，释然得解脱。
咒诅诸毒药，所欲害身者，念波观音力，还着于本人。
或遇恶罗刹，毒龙诸鬼等，念波观音力，时悉不敢害。
若恶兽围绕，利牙爪可怖，念波观音力，疾走无边方。
蚖蛇及蝮蝎，气毒烟火燃，念波观音力，寻声自回去。
云雷鼓掣电，降雹澍大雨，念波观音力，应时得消散。

这些都是举例说明任何危难时，若能念观世音菩萨名号，都能马上消灾解难。

二、观音无处不现身

接下来的偈颂，是说观世音菩萨在一切十方国土之中无处不现其身。

> 众生被困厄，无量苦逼身，观音妙智力，能救世间苦。
> 具足神通力，广修智方便，十方诸国土，无刹不现身。
> 种种诸恶趣，地狱鬼畜生；生老病死苦，以渐悉令灭。

这一段是说观世音菩萨的慈悲救济无限，神通广大无边，能解救任何危难，甚至像地狱那样痛苦的地方，他都会寻声救度。因此，任何人在任何地方，只要心念观世音菩萨，生老病死种种苦难，都会消除化解。

我们人世间的苦难实在太多了，如果有病，或遇到天灾人祸，人力无法拯救，心念观世音菩萨就能使我们得到平安。

所以我常劝人要相信观世音菩萨的救济，而且要修布施、持戒、忍辱等种种法门，若无力修或不会修，至少要念观世音菩萨的名号。

三、赞叹观音圣德

接下来赞叹观世音菩萨的圣德：

真观清净观，广大智慧观，悲观及慈观，常愿常瞻仰。

无垢清净光，慧日破诸暗，能伏灾风火，普明照世间。

悲体戒雷震，慈意妙大云，澍甘露法雨，灭除烦恼焰。

诤讼经官处，怖畏军阵中，念彼观音力，众怨悉退散。

妙音观世音，梵音海潮音，胜彼世间音，是故须常念。

念念勿生疑，观世音净圣，于苦恼死厄，能为作依怙。

具一切功德，慈眼视众生，福聚海无量，是故应顶礼。

这段偈颂里有许多的道理，其中有一句话最重要，那就是"念念勿生疑"。只要不怀疑观世音菩萨的功德、神力，念他的名号，就一定能得到他的救济。

我们修行观音法门，第一要口念观世音菩萨，第二要身拜观世音菩萨，第三要心想观世音菩萨的慈悲。这样身体恭敬、礼拜观世音菩萨圣像，口里称扬系念观世音菩萨圣号，心里学习向往观世音菩萨的慈悲，便是修行观音法门，便能得到观世音菩萨的感应。

结　论

一、持地结赞观音

　　尔时持地菩萨即从座起，前白佛言：世尊！若有众生闻是观世音菩萨品自在之业，普门示现神通力者，当知是人功德不少！

　　《普门品》中出现了三尊菩萨：

　　第一尊是问法的无尽意菩萨，第二尊是被赞叹、介绍的观世音菩萨，第三尊是结赞观世音菩萨功德的持地菩萨。

　　观世音菩萨在一切法门中都能施展神力，对人以人的法门，在天以天的法门，为小乘以小乘的法门，于菩萨以菩萨的法门，需佛则以佛的法门。观世音菩萨会因为众生的不同需要，而以大神通力来示现种种法门，所以叫作"普门示现"，而《普门品》的意思也就在此。

二、大会众生普得法益

　　佛说是普门品时，众中八万四千众生，皆发无等等阿耨多罗三藐三菩提心。

"八万四千众生"代表无量众生，这段是说法华会上所有听法的众生在听了《普门品》之后，都发了成佛的心，也就是发了无上正等正觉的大菩提心。

各位听了三晚的《普门品》，是不是也发了成佛的心呢？但是成佛一定要从菩萨做起，一定要学观世音菩萨的慈悲精神，要以慈悲心来关怀一切众生，要以智慧心来处理自己的问题，也以智慧心来指导慈悲行的实践，才不枉听了三晚的《普门品》。

我非常高兴有这个机会来向各位讲解《普门品》，因为各位是未来的佛，而我借了佛法来献给各位，可说是把佛法再献给佛，这也是"借花献佛"。

　　1993 年 9 月 17 至 19 日应香港"此岸彼岸"永惺长老之邀，讲于香港伊利莎白体育馆

Chapter 2
般若波罗蜜多心经讲记

《心经》在所有的佛经之中，是文字最精简、组织最严密、内容最丰富的一部经，我们既可以因它而理解佛法，深造自得，也可以把它当成修行的法门来用功，更可以为求感应而虔心持诵。

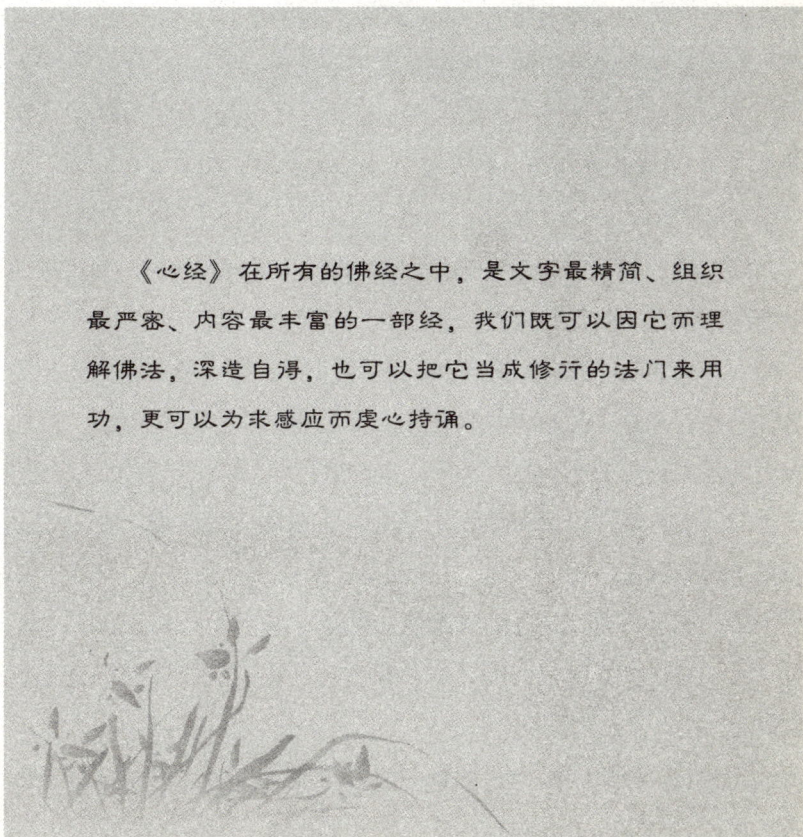

前　言

《心经》是大乘佛法的心要，也可以视为一部很好的佛学概论。不过要把它解说得深入浅出，却是很不容易的事。

首先看这部经的结构。它可分成三个段落：

第一段是"序分"，也就是一般所谓的"序言"或"序论"，一共有四句："观自在菩萨，行深般若波罗蜜多时，照见五蕴皆空，度一切苦厄。"

第二段是"正宗分"，一般称为"本文"或"本论"，即本经的主要内容，它分述五个观点：

一、人类观：指出人的五蕴——色、受、想、行、识——是空的，因此，人的本身就是解脱自在。共七句："舍利子！色不异空，空不异色；色即是空，空即是色；受、想、行、识，亦复如是。"

二、宇宙观：包括五蕴、十二处、十八界，讲的是人在宇宙之中就是解脱自在。共十一句："舍利子！是诸法空相，不生不灭，不垢不净，不增不减。是故空中无色，无受、想、行、识。无眼、耳、鼻、舌、身、意，无色、声、香、味、触、法。无眼界，乃至无意识界。"

三、人的三世因果观：解释人在生来死去之中就是解脱自在。共六句："无无明，亦无无明尽；乃至无老死，亦无老死尽。无苦、集、灭、道。无智亦无得。"

四、菩萨的境界：这是解脱自在最好的范例。共八句："以无所得故，菩提萨埵，依般若波罗蜜多故，心无挂碍；无挂碍故，无有恐怖，远离颠倒梦想，究竟涅槃。"

五、佛道：这是菩萨的理想和目的，也就是解脱自在的终极圆满。共三句："三世诸佛，依般若波罗蜜多故，得阿耨多罗三藐三菩提。"

最后一段是"流通分"，即一般所称的"结论"。共十四句："故知般若波罗蜜多，是大神咒，是大明咒，是无上咒，是无等等咒。能除一切苦，真实不虚。故说般若波罗蜜多咒，即说咒曰：揭谛，揭谛，波罗揭谛，波罗僧揭谛，菩提萨婆诃。"

《心经》在所有的佛经之中，是文字最精简、组织最严密、内容最丰富的一部经，我们既可以因它而理解佛法，深造自得，也可以把它当成修行的法门来用功，更可以为求感应而虔心持诵。原因是这部经主在开显大乘的"空"义，深广而微妙，我们可以由此而理解深究佛法。而我们自己若能了解"空"义，信受奉行，也可离却烦恼；而且持诵本经，使鬼神了知"空"的道理，又能度鬼神得解脱，所以，持诵《心经》可以自利利他，冥阳两利。

下面简单介绍《心经》的来历。根据印顺老法师的《般若波罗蜜多心经讲记》说："此经本是《般若波罗蜜多经》中的心要，在六百卷的《大般若经》里，有《学观品》，此品有与本经几乎完全相同的文句，不过不是观自在菩萨说的，而是佛直接向舍利子说的。此经应该是《大般若经》里的精要部分，古德为了易于受持，特地摘出来单行流通，所以名为《般若波罗蜜多心经》。"

东初老人著的《般若心经思想史》也说："《心经》是六百卷《大般若经》的精要，也是《大般若经》的结晶体。《心经》虽不摄于《大般若经》内，但在《大般若经》第二会第二分《观照品》第三之二，其异译为《大品般若·习应》第三的一段，颇与《心经》类似。有说这段原文该为《心经》的原型，或说《心经》是根据这段文而组成独立的经典。于此不特可观见《大般若经》的精要，亦可窥见《心经》组织的来源。"

历来《心经》的译本很多，自姚秦鸠摩罗什翻译之后，一直到宋朝的施护为止，可以查考的，一共经过十一次的汉译工作，前后经过的时间约六百年。现在我们一般讲诵流通的是由唐朝玄奘大师所译的《心经》，全部为二百六十个字。

心经的内容

现在我就前面所分的段落，依次来讲述《心经》的内容。

序　论

观自在菩萨

观自在，在梵文佛经中称为"阿缚卢枳帝湿伐逻"，在中文佛经中的译名则有好几种，大家最熟悉也最常称的就是鸠摩罗什的旧译——观世音，玄奘则新译为观自在。

前面说过，《心经》的原型，在《大般若经》里本来是佛陀向舍利子说法，可是到了公元四五世纪《心经》成立之时，密教正流行于印度及西域各地，观世音菩萨的大慈大悲，广大灵感，应化无碍的威神之力，早已成为密教信仰的中心，所以就把观世音，即观自在菩萨，奉为《心经》的说法主了。

菩萨是依德立名的，依般若观慧而已得自在的菩萨，即名观自在菩萨。这位菩萨以甚深的般若（智慧）来观照五蕴，知道五蕴本就是空的。由于证悟了空性，一切的苦难对这位菩萨而言都超越了。

我们佛教徒有很多人会念《白衣大士神咒》，此咒的后面是这样说的："人离难，难离身，一切灾殃化为尘。"怎么有这样大的力量呢？是因为咒中称念了观世音菩萨名号的缘故。本经的观自在菩萨，就是观世音菩萨，所以我们一心念《心经》也能够"人离难，难离身，一切灾殃化为尘"。但是，话又说回来，如果念的人未能彻底了悟空义，那么灾难只是暂时离开，以后难保不会再来。

观自在，观什么自在？只要用修行的方法观照，就能够得自在。从《楞严经》里我们知道，观世音菩萨的修行法门是耳根圆通，也就是因听声音而入三昧，因听声音而解脱自在。这个"观"，可以用耳朵、眼睛、鼻子，也可以用身体。不过从修行的方法来讲，用耳朵来"观"，最容易让我们去烦恼证菩提。

我在指导禅七的时候，如果有人打坐着魔，不由自主地哭笑吵闹，通常我都教他躺下来，把眼睛合上，心里什么都不要想，只用耳朵静静地听，听四周的声音，远处近处各种声音，不需多久，他就会安静下来。所以用耳朵听，是最容易使心安定的修行方法。

"菩萨"是梵语"菩提萨埵"的略称，中文的意思是"觉有情"，又译为"大道心众生"，即"已发了大菩提心的众生"。菩提心有大有小，发小菩提心是但求自了，只求自己解脱的小乘人；而发大菩提心，则是发广度一切众生的愿心，以助众生得解脱、成佛道为目标，并非是只求个人解脱的大乘行者。

事实上，唯有不顾自己，只关心别人，只度众生，不为自利，才是真正自在解脱的法门。为什么呢？因为他去除了以自我为中心的自私心。人的烦恼都是从自我中心的意识而产生的。真正发大菩提心，不为己而为众生的人，才能真正得到解脱，而且是得大解脱。

所以诸位要学佛，就要发大菩提心。

行深般若波罗蜜多时，照见五蕴皆空

这两句经文是说：修行甚深的般若法门之时，照见我及我所的五蕴法，毕竟是空的。梵语"波罗蜜多"，是"超度"、"到彼岸"的意思，用现代语来讲，就是"超越"。"般若"也是梵语，中文译为"智慧"。"行深般若波罗蜜多"，就是以深广的智慧来超越烦恼的障碍。

智慧可分三等：1. 世间的智慧，2. 出世间的智慧，3. 世出世间的智慧。

世间的智慧，系指凡夫的聪明才智，亦即以自我为本位而发展出的各种学识经验和价值判断。这种出于"我执"的产物，不能彻底究竟，也无法获得解脱。

出世的智慧，是指小乘圣者的智慧。能证人无我，能出三界苦，已得解脱乐；不过尚未证得法无我，所以执著离世间而入涅槃，只能自求了脱，不能普度众生。

至于世出世间的智慧，乃是大乘菩萨的智慧。既证人空（即人无我），也证法空（即法无我），得大解脱而不离世间，这才真是大智慧、深智慧，这也才能称之为"般若"。

菩萨修行，有所谓"六度"法门，又称作"六波罗蜜多"。即一布施、二持戒、三忍辱、四精进、五禅定、六智慧。这六度里，若无智慧度（即般若波罗蜜多）贯串其间，其他五度便不得究竟，

所谓"五度如盲，般若为导"就是此意。故智慧为菩萨修行的终极目标，唯有修得智慧，才能度脱一切苦厄，而这个智慧的着眼处，就是先要把五蕴看空。

什么是"五蕴"呢？简单地说，五蕴就是色蕴、受蕴、想蕴、行蕴、识蕴，是吾人身心的总和。色蕴是指生理的、物质的现象，受、想、行、识四蕴是指心理的、精神的活动。

五蕴皆空的"空"是什么意思呢？中国人常把佛门叫做"空门"，出了家就叫"入空门"，但许多人不了解"空"的意义。

就如一首《醒世歌》，开头是"天也空，地也空，人生杳冥在其中"，然后说什么"夫也空，妻也空，大限来时各西东"，"母也空，子也空，黄泉路上不相逢"，末了说："人生好比采花蜂，采得百花成蜜后，到老辛苦一场空。"这样子看人生是多么失望，多么空虚啊！

佛法的"空"绝不是教人消极、逃避和否定一切的；相反地，它是从空性中教人正视生命的意义，不断地努力向上。以下从三个不同层次的比较来说明大乘佛法的"空"：

一、顽空：虚无主义者认为世间没有真实的事物，没有因，也没有果；没有过去，也没有未来。一切都是现成，所以不需要努力，也不必害怕，反正有的一定会有，没有的就算再努力也不会有；而该来的一定会来，即使不努力也一定会来。而且有与无，来与不来，皆无实在的价值，生时感到空虚，死后一切归于幻灭。这是一种很可怕的思想。

二、偏空：是指小乘的圣者所证的"空"。他们观察思维世间所有的现象，都是暂生暂灭，不停地迁流变化，因缘聚则生，因缘散则灭，绝没有什么不假因缘、永恒不变的事物，特别是对人的身心现象——五蕴的无常、苦、空、无我体证深刻，所以舍离五欲，勘破自我而得到了解脱。由于他们对世间有着很强的厌离心，认为世间充满颠倒、污浊与苦痛，不愿留下来受苦，证人空而未达法空，便急急趣入涅槃，了生脱死。这种偏空的思想中，生死与涅槃、烦恼与菩提是对立的，离了生死才能证得涅槃，断了烦恼方可获得菩提，明显表现"独善"、"出世"的精神。

三、毕竟空：是指大乘菩萨所证的"空"。已发菩提心的菩萨，虽知道世间是无常、空幻的，可是他们不忍心任由广大无边的众生贪著五欲，沉沦于生死苦海，所以发愿度众生。这些菩萨，本身对于世间的五欲已不执著、不贪求，所以对这世间也无须逃避，依然生生世世留在世间关怀众生、帮助众生，让所有众生都能证得无余涅槃。这种"空"，是空去对自己身心的执著，也空去了对一切现象的执著，转生出救济众生、无我无私的悲心与愿力。

度一切苦厄

菩萨用甚深的般若智慧来观照五蕴，如实证见自己的身心是空的，当下就能够度脱一切苦厄。

何谓"一切苦厄"？我们先说"苦"。苦有三大类：一是身体的苦，二是心理的苦，三是身心交织的苦。身体有生、老、病、死四种苦，这是从生到死之间的四个现象。人，出生了以后就会病、会老、会死，过去生我们记不得了，今生我们还没有死，可能不知道死苦是什么滋味，但当我们看过别人死的情况，就可明白死亡不会是一件快乐的事。

至于心理的苦也有三种：即求不得苦、怨憎会苦和爱别离苦。例如世人求升官发财、求婚姻美满、求子孝孙贤等，能有几人如愿以偿？这就是求不得苦。再如世间的事很奇怪，自己所讨厌、不喜欢的人，在甲地避不见面了，偏在乙地碰了头，而且常因情势所逼，非在一起不可。俗话说"冤家路窄"，这便是怨憎会苦。至于爱别离苦也是人间常有，其中最痛苦的，莫过于亲子之爱、夫妻之情，因为生离死别而肠断心碎，魂牵梦萦。由于凡夫众生把身心的现象与活动执著为我，在自我意识的驱动下，生生世世地造业，再生生世世地受报。这种生命轮回，不断地造业、受报，称为"五蕴炽盛苦"，这是身心合起来的苦。

总计上述有八种苦，我们叫它作"八苦"。

至于"厄"，则是执著五蕴所招感的一切灾难。例如：水灾、火灾、风灾、地震、毒虫猛兽等天灾以及刀兵、盗贼、恶政等人祸。刀兵是指战争，恶政是指昏暗残暴的政治，像中国历史上的夏桀、商纣、秦始皇以及西方的罗马皇帝尼禄等所施行的暴政。古人说："苛政猛于虎"，苛暴的政治比老虎还可怕，以致在乱世里，许多人宁可冒着被老虎吃掉的危险而躲到深山里，也不愿意留在平地受官吏的迫害。我们把身心的现象计执有我，就难免要受这些天灾人祸的恐惧和痛苦。

但愿大家能常念"观世音菩萨"，朝念观世音，暮念观世音，念得身心放空，念得自我中心、自私自利的观念不再生起，那么就一定可以"人离难，难离身，一切灾殃化为尘"了。

本　论

一、人类观——五蕴→五蕴皆空——人的本身即解脱自在

　　舍利子！色不异空，空不异色；色即是空，空即是色。
受、想、行、识，亦复如是

　　舍利子，即《阿弥陀经》里面所称的"舍利弗"。"弗"是梵
语，译成中文就是"儿子"的"子"。"舍利"原本是印度的一种
鸟，这种鸟眼睛非常明锐，舍利弗的母亲眼睛明锐得像舍利一样，
所以取名为"舍利"。她这个儿子从母得名，所以叫"舍利子"。

　　人是由五蕴所成，我们若能如实观照五蕴本空，那么，虽有身
心的现象，也能够生活得解脱自在。然而要把五蕴看空，必须用智
慧。用智慧看五蕴怎么看法呢？观世音菩萨对释尊的弟子，被称为
智慧第一的舍利弗尊者说："舍利子啊！色之于空，并没有不一样；
空之于色，也没有不一样。色就是空，空也就是色。"

　　这里的"色"，就是五蕴中的"色蕴"，属于生理的、物质的现
象。其余受、想、行、识四种，是属于心理的、精神的活动，它们
与空的关系，和色蕴完全一样。也就是在本经"色不异空，空不异
色；色即是空，空即是色"之下依式写成"受不异空，空不异受；
受即是空，空即是受。想不异空，空不异想；想即是空，空即是
想……识即是空，空即是识"。不过为免繁赘，只用"受、想、行、

识，亦复如是"一句概括了。何谓"色不异空"呢？"色"在这里是指我们的身体，是由"四大"互为因缘和合而成。一般不懂佛法的人，听到"四大"就以为是指酒、色、财、气，其实这是牛头不对马嘴。四大乃指地、水、火、风，是物质界的四种特性，因为这四种特性在世间极普遍而作用又极大，所以称为"四大"。

地大表现的是坚硬性，如身上的骨骼、肌肉、血管、神经、皮肤、毛发、指甲等；水大表现的是湿润性，如血液、淋巴液、唾液、汗、尿等；火大表现的是温热性，就是我们的体温了；风大表现的是流动性，如呼吸和血液循环。

由这四种特性的物质和合而成的色身，必须每天摄取食物、补充水分，经过消化、分解、吸收以维持体力，而体内的废物则以粪、尿、汗水的形态排出体外；这些新陈代谢的活动都是一刻不停地进行着。根据生理学者的研究报告：每六至七年，我们身上总数约六十兆个细胞就全部更换一次。也就是说六七年之间，我们身上的所有细胞至少经过一次生死。像这样刹那刹那不停地变化，几十年之间，身体组织就变老了，今天生这个病，明天闹那个痛。当有一天，救治不了，这条命便报销了。所以凡夫众生执为实有的这个身体，殊不知从因缘的观点来看，它是四大和合，一息不停地变化，根本没有独存性、不变性与实在性，只是"假有"——暂时的有，空幻而不真实，一旦和合的关系结束了，身体也就随之死亡、朽坏、消失。这就是"色不异空"的道理所在。

可是，倘若仅仅抱持一味"色不异空"的观念，三世论者会流于小乘声闻的"偏空"思想，而一世论者则会堕入可怕的虚无主义了。因此下文要紧接上一句"空不异色"。前句以因缘灭故，色不异空；后句以因缘生故，空不异色。色不异空，所以能见有如空，在生死不异，住解脱自在；空不异色，所以能住解脱自在，但不离现实生死界，这就是大乘菩萨了。

这里我们要注意到，"空"是因为有"色"才知道有"空"，离开了"色"来说"空"，不是真的"空"。例如农禅寺的大殿，本来空无一人，现在却有这么多人。农禅寺真的有这么多人吗？其实本来没有，待会儿又不见了。也就是说，本来没有人，而现在却有人了，当它有人的时候，的确是真的有人。但是我们知道，等一会儿这些人会散去不见的，由此可见，"色"与"空"本来就是相即而不相离的。同理，我们的色身在母亲怀我们之前是没有的，是在"空"中，而现在是活生生的躯体，其实它本不自有，而将来死了，又消失不见了，像这样即"色"而显"空"，才是"真空"。

如果只说："色不异空，空不异色。"可能有些人听了，以为色与空虽不相离，可是色是有，空是没有，色与空毕竟是有别。所以观世音菩萨接着告诉舍利子说："色即是空，空即是色。"这是说：我们的色身，无非是以四大为因缘而起生灭变易的延续现象，真观色身的本身就是无常（非不变的）、是无我（非独存的），合而言之就是空的（非实在的）。反过来说，这无常、无我的空相，绝非一无所有的空，而是因缘而生，宛如存在的身体。如此，色与空，空与色，只是一体两面的说法，彼此是没有分别的。

可惜世俗凡夫不明白这个道理，他们执"色"为有，亦即执著自己实有这个身体，因而缠缚了种种的烦恼不得自在。为什么呢？例如：我的太太跑掉了、我的钱被盗了、我的房子被烧了、我患了高血压、我挨了别人一拳、我被毁谤了、我要死了……也许有人认为毁谤是名誉受损，与身体无关，其实人的名誉还是需要有身体作为对象。总之，如果你执着这个身体，放不下、看不透，这些就成了你的烦恼和痛苦。所以这种人被称为"具缚凡夫"。

至于小乘行者也是未了达即色即空、即空即色的大乘空慧，固然体证了色身是空，放下了对色身的执着，却没有放下对法的执着。所以急欲出离世间，趋入涅槃，这一期生命结束之后，再也无须也不想接受另一个色身。这种一味"耽空滞寂"，我们称之为"偏空"。

讲完了"色蕴"，接着我们讲另外四种属于心理的精神活动，即"受、想、行、识"四蕴。这四蕴也莫不一一皆如色蕴，是如幻不实，缘起而性空，性空而缘起的。

受蕴——"受"是领纳的意思，是我们身体的官能，即眼、耳、鼻、舌、身五根，与外在的环境（色、声、香、味、触）接触所产生的种种感觉，可分三种：苦、乐、舍。苦受是不舒服的感觉；乐受是舒服的感觉；舍受则是不苦不乐，纯粹是感觉而已。

想蕴——是与外境接触而产生的认识作用，即对于外境的了解、联想、分析和综合等心理活动。

行蕴——是与外境接触之后，心理所起的对策。例如你搭乘公车，车内很拥挤，突然被人踩了一脚感觉很痛，这个痛觉，就是"受"。于是你赶紧抬起头看是谁踩了你，噢！是个急着想找座位的胖妇人，这是"想"。这时，你决定瞪她一眼，还是埋怨她一句了事，或者向她说："对不起！我的脚把你吓了一跳。"这种决定处理事情的意志、意愿，叫做"行"。

识蕴——是指对外境（色）以及因外境而起的感觉（受）、认

识（想）、意志（行）等活动能起了别识知作用的心之本体。所以
"识"统摄了一切心理的活动。由于无明所覆，凡夫对于身心自体以
及身心所依的外境，有着强烈的爱执染著，而造作种种善恶行为，
积聚成为业识，由是依业受报，生死死生不得解脱。所以这个"识"
是连贯凡夫生命之流的主体，这个主体绝非如一般神徒所相信的那
种永恒不灭的"灵魂"。它不停地积聚业种，也不停地随缘现行，好
比栈房一样，货物搬进搬出，变动不已。不仅前生与今世，今生与
来世识蕴质量彼此不同，即使一念之间也前后不一了。所以，凡夫
众生的心理的、精神的活动——受、想、行、识四蕴，也和色身一
样是如幻不实，缘起而性空、性空而缘起的。

　　因此，经文的"色不异空……亦复如是"，也可以并写成四句，
即"五蕴不异空，空不异五蕴；五蕴即是空，空即是五蕴"。既然五
蕴是空，五蕴非我，那么其他的人，乃至一切众生，也都无非是缘
起幻现，了无真实的自性可得。从如此甚深的空慧之中即能发起大
菩提心。

　　一位大乘菩萨持一切净戒，修一切善法，度一切众生，且如
《金刚经》上所说的："我应灭度一切众生，灭度一切众生已，而无
有一众生实灭度者。"造作如此大的功德，却不觉得自己做了什么功
德，为什么？就是因他具备了无我相、无人相、无众生相、无寿者
相的般若智慧。总而言之，心理的活动在凡夫来说叫做"受、想、
行、识"，在佛、菩萨的境界则叫做"后得智"，是"大用现前"，
是大慈悲、大智慧。而构成身心的"五蕴"在佛、菩萨的境界，就
成了化身、神通、慈悲与智慧。

　　或许有人以为：我又不是菩萨，听这些做什么？诸位居士，我

们虽然不是大菩萨，但是既然信仰了三宝，希望将来成佛，就一定要先从学做菩萨开始，晓得菩萨是怎么看待五蕴的，对自己时存惭愧之心，对菩萨常生仰慕之心，所谓"高山仰止，景行行止，虽不能至，心向往之"。今生做不到像贤位圣位菩萨那样，只要愿心不失，来生还可以继续努力。所以我们要发愿心，发阿耨多罗三藐三菩提心，发毕竟成佛的心。

二、宇宙观——五蕴、十二处、十八界——人在宇宙中即解脱自在

　　舍利子！是诸法空相，不生不灭，不垢不净，不增不减

　　上面这一节经文，是宇宙观的总论。佛教的宇宙观包括五蕴、十二处、十八界，说明人在宇宙之中就是解脱自在。何谓"宇宙"？古人说："上下四方曰宇，往古来今曰宙。"所以"宇宙"就是指无限时空中的一切事物。谁能够知觉时空的存在呢？主要是人类。人类通过多种官能，如视觉、听觉、嗅觉、味觉、触觉、动觉、平衡觉的协同活动，再加上经验，以此认识事物的深度、形状、大小、颜色、运动以及与自身的相对位置等，因而知觉到空间的存在。同时，人类经验着外界事物各种持续不断的变化现象，如昼夜更替、夏去冬来、生命的生死枯荣，乃至自身生理周期现象等，而知觉到时间的存在。人类根据空间与时间的知觉而论究宇宙的原理所提出的观念，就叫做宇宙观。

　　观世音菩萨继续对舍利子说："是诸法空相，不生不灭，不垢不净，不增不减。是故空中无色，无受、想、行、识。""是诸法空相"

的"诸法"即五蕴法，包括一切物质与精神；佛法的名词称为"色法"和"心法"。前面是以人类身心的五蕴法来观空，本节则是以时空现象的五蕴法来观空。从时间的立场来看事物，叫"生灭"；从空间的立场来看事物，叫"增减"；从凡夫的立场来看时空的现象，则有欣喜和厌恶，欣喜的叫做"净"，厌恶的叫做"垢"。因此从凡夫位所看到的宇宙，无非是生灭、增减与垢净。然而以佛法的观点而言，一切都是"不生不灭，不垢不净，不增不减"的。什么道理呢？我们依序来说明。世间的事物，从无变有叫做生，从有变无叫做灭。生与灭，以凡夫的知觉而言，是真实而不假的。但是换作佛法的立场，则生与灭其实都是暂时的，不是生了就永远生，灭了就永远灭，因为"生"只是由于各种因素的配合而显现，"灭"也不过是由于各种因素的解散而消失。所以，生，并非真的生；灭，也不是真正没有了。

我在美国认识两位太太，其中一位年纪较轻，生了一个女儿，我向她道喜，她竟然说："生等于无生。"我赞叹她："真了不起！你怎么知道生等于无生？"她说："现在的小孩到十六岁读高中时，就不再依着父母，要找他们也不容易了，所以我只是把她生下来养着，将来离开之后，便等于没有了。"这位太太学佛，学得真是不错哦！

另外一位太太快50岁了，她有一个儿子，大学刚毕业，突然患心脏病死去。她痛苦得受不了，一直找我问："师父！我的孩子在哪里？你能不能教我修行，修到让我可以见到我的儿子。只要再见一面，我就甘愿啦！"老年丧子的悲痛是可以想象的，特别是没有心理准备的情况下，所以我总是安慰她。但每次她都不死心，最后一次又要求我："师父！能能用你修行的道力，把我儿子找回来让我见一见?"我就对她说:"以佛法来看,如果你的儿子在生时没做什么坏事,死后不是升天,就是再转生人间。要是做了大坏事,现在已经入地狱或者转生畜生道去了,即使牵亡魂的人要找他也找不到了。假设他已升天,天人看人间是又脏、又臭、又腥、又乱,他绝不肯回来受罪的。万一真的有人帮你把他的灵魂召回来,可能那不是你的儿子,而是个魔鬼。"

她听了吓得瞪着眼说:"那就不要找了!"我又问她:"你儿子做过什么大坏事吗?"她摇头说:"没有。"又问她:"那有没有做过大善事?"她再摇头说:"也没有。""那么,可能他又投生人间去了。"她愣了一下,说:"又投生,又变成另一家的儿子喽?"我举个例问她:"太太和丈夫离婚,离了婚的丈夫是否还是丈夫?""不,应该叫做前夫。""前夫死了没有?""没有,但不再是丈夫了。"我再问她:"你儿子死了又投生,该怎么称呼?"她想了想,说:"我的前子。""前子是不是你的儿子?""不是。"我说:"既然不是你的儿子,你还要叫他回来,实在没有道理。这等于是前夫再婚了,而你还要他回来,太不合理。"

虽然宇宙之中的物质和生命现象,都是有生有灭,但是若把时间的距离延伸,与因缘配合来看的话,则并没有真的生与灭。所以,经文告诉我们"不生不灭"。

"不增不减"是就空间的质量与数量而言,质量有多有少,数量有增有减。举人口为例,台湾有2070万人,台北市有将近270万人,北投一区有20多万人,人口很多。但是如果来一次瘟疫或战争,人口马上会少,这是增、减。不过,构成我们人体四大(地、水、火、风)的元素是取自地球,人死后四大分离,元素又回归大地。从地球的物质成分或数量来算，不管人口增减多少，都没有离开地球，所以地球的质量是不增不减的。

就生命的精神体而言，地球起初没有生命，现在地球上的众生是从他方世界转移到地球来接受共同的业报的。换言之，由于有共同的因缘而到相同的世界里来。世界不只是地球而已，佛教所说的世界广大无边，众生在各世界中来来去去，在此处造恶业，到彼处去受苦报；造善业则可能生天，或随愿生西方极乐世界、东方琉璃世界，或再投生人间仍做地球人。因此，从全体空间而言，亦是"不增不减"。

所谓"不垢不净"，"垢"与"净"是我们凡夫对时空诸相所生的执著，产生喜欢的就说"净"，不喜欢就说不净，也就是"垢"。俗谚说的"情人眼里出西施"就是最明显的例子。恋爱中的男孩，由于主观的感情因素，常把对象看成仙女下凡。不过这种主观也非永远不变，婚前她是"仙女"，等到婚后，距离感没有了，吸引力消失了，昔日眼中的"仙女"往往就变成"母夜叉"和"黄脸婆"了。可见同样的一个人，在不同的时空环境看待相同的人事，感受是会变化的，它是出自人的妄想与执著，并没有真正的垢与净。

所以，五蕴法是空无自性的，没有时间相，没有空间相，也没有所执相。

是故空中无色，无受、想、行、识，无眼、耳、鼻、舌、身、意，无色、声、香、味、触、法。无眼界，乃至无意识界上面这一节经文，是宇宙观的别论。

"是故空中无色，无受、想、行、识"，句中的"空"是指"照见五蕴皆空"的"空"性。这是承接了上面宇宙观的总论而说："因此在空性之中，是没有色、受、想、行、识等五蕴的。"既然没有，就不用害怕、不用逃避，更不会执著它了。只是那些抱着偏空思想的小乘圣人，未能看透这点，急着要离开这个五蕴法的世界，好比儒家说的"敬鬼神而远之"的做法一样。殊不知个人虽然躲开了鬼神的缠扰，但是鬼神以及鬼神的作用，在他的心里永远还是存在着的。

既然五蕴法即是空，空即是五蕴法，那么属于五蕴法的另外方式的分类——十二处、十八界，自然也是空的，经文说："无眼、耳、鼻、舌、身、意，无色、声、香、味、触、法"，前六项主要是指人类身体的官能，后六项是官能与外界接触的对象，前后的十二项都属物质体。

眼、耳、鼻、舌、身、意，眼是指视觉神经，耳是指听觉神经，鼻是指嗅觉神经，舌是指味觉神经，身是指触觉神经，意是指大脑所司的记忆、分析、思想等功能的神经，总称为"六根"。六根各别接触的对象为色、声、香、味、触、法，称为"六尘"。

六根组成身体，又名"根身"；六尘组成我们生活的环境，又名"器界"。六尘中的法尘，是指语言、文字、思想等种种的符号，即能使我们用来记忆、分析、思想的符号都可以叫法尘。六根与六尘加起来合称为"十二处"，是五蕴法中的"色法"。那为什么叫"处"呢？处是指所依托的地方，意思是说：经由依托而能产生另外六种东西的地方，这六种东西，就是"六识"。能使眼睛看到物体、耳朵听到声音等而产生认识的作用，即前面说过的，属于受、想、行、识等心理、精神的活动。所以如果没有六识的话，就不会有对宇宙和生命的体验和认识。试想，如果只有六根而没有六识，那就成了死人或植物人；要是只有六尘而没有六根，则这个世界对你来讲是不存在的。因为既然没有六根，怎么知道有六尘？人的六根不起作用，尽管世界仍在，但对死人而言等于不存在。因此，人死了若没有福报和神通，就根本无从辨识这个六尘的世界，想碰我们也碰不上，所以诸位怕鬼的人，胆子可以放大一点！

六识属于"心法"，即五蕴法中的受、想、行、识。六识中的每一识都与识蕴有关，但五蕴里的识蕴并不等于六识中的意识。眼、耳、鼻、舌、身、意六识任何一识所产生的功能，成为业力，此业力才是五蕴里的识蕴。

综合来说，佛教的宇宙观是推源于五蕴，五蕴的物质部分（色蕴），可分析成十二处；五蕴的精神部分（受、想、行、识等蕴），可分析成六识。把六根界、六尘界、六识界合起来总称为"十八界"。界，即范围、界限的意思，表示每一部分各有其一定的概念范围和功能定义。上面所讲的"蕴"、"处"、"界"是佛教宇宙观的三大科。菩萨用甚深的般若智慧来观照的结果，五蕴是空，十二处、十八界当然也是空。因为空，故一切"有"能依空而立，这叫"真空妙有"。大乘菩萨就是凭这个不著空、有两边的中道智慧，离一切相，度一切众生。

三、人的三世因果观——人在生来死去中即解脱自在

　　无无明，亦无无明尽；乃至无老死，亦无老死尽。无
苦、集、灭、道。无智亦无得

　　"无无明，亦无无明尽；乃至无老死，亦无老死尽。"此乃说明
十二因缘的流转和还灭也是离不了空性。

　　从无明到老死一共有十二个阶段，显示生命的过去、现在、未
来三世流转的过程，这是佛法里很重要的理论和观念。佛法讲众生，
是包括六道中的一切众生，而十二因缘则是专从人的立场来看。因
为诸佛世尊皆出人间，只有人才能信佛学佛，才能得解脱自在。十
二因缘是：无明、行、识、名色、六入、触、受、爱、取、有、生、
老死。其中"无明"和"行"属于过去世。"识"属于过去到现世
的主体，故跨越过去世与现在世，乃至未来世。"名色"到"有"
属于现在世，最后的"生"和"老死"属于未来世。"老死"以后
又再"生"，"生"一定又从"无明、行、识……"流转不已。

　　"无明"为生死的根本，它从无始以来就有，不是上帝给的，也
不是因为自己曾经做了什么坏事。众生一开始就是众生，唯其本质
可以成佛。如金矿里的金子，本来是夹杂在矿石之中，只要将石头
洗炼，金子就会显现，无明如矿中之石，故有无明就不是佛，而是
烦恼的众生。何谓烦恼呢？烦恼就是由贪欲、嗔恚、愚痴所衍生的
种种心理现象；再由这些心理现象，表现种种的身心行为，造作种
种的善恶诸业，这叫做"行"。

　　当一期生命结束了，生前的种种善恶诸业便积聚成一股很强的
力量，让他去感受果报，而投为新一期的生命主体。这个生命主体
叫做"识"，和五蕴中的识蕴是同一个东西。当人在转世投胎的刹

那，他的"识"加入。父精母血（即受精卵）而成为"名色"；"名"是指识，"色"是指受精卵。入胎之后，一两个月之间，胎儿的眼、耳、鼻、舌、身、意等官能即慢慢形成，这称为"六入"；"六入"也就是"六根"。当胎儿出生之后，他的六根就与外界的六尘接触，这就是"触"。触之后会产生苦或乐的感"受"，于是喜欢的就想追求，不喜欢的就想摆脱，这些一并叫做"爱"。当"爱"的心理活动付诸行为，成为事实，便叫做"取"。在追求或摆脱的过程，不免又造作了种种的善业和恶业，于是，便又有了未来受生受死的果报之身的因，这叫做"有"。所以"有"与前面讲过的"识"是一样的性质，所不同的，"识"指的是今生投胎受报的因，"有"指的是来世投胎受报的因，如此而已。于是，凭着这个"有"，来世又去受"生"，然后"老死"，就这样，三世因果生死流转的关系，像一根链条，老死以后又生，生以后又老死……永无止期。

从小乘的观点看，十二因缘流转，就是生死不已；十二因缘的还灭，就是了脱生死，不在生死之中，进入涅槃。生死怎么来的？其根本是因"无明"而生，有生就有老，有老就有死；若没有"无明"，就不会生，不生，也就没有老、死，所以小乘要断无明了生死。然而，大乘菩萨则有不同的观照。如前所述，既然现前的诸法都是空是假，则十二因缘所呈现三世流转的生命现象，亦不离五蕴诸法的生灭，所以当然也是空的、假的。生死的根本无明既是空的、假的，就不必去断无明；而从无明以下的行、识、名色到有、生、老死，也都一一是空是假，故也不需去了生死。换言之，当一位大乘菩萨彻见十二因缘的流转相是空的，那么十二因缘的还灭，也就跟着不存在了。所以说："无无明，亦无无明尽；乃至无老死，亦无老死尽。"句中的"尽",是还灭的意思。因此,对大乘菩萨而言,"烦恼即菩提,生死即涅槃",了悟空性之后,既不恋生死,也不厌生死,不被生死所缚,自在于生死之中。

经文接着说"无苦、集、灭、道",这是指明三世因果的流转生死与生死的还灭,也是离不了空性。"苦、集、灭、道"叫四圣谛,是原始佛教的基本教理。"苦",生命的现象就如苦海,有三类八种,这在前面讲"度一切苦厄"的时候说过了。"集"是指苦的原因,人因无始以来的贪、嗔、痴等烦恼,而驱使身、口、意去造作各种善恶业,由此善恶诸业积"集"招感各种苦的果报。一边接受苦的报应,一边又造下新的生死之业。所以,造业而受报,受报而造业,周而复始,永无了期。受报是苦谛,造业便是集谛。如果不想再受苦,就要修"道"。在修道过程中,渐渐地不再造苦因,终究才能"灭"苦。

由此可知,集为苦之因,苦是集之果;道为灭之因,灭是道之果。集与苦为世间因果,道与灭是出世间因果。我们学佛就是要断除苦因以达到不受苦的目的。"凡夫畏果,菩萨畏因",前面说集是苦因,然而流转生死的众生为什么会不断地在造苦因呢?要找出根本原因来对治它才是"釜底抽薪"之道。

流转生死的众生不断造作苦因的根源,是来自于无始以来的贪欲、嗔恚和愚痴的无明烦恼。例如遇到自己喜欢的东西,就拼命贪求,患得患失而不择手段;娶了太太生不出儿子,就想再找一个太太来生;恐怕一个儿子不孝顺,再生一个才安心。贪得无厌的同时,"顺我者昌,逆我者亡",树立了许多怨家仇人,逞凶斗狠,报怨复仇,你来我往;再如对事情缺乏正确清楚的认识或判断等，便使行为上造作杀、盗、淫等身业，嘴巴则造妄语、两舌、恶口、绮语等口业。所以不断造业受苦的根本原因来自无明烦恼，也就是没有智慧！那么如何去开发智慧呢？必须修三无漏学和六度。三无漏学是解脱道的根本，而六度是菩萨道的基础，也是三无漏学的开展。

三无漏学，就是戒、定、慧。六度，就是布施、持戒、忍辱、精进、禅定、智慧。戒与定是为了得无漏慧，有了无漏慧，才能断除生死恶业，即不再造生死的苦因。六度中的布施、持戒、忍辱和精进是戒的范围。从菩萨的立场看，有能力布施而不布施，应该忍耐而不肯忍耐，可以用功而不用功，能舍而不舍，该做而不做等都是犯戒。至于如何持戒清净，那就要有禅定的功夫。修行禅定的方法有很多种，例如礼佛、拜忏、诵经、打坐、念佛、持咒……心安定才能真正持戒，才愿发布施的心；心越安定，烦恼越少，智慧越增长，最后就能得解脱。所以，解脱来自禅定和智慧之力。由持戒而离苦得乐，习禅定而得禅悦，修智慧而得法喜。诸位看，这有多好！能修戒、定、慧的人实在太幸福了。

依智慧而得自在，依三无漏学而得解脱，固然不错，但是一个修行人如果心里这么想："哦！我已经得解脱了"，"我已经有大智慧了"，或"我已经成为大菩萨了"，那就有问题了。在空慧的观照之下，根本是无苦、无集、无灭、无道的，这样才会不离生死而不受生死的束缚，才是真正的大自在。所以小乘说："苦、集、灭、道"，大乘菩萨则说："无苦、集、灭、道"。

经文接着说"无智亦无得"，这就更有意思了。有人一定会问：既然说没有智慧可得，那就没有可以证悟的目标了；没有目标，我来修行做什么？在前面的经文里，各位已经知道了诸法是空，既然是空，那么能观照的智，和所证得的理，当然也是空，也就是无可执著的了。因此，"无智"才是真智慧、究竟的智慧。

"无得"，是说没有什么可以得到。有人说修行可得功德，修行可得智慧，修行可证道果，又说什么四果、五果，乃至七果、八果，如果有果可证，就是一种执著了。现在外边有人标榜自己已证三果、四果，说自己是圣人，这种人有大问题；把证悟当做一样事实去执著，有一点宗教的体验就生狂慧，是骄慢心。所以遵守《心经》告诉我们"无智亦无得"的话来修行才是最正确安全的。我们中国的老子不也说了吗？"大智若愚。"又说："上德不德，是以有德；下德不失德，是以无德。"

四、菩萨的境界——解脱自在的范例

以无所得故

"以无所得故"的"得"是得什么？从凡夫的立场看，世界是实有的。我们常说："人身难得今已得"，得的是什么身呢？是五蕴身。从凡夫来看，是有得的。因此，在这里要把"无所得"的问题分下面三个层次来说明：（一）世法的现象，（二）圣道的修证，（三）菩萨无所得。

（一）世法的现象：凡夫看五蕴为实有，但从佛法的观点来讲则是空的。五蕴中的色蕴——十二处是空，五蕴的身心世界——十八界是空。由于色法的肉体和心法的精神皆是空，所以凡夫所得到的五蕴身等于没有得到，故说"无所得"。十二处中的六根是身空，六尘是境空，如果我们认为六尘是空，那六根就没有作用；反之，知道六根是空，则六尘就不会影响我们。

若真的体验到不受六根、六尘所动，就不会因六尘而使六根引生贪、嗔、痴的烦恼，这叫做"六根清净"。这种情形，就是当六根对尘时，好像镜子照着面前的事物，影像在镜子里清清楚楚，但镜子本身一无所动，不受影响，这就是"心空"。此时的六识已不称六识，因为它不再以情欲反映外境，而转为以智慧来处理外境，六识变成了智慧。

（二）圣道的修证：此即指四圣谛。集、苦是流转生死，道、灭是生死的还灭；集、苦是缘生，道、灭是缘灭。执著缘生缘起的现象，不离生死，是凡夫的境界；而执著要远离这个现象，不再生死，一心求缘灭，就是小乘的涅槃境界。

（三）菩萨无所得：大乘菩萨则认为诸法空相，不生不灭。所谓缘生缘灭，对他而言，了无挂碍，所以连圣道也无，亦无智慧可用，既然无智慧可用，当然"无所得"。

智慧可分三种：1. 世间智，2. 出世间智，3. 世出世间智。如果认为这三种智慧实有，那就有"能得""所得"。何谓"所得"？以世间智而言，得的是知识聪明；以出世间智而言，得的是四双八辈；以世出世间智而言，得的是三贤十圣。

现在请问诸位，什么人得世间智？是凡夫，其实有知识聪明也不错。

什么人得出世间智？是小乘圣者，所得的四双八辈：初果向、初果，二果向、二果，三果向、三果，四果向、四果，就是把小乘的四果分成八个阶段。

至于什么人得世出世间智呢？是大乘菩萨，所得的三贤十圣，三贤就是十住、十行、十回向，十圣则是指初地至十地的圣位菩萨。

从凡夫的立场看，上述这些修行阶段是有的，佛经上也清清楚楚告诉我们是有这些的，但是从大乘菩萨的立场则说没有。凡夫有得，小乘有得，而菩萨无得，所以要说"无所得"。

菩提萨埵

"菩提萨埵"即菩萨的全称，梵文作 Bodhisattva，它的意思，旧译为"大道心的众生"，新译为"觉有情"。我将它分为两项来说明：一是原始圣典中所说的菩萨，二是大乘经典中所说的菩萨。

在原始圣典中的菩萨有两个阶段：一是指释迦世尊从出生、修道，到成佛之前的时期，称为菩萨。其次，在释迦出尊往昔生中，一生又一生地以种种不同的形象和类别，舍生受生，受生再舍生，这样的阶段也称为菩萨。"本生"里记载释迦世尊于过去生中，曾做过国王、做过太子、做过猿猴、做过乌龟，还做过鹿、鹦鹉、象，乃至巨大的鱼等。

佛教将一切佛经分为十二种类，名为"十二部"，其中第六部叫"本生"，述说释迦世尊未成佛前，生生世世以不同的身份、不同的众生类别来教化广度众生的故事；另有一种专讲佛弟子们在过去生中的种种因缘，则称为"本事"。

下面举几则"本生"里的故事：曾经有一个国家闹早灾，当地的人民无食物可吃，已到人吃人的地步，后来连人肉也没得吃。释尊看到这样凄惨的情况，就化身为一条巨大的鱼，鱼身像一座肉山，让人剐他的肉充饥。由于被剐过的肉又会马上长回去，因此他忍受了千刀万剐的痛苦，终于把快要饿死的人都救活了。另外，大家比较熟知的故事还有"九色鹿"入河救溺水的人，度他发心的故事。"舍身饲虎"是说释尊有一生曾为某一国的三太子，在寒雪纷飞的山林中，看到一只母老虎，饿得瘫在地下奄奄一息，身旁尚有七只出生不久的小老虎绕在母虎的四周要吃奶。如果母虎饿死了，那七只小老虎也必跟着饿死。这位三太子发了大悲心，用干竹刺颈，走近母虎，让母虎舐他的血再吃他的肉，结果因此救了母虎和七只小虎的生命。

舍己利人的就是菩萨，但在原始圣典中，被称为菩萨的只有释迦牟尼佛和弥勒菩萨，弥勒菩萨是继释尊之后下一尊将在娑婆世界成佛的菩萨。

大乘圣典中有四种人被称为菩萨：第一，诸佛在尚未成佛前的因地，都称菩萨。第二，凡人从初发菩提心到成佛前的阶段，也称菩萨。例如经中记载过去劫中，有国王在世自在王佛所出家，号法藏比丘，于佛前初发无上菩提心，就是菩萨，他是西方极乐世界的教主阿弥陀佛的前身。第三，在《梵网经》、《菩萨璎珞本业经》、《华严经》里，皆把菩萨分成不同的阶次，从凡人菩萨到贤位、圣位、等觉、妙觉，共有五十二个阶位，都称菩萨。第四，于原始的《阿含经》中说菩萨要修六度，即六波罗蜜，又可延伸为十波罗蜜。凡夫修六波罗蜜，初地以上的十地菩萨每一地修一波罗蜜，称十波罗蜜，而且每一波罗蜜又含摄无数的波罗蜜。波罗蜜即"到彼岸"、

"超度"之意。用种种方法使众生从生死苦难的此岸，到达不生不死、菩提和涅槃的彼彼。这些方法总计有八万四千法门，所以六度之下常接两个字——万行，六度摄万行。另外，又可以用四句话来含摄万行，那就是《四弘誓愿》："众生无边誓愿度，烦恼无尽誓愿断，法门无量誓愿学，佛道无上誓愿成。"

诸位，我们每天课诵时都念《四弘誓愿》，这样算不算菩萨了呢？当然算。可是，菩萨要像释迦牟尼佛在因地的舍行一样，难忍能忍，难舍能舍，做得到吗？我们众生非常可怜，人家称呼自己是菩萨时，就满欢喜的，但是要叫自己去行菩萨道的时候，就舍不得了。

曾经有一位居士受了菩萨戒之后回到农禅寺来，就自称"本菩萨"如何如何。我想这个人真了不得，戒场一下子把他从凡夫变成菩萨了。我也不能说他错，戒场的法师说："受了菩萨戒就是初发心的菩萨"，本来没什么不对，但他找我时，竟然说："师父，你比丘是小乘，我现在是菩萨，所以我是在家菩萨，你是出家罗汉。"我问他："你的戒师是谁？"他说："也是罗汉。"这就是没有弄清楚，菩萨有在家，也有出家菩萨；没有说做了菩萨就不准出家，这是没有道理的。

另有一位居士对我说："菩萨一定是在家人。"我说："菩萨也有出家人。"他摇头说："不，在家人。"我再问他："你怎么证明菩萨是在家人？"他说："观世音菩萨有头发。"接着，他更提出怪论，说："出家人应该拜在家人、拜菩萨。"这都不是正信的佛教徒，没有真正懂得佛法。

须知大菩萨并无所谓在家、出家的分别，只不过有时示现在家相而已。事实上，菩萨多半示现天人相、梵天相，他们已离欲界的淫欲，没有男女的性别，所以也就没有在家出家的问题。只有欲界凡夫才有在家、出家、男男女女的问题。总之，我们人间只要发心舍己为他，就是菩萨了。

依般若波罗蜜多故，心无挂碍；无挂碍故，无有恐怖

"依般若波罗蜜多故，心无挂碍"是呼应前面的"行深般若波罗蜜多时，照见五蕴皆空"的意思，是说任何菩萨只要依般若波罗蜜多的甚深智慧，即证毕竟空、无所得，能超越诸苦，心中了无挂碍。

一切诸佛均以智慧为父、慈悲为母，其法身是依智慧与慈悲而生。以智慧自度，度一切苦；以慈悲利人，使一切众生离苦；悲智双运，自能游刃于无间。

佛法中的智慧与慈悲是不可分的，有慈悲就一定有智慧，有智慧也一定有慈悲，如果有人自称有智慧，却没有慈悲心，那他也绝不是真有智慧。因此，不能说小乘圣者没有慈悲，如果南传佛教国家的佛教徒没有慈悲心，南传佛教就不可能流传到现在。

为什么说"心无挂碍"呢？当一个人心中无所得，内在无我，外在无物，内外皆空，那还有什么好挂碍的？心有挂碍，一定是先有自我，有自我就会放不下人，放不下事物；心外有人、事、物种种计较牵连，梗在心上丢不开，这就是心有挂碍了。假如心像万里晴空一样，无风、无云、无雨，也无日月星辰，只是一片皎洁，不着一点微尘，这便是智慧，是心无挂碍。

请问诸位，如果心里有爱人，这是有挂碍对不对？心里有仇人

也是有挂碍对不对？心里有钱也是有挂碍对不对？那心里没钱算不算挂碍？也是挂碍。你心里想："我没有爱人，也没有仇人，我什么也没有。"这算不算有挂碍？其实说自己心里没啥事情也是一种挂碍，凡是心里有计较、有执著，不管计执有还是无，都是挂碍。

我遇到过好几位单身的居士对我说："法师，我跟您一样喔！"前天有位日本教授也这么说："我在学你。"我问他："你怎么学？"他说："我来台湾，没有把太太带来。"他没把太太带来，其实心里头已把太太带来了。而我呢？不管有没带，根本没有太太可带，也没有太太可不带。

所以，"心无挂碍"之意，并非执"有"才叫挂碍，执"无"也是挂碍。譬如有人说："师父，我现在已经没有烦恼了。"这就是烦恼，凡是相对的有和无，都是挂碍。

"无挂碍故，无有恐怖"。已证诸法皆空，心无挂碍的人，内既无我，外亦无物，便没有能够恐怖的自己，也没有让自己恐怖的事物了。

请问这个世上，谁在贪生怕死？是每一个"我"在贪生怕死啊！一般初学打坐的人，坐到心里有安静的感觉之后，就会有一种恐惧感产生，说不出是恐惧什么。其实很简单，人人都怕寂寞，所以打坐的时候，让自己进入一个深不可测的精神世界，便会感觉非常地寂寞，再寂寞下去，不知会发生什么事，心里便很害怕。

所以谁在怕呢？是"我"在怕。这些人常会来问我怎么办，我告诉他们办法很简单，只要不想过去，不想未来，不想自己，也不想他人，专心地用方法，这时就没有什么好怕的了。想到过去会舍不下，想到未来则无法捉摸揣测，所以会害怕。

佛经说，初学的菩萨有"五怖畏"，即：恶名、恶道、不活、死、大众威德。

为什么害怕"恶名"？因为沾了恶名，便会遭人鄙视、排斥、隔离，甚至冤枉，在社会上难以立足，所以古人说："君子恶居下流。"就连坏人也怕别人说他是坏人，还想尽办法为自己的行为辩护，装作君子善人，要人肯定他、歌颂他。

害怕"恶道"，是指怕死后堕到地狱、鬼、傍生三恶道去。其实在人间，有许多人已经像在地狱，行为已经像畜生、像鬼一样了。

害怕"不活"，是指行布施不敢尽其所有，以免自己生活成问题。这跟穷与富没有关系，有钱人也怕活不下去，好比越大的鱼需要的水越多，因此贪心重的人，财产只能多不能少，一少就害怕，就活不下去了。很多人只能伸，不能屈；只能富，不能穷，尤其大富大贵之人，突然一夕之间落难变穷，就自杀了。本来他多少还有点钱生活，即便没有钱，也不是活不下去，是是他却害怕活不成而自杀了。这种人很愚蠢，大丈夫应该能伸能屈，能富贵能贫贱，如此才是真正学佛的态度。

另外是害怕"死"，死是人人都怕的。初发心的菩萨，虽然发了广大心，突然要他舍身命，也一定会害怕的。

最后是害怕"大众威德"，就是指在大众面前，或有威德的人面前，心里虚怯，不敢说法。

远离颠倒梦想

"颠倒"是指不合理的思想和行为，如凡夫的我执与小乘的法执均是。

所谓我执，是指"常、乐、我、净"的思想。"常"是永恒不变的意思。外道的神我思想认为死后会被上帝召回，跟随上帝永远在天国享福，这就是"常"。还有一般民间信仰以为人死如换衣服，衣服穿旧了，换件新的；衣服穿脏了，换件干净的。我们的躯壳肉体就像衣服，可以一生一生地换，今生穿牛皮，来世穿人皮，再下一世穿狗皮，而这些皮囊里的性灵则永远不变，这种思想也是"常"。

依佛法来说，我们的肉体固然会生老病死，而我们的神识也一样没有固定不变的本体。由于我们的识蕴经常因业力的作用而变化，即使今世与前世都做人，也因识蕴不同而出现人格的差异，所以实际上根本没有一个恒常不变的"我"。

"乐"即快乐之意。众生皆有不同层次的快乐，蚂蚁有蚂蚁的快乐，粪蛆有粪蛆的快乐，狗有狗的快乐，人有人的快乐，上了天，天人有天人的快乐。从天人看我们人间的快乐，算不算快乐呢？当然不算。我们人看狗的快乐，算不算快乐？狗吃屎很快乐，我们人会去和它同乐吗？因此，既然不同的生命层次有其不同的快乐，那就没有所谓真快乐。再从无常的角度看，世间的一切喜乐，如财富、尊荣、健康、聪明，乃至风调雨顺、国泰民安等，虽然会使人感到满足，但是到了变化的时候，苦就跟着到来，不能不说"诸受皆苦"了。

"我"是独立自存的意思。依佛法讲，一切存在的事物，都不过是因缘和合的暂时现象，绝没有任何东西是可以独立自存的。

"净"，在凡夫的立场看，也是因层次而有不同，由于心理情况的差异，对相同的境界会产生净或不净的认识与感受。而人间的清净,从天上来看,就变成了垢秽而非清净。

所以凡夫认识的"常、乐、我、净"都是颠倒见,有颠倒的思想就会产生颠倒的行为。到了小乘,则讲"无常、苦、无我、不净",他们从常见无常,从乐见苦,知苦而知修道,修道至彻悟无我而得解脱。凡夫因为有"我","我"是无常的、痛苦的、不净的,彻悟了"无我"固然是好,但此等圣人很可能因此而厌离人间,执"无常、苦、无我、不净",而汲汲要入涅槃。这种去了"我执"而未去"法执"还是不究竟,应该更上一层楼,修菩萨的境界,就是"非常非无常、非乐非苦、非我非无我、非净非不净",这也就是佛法所谓的"中道思想"。"中道"就是既不执常,也不执无常;既不执我,也不执无我。

"梦想"是因为执着身和心的对立,自和他的对立,物和我的对立,乃至烦恼和菩提的对立,生死和涅槃的对立等,在五蕴法中产生种种错误的想望,凡夫以我执为梦想,小乘以法执为梦想,大乘菩萨则已远离我执法执的颠倒梦想。

究竟涅槃

远离颠倒梦想之后,就"究竟涅槃"了。为什么要加"究竟"两个字呢?因为涅槃有三种:一是外道的假涅槃,二是小乘的真涅槃,三是大乘的究竟涅槃。

外道的假涅槃是"与神同在"、"神我合一"或一般人所说"天人合一"的境界。它可从两种情形来体验:一是以信仰、信心祈求上帝或神的力量的救拔，带引他到天国，达到与神同在或与神合而为一的境界。二是以自己修定的力量，达到内外统一，体验身心与天地宇宙原是一体，这就是神我合一的境界。

很多人说佛教教人消极逃避，事实上，信神的人才真正是逃避现实，他们信神，祈求上天国，再也小来人间了。至于入定的人，把自己融化在宇宙之中，自我与外界统一，像冰化入水中一样消失了，如何能产生救世的功能？另外有一种属于哲学思想的"天人合一"，它是纯学理的推论，非亲身的体验，不包含在这里面。

小乘的真涅槃，佛法称之为"灰身泯智"，即身体死了没有了，招感生死之本的烦恼业惑也泯灭了，只是三界外的尘沙，无明烦恼尚未断尽。这时像喝得酩酊大醉的人一样，陶醉在涅槃之中，别人看不到他，他也看不到人，因此也就无法教化世人。真假涅槃的差异，在于真涅槃是无我的，而假涅槃则执著神我的统一，虽放弃了个体的小我，而仍执著于宇宙之神的大我。

究竟涅槃是无怖畏、无颠倒、无梦想，不贪恋生死之中，也不畏生死，自由自在于生死之中。凡夫是依业报在生死中受苦受难，没有自由；菩萨则是以愿力在生死中救苦救难，自由自在。两者虽同在生死之中，却是完全不同的境界。所以，不离开现实的人生，随缘度化一切众生就是大乘的究竟涅槃。

五、佛道——菩萨道的目的，解脱自在的终极

三世诸佛，依般若波罗蜜多故，得阿耨多罗三藐三菩提

佛是从菩萨而来。菩萨的意思是觉有情，是自觉觉他；自己是

觉悟的有情众生，而又帮助其他的众生觉悟。他是在菩萨道上的众生，菩萨道称为大道，在大道发了菩提心的大道心众生，就是菩萨。

而达到自觉、觉他、觉满，最高人格的完成就是佛；佛是菩萨究竟的位置。在原始佛教中，仅有的一尊佛，就是释迦牟尼佛。其他的佛弟子虽然也证涅槃，但称阿罗汉。到了大乘经典，就有所谓"三世诸佛"了。因为释迦牟尼佛是过去的菩萨而现在成佛；而现在的菩萨将来也必定成佛，是未来佛。既有现在、未来诸佛，那过去一定也已有众生成佛，是过去佛。过去佛、现在佛、未来佛，就是"三世诸佛"。这无异在鼓励众生起信心，好好修学菩萨道，肯定将来都会成佛。

从时间上来说，有三世诸佛，而时间离不开空间，既有三世诸佛，也就一定有十方诸佛。我们皈依三宝，乃是皈依"十方三世一切诸佛"。由此可见，成佛是菩萨道的终极点，我们应等视一切菩萨都是未来诸佛。经文强调菩萨依般若波罗蜜多来度一切苦厄，而诸佛也是以般若波罗蜜多来成佛，所以说："依般若波罗蜜多故，得阿耨多罗三藐三菩提"，这是说如来的果位。

"阿耨多罗三藐三菩提"译成中文是"无上正等正觉"，义称"无上正等正遍知觉"。正觉，即正确的觉悟；无上正觉，就是悲智圆满的如来果位。正觉一定是从正行产生，正行一定是从正信而来，即从正确的信仰产生正确的修行，再从正确的修行达成正觉的目的。因此，大家平日应该多读正信佛教的书籍。

结　论

下边我们要讲流通分了，也就是《心经》的结论。

故知般若波罗蜜多，是大神咒，是大明咒，是无上咒，是无等等咒。能除一切苦，真实不虚

这一段是用真言为比喻，来赞叹般若波罗蜜多，意思是说："因此可知般若波罗蜜多实在太好了，它就好比是大神咒，是大明咒，是无上咒，是其他咒所比不上的。它能使众生除去一切苦难，这是真的，一点也不假哟！"

在讲绪言的时候，我们曾简单地提到《心经》的来历，这里再作小小的补充。《心经》的主要部分，即"舍利子！色不异空……无智亦无得"计一百零九字，是源自于《大般若经》第四百二十一卷《观照品》第三之二，并与《大品般若经·习应品》第三的内容相同。另外，"是大神咒……能除一切苦"计二十二字，与《大般若经》第四百二十九卷《功德品》第三十二，以及《大品般若经·劝持品》第三十四的文字大同小异。

也就是说，《心经》在《大般若经》中有它的根据，但原来不是连在一起的。当后来被译成汉文的时候，这两部分已经连在一起了，可能是在印度就有人做了这项工作，并将它称为《心经》。不一定是中国译师玄奘，或在他之前的罗什法师所为，所以这部经不但在中国重要，在印度也很受重视。

"咒"在梵文称"陀罗尼（Dharani）"，有总持、能持、能遮之意。总持，谓总一切功德，持无量义理。能持，是指它能含摄保存无量的内容。而能遮，则谓具有无量神变不思议的功能。另外，"咒"又名"曼陀罗（Mantra）"，意为真言，也有神咒、秘密语、密

咒的含义。陀罗尼和曼陀罗本来是印度婆罗门教所惯用的语言，释尊最初不用它，到大乘般若经典发达后，才有了秘密般若部的成立。

"大神咒"是说有很大功能的咒语，而且此"大"不是比较的大，是绝对的大，大得不可思议。

"大明咒"，大明能破一切黑暗愚痴，所以大明即大智慧之意。

"无上咒"意谓最高、最尊、最胜的咒中之咒。

"无等等咒"意谓无任何一咒能与之相比。

"能除一切苦"，此句呼应经首"照见五蕴皆空，度一切苦厄"，然后说："真实不虚"，很肯定地表示："就是如此，一点不假！"

这里所赞叹的就是"空"。若能实证空性，还有什么事办不成？空，即智慧、般若。

即说咒曰：揭谛，揭谛，波罗揭谛，波罗僧揭谛。菩提萨婆诃

于是就念一个咒语："揭谛，揭谛，波罗揭谛，波罗僧揭谛，菩提萨婆诃。"这是真言大成就、解脱大自在之意。

"揭谛"是去、到的意思。

"波罗揭谛"的"波罗"意谓彼岸，"波罗揭谛"就是到彼岸去的意思。

"波罗僧揭谛"的"僧"是众的意思，"波罗僧"表示众多法门，有六波罗蜜、十波罗蜜乃至无量波罗蜜。此言有无量能度脱生死的法门，依这些法门到彼岸去。

"菩提萨婆诃"的"菩提"是正觉、佛道。"萨婆诃"足大圆满、大成就之意。

将此咒连贯一气来念，意思就是："去呀！去呀！去彼岸呀！用许多许多到彼岸的方法去彼岸，去成就菩提大道。"就这样一直念，一直念，到最后你不去也会去了。

《心经》讲到这里，也是"菩提萨婆诃"，功德圆满。

1991 年 1 月 14、15、16 日讲于农禅寺，温天河居士整理录音带，圣严法师亲自修订成稿。

Chapter 3
地藏菩萨的大愿法门

地藏菩萨的大愿法门，是一个非常难得的法门，如果还没有固定修行法门的人，可以修地藏法门，因为它非常容易修持，只要供养、布施、赞叹、礼拜，以及诵经、持名，这些人人都做得到；而且这一法门可以使我们现生得到很多利益，最后一定能够成佛。

最后，期许大众都来学习地藏菩萨的精神，修行地藏菩萨的法门，也能一起分享地藏菩萨的功德。

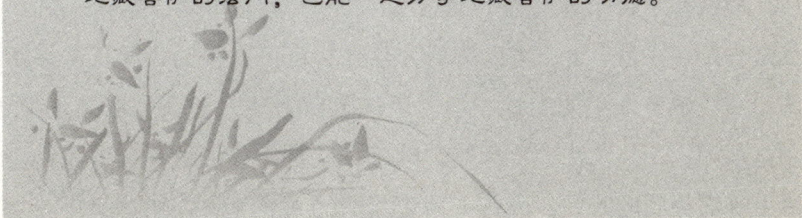

前 言

中国的农历七月民间称之为"鬼月"，流行普度。以佛教来讲，七月是地藏菩萨的涅槃日、成道日。所以今天我要介绍地藏菩萨的大愿法门，内容包含了信、愿、行。

在信仰方面，首先我们要相信地藏菩萨发的愿是真的，然后也学习他那样发大愿。在修行的实践上，一方面要学习地藏菩萨广度众生，另一方面则可诵持地藏菩萨的名号，研读相关的经典，并且修持地藏菩萨教我们如何忏悔、如何消除业障的法门。

这些也正是我们法鼓山正在推行的，法鼓山一直非常重视修行佛法，而不仅仅是研究佛法。当然，研究是有用的，但若只是停留在研究的层面上，不能落实成为修行的方法，那不是佛法的目的，只是一种学问而已。

一、地藏的意思

地藏有"堪"和"住"的意思，"堪"就是可以、能够；"住"就是安定、安稳。地，可以解释为住处，也可以视为如同母亲怀胎的胎藏、孕育众生的大地一般。地能蕴藏万物，让众生取之不尽，用之不竭；例如，我们生活在地球上，就是靠着大地，提供我们生活上必需物质的来源。因此，地藏菩萨的大慈悲愿，能够解决一切凡夫众生生前、死后的问题，提供成佛之前的所有修行法门。

在《大乘大集地藏十轮经》中便说，地藏菩萨成就了众多不可思议的功德，一如无尽的宝藏，凭借这些功德力量，能发起坚固的大慈悲，满足一切众生的心愿。

在《究竟一乘宝性论》中也提到，众生有一如来藏，如同"地藏"一般，藏着种种宝物，能让众生受用不尽；这也就是说每个人都有如来藏，都有成佛的可能，如同地藏菩萨一样。

二、地藏菩萨是谁

地藏菩萨是什么时候的人？从《地藏菩萨本愿经》中得知，他是在距离现在无量无数阿僧祇劫以前的一位菩萨，已经度了许多众生成佛，而他自己还没有成佛。

在中国历史上，也有一位祖师叫作地藏菩萨。根据《宋高僧传》所记载，有一位出生在韩国的僧人，俗姓金，名叫乔觉，是一位王族，他在唐高宗永徽四年（653），24岁的时候落发出家，法号地藏；后来带了一条叫善听的狗，来到中国安徽省的九华山修行了七十五年。于唐玄宗开元十六年（728）农历七月三十日的晚上圆寂，世寿九十九岁。而在至德二年（757），同样是农历七月三十日那天，这位地藏比丘显灵，很多人都相信他就是地藏菩萨的化身，于是就为他起建了一座塔，九华山也因此成为中国佛教的四大名山之一，如今这座塔还在九华山上。

事实上，地藏菩萨究竟什么时候生、什么时候圆寂，由于那已是过去无量劫以前的事，我们无法得知。但是，现在很多人把九华山的这位地藏比丘，当作是地藏菩萨的化身，提到地藏菩萨就把九华山的地藏比丘的故事，做为主要介绍的内容，虽然未必恰当，但就信仰而言，是无可厚非，而且也是有用的，但是要探讨地藏法门，还是应该从相关的经典入手。

三、地藏法门的三部经

在藏经中，专门介绍地藏菩萨法门的一共有三部，根据由梵文翻译成汉文的时间先后次序来说，分别是：

（一）《占察善恶业报经》两卷　　　　隋　菩提灯译

（二）《大乘大集地藏十轮经》十卷　　唐　玄奘三藏译

（三）《地藏菩萨本愿经》两卷　　　　唐　实叉难陀译

此次讲座所介绍的地藏菩萨的大愿法门，共有三部经典，但不是逐字逐句解释，只是节取每部经典中与地藏菩萨本誓愿力相关的经文。其中虽然大同小异，但各有重点，所以还是将它们分别抽离出来向大众介绍，希望大众对地藏菩萨的大愿法门，能因此而有更正确、有系统的认识。

占察善恶业报经讲记

一、地藏菩萨的本誓愿力

此善男子发心已来，过无量无边不可思议阿僧祇劫，久已能度萨婆若海功德满足，但依本愿自在力故，权巧现化影应十方，昙复普游一切刹土，常起功业，而于五浊恶世化益偏厚，亦依本愿力所熏习故，及因众生应受化业故也。波从十一劫来，庄严此世界成熟众生，是故在斯会中，身相端严威德殊胜，唯除如来无能过者，又于此世界所有化业，唯除遍吉观世音等诸大菩萨皆不能及，以是菩萨本誓愿力，速满众生一切所求，能灭众生一切重罪，除诸障碍现得安隐。

所谓地藏菩萨的本誓愿力，是指在过去无量无数阿僧祇劫之前，地藏菩萨发了度众生的愿，依着这样的愿力，而不断广度众生。经文中同时也介绍了地藏菩萨是如何发愿、发愿的内容，以及对人们的影响。

依释迦牟尼佛的介绍，地藏菩萨自发心以来，已经过了无量无数阿僧祇劫，早已功德圆满，但他仍依本誓愿力权巧化现、影应十方。而地藏菩萨对五浊恶世的众生特别偏厚，所以自从十一劫以来，专门庄严我们这个世界，成就、成熟我们这个世界的众生。

因此，在释迦牟尼佛宣说此经的法会中，地藏菩萨的身相端正庄严，威德非常殊胜，除了佛陀以外无人能比；而在娑婆世界的各种教化事业中，除了普贤菩萨、观世音菩萨等诸大菩萨之外，也是无人能比。

经中提到，因为地藏菩萨的本誓愿力，能够很快满足一切众生所求、所愿；众生有重罪、障碍，若求地藏菩萨，依着地藏菩萨的法门来修行，就能灭除所有的重罪，使得解脱，让心得自在、安稳。

有一次我在美国，遇到一位太太问我说："师父，女人的业障是不是比男人重?"并且告诉我这是《地藏菩萨本愿经》里讲的。

我说："男人就没有业障吗?"

她回答："大概轻一点。"

我说："所谓的业障，是障碍我们不能听闻佛法，障碍我们不能修行佛法，使我们烦恼重、问题多，这个叫作业障。你现在已经来寺院听佛法，已经开始修行佛法，烦恼应该是比过去少了。"

我又告诉她："有的人自己有烦恼还不知道要去化解，不知道自求心安，那就是业障重的人，从这一点看来，有的男人的业障比女人还多。"

地藏菩萨的本誓愿力，便是要使众生灭除所有重罪，而得心自在安稳；若心不自在安稳，这种人便是业障深重，应该修行地藏法门，能除罪消业，从障碍中得解脱。

又是菩萨名为善安慰说者，所谓巧演深法，能善开导初学发意求大乘者，令不怯弱，以如是等因缘，于此世界众生渴仰受化得度。

地藏菩萨还有另外一个名字叫"善安慰说者"，就是很会说法来安慰他人，因为他所演说的佛法，能够善巧开导初发心修行的众生，使他们修学大乘佛法，不致因心性怯懦而不敢求大乘佛法、不敢相信众生将来都能成佛。以此因缘，所以娑婆世界的众生，都非常渴望、仰赖、乐意接受地藏菩萨的教化，并因此而得到超度。

很多人认为超度的意思，是超度死人，也有很多人说地藏菩萨是在地狱里超度死人的，这些观念似是而非，在这一部经里介绍的地藏菩萨度的是活人，不是死人；倒是在另外一部地藏法门的经典《地藏菩萨本愿经》，有提到超度亡灵的部分。

二、修行占察法当发种种愿

地藏菩萨除了自己发愿，也教我们要发愿，修地藏法门，如何发愿？又要如何修行地藏法门？

根据经典中的介绍为：

先当学，至心总礼十方一切诸佛，因即立愿，愿令十方一切众生，速疾皆得亲近供养，咨受正法。

这是说应当先生起至诚心，总礼十方一切诸佛，且同时要发愿，愿一切众生能早日亲近、供养十方诸佛，听闻诸佛说法；又能至心回向，使一切众生都得到利益。

次应学，至心敬礼十方一切法藏，因即立愿，愿令十方一切众生，速疾皆得受持读诵，如法修行及为他说。

其次应该能礼敬十方一切法藏，发愿十方一切众生能够受持、读诵，如法修行，并且具备为他人说法的能力。

次当学，至心敬礼十方一切贤圣，因即立愿，愿令十方一切众生，速疾皆得亲近供养，发菩提心，志不退转。

再次，还应该至心礼敬十方一切的贤圣，也就是一切的僧宝，其中包括贤僧及圣僧。贤僧是指持戒修福清净的比丘、比丘尼；圣僧则是指阿罗汉、辟支佛和大乘等地以上的菩萨。除了礼敬十方一切贤圣僧，同时也要发愿，愿十方一切众生，都能很快亲近、供养一切贤圣僧，而且要发永不退转的菩提心。

所谓发菩提心就是发成佛的愿心，发度众生的大慈悲愿心，这也是地藏菩萨以及一切诸佛菩萨共同的愿心。不但自己发菩提心，也愿一切众生都能发菩提心，并且不退转、不退心。所谓"志不退转"，是说现在不退，将来、永远也都不退，如果能不断地发这样永不退转的愿心，就能真的不退愿心了。

事实上，要能心不退转是很难的。曾经有一位跟着我打了几次禅七的年轻人，在受到感动之余，也发了大菩提心，告诉我说："师父，我从此以后要永远追随您好好修行，一直到成佛为止，不会改变了。"

我当然说好，也叮咛他要心不退转。

过了两年，他交了一个女朋友，就突然消失不再出现了。后来在一次偶然的机会中，我又遇见他，他告诉我："师父，我现在先要结婚了，将来我再带着妻子、孩子一起来当您的徒弟。"乍听之下，好像愿心还没有退。

只是时间又经过了七八年，这段时间我还是不曾见到他，后来他的朋友告诉我有关他的一些消息，听来生活似乎过得还不错；于是，我写了一封信，寄了一些资料给他，他也回了一封信来。信中提到，他很抱歉，因为年轻时并没有真正认清自己想要做什么，现在则找到方向了，至于学佛，那就以后再说吧！

最近有一位居士来请教我，他说："师父，我现在已经发了心，但是我很担心以后可能会退心。"

我说："你才刚发心，就准备退心？"

他说："不是！可是我这个人做事就是有三分钟热度的毛病，所以我现在虽然发了心，将来是不是能够继续就不知道了。"

我告诉他："你可以天天发愿，不要发一次心就不再发，要天天早上起来就发愿，天天发愿，那么这个愿就不会退转了。"

后应学，至心礼我地藏菩萨摩诃萨，因即立愿，愿令十方一切众生，速得除灭恶业重罪，离诸障碍，资生众具，悉皆充足。

这段经文中提到，应该至心顶礼地藏菩萨摩诃萨，而且发愿，愿十方一切众生，很快除灭恶业重罪，离开所有一切障碍，顺利得到生活上所有的便利，没有任何缺乏。一方面是没有障碍，一方面是万事如意。

这是表示地藏菩萨的大慈悲力，只要我们礼敬地藏菩萨，就能达到这个目的，不过，经中也强调，重点是不为自己求，是为众生求。所以，我们顶礼地藏菩萨摩诃萨，主要是希望众生得利益、得如意；如果自私地先为自己，然后才为众生，那么你自己的障碍就很重了。

次当称名，若默诵念，一心告言“南无地藏菩萨摩诃萨”。如是称名，满足至千，经千念已，而作是言：地藏菩萨摩诃萨，大慈大悲，唯愿护念，我及一切众生，速除诸障，增长净信，令今所观，称实相应。

这部经典中最后介绍的这个方法，是很容易修持的，就是一心称诵地藏菩萨的名号，或默念“南无地藏菩萨摩诃萨”，念满一千遍后再说：“地藏菩萨摩诃萨大慈大悲，唯愿护念我及一切众生。”便能很快灭除一切障碍，增长清净的信心。

所谓"摩诃萨",指的就是大菩萨、伟大的菩萨的意思。

三、《占察经》的基本法门是十善

接下来要谈的是在平常生活中,若想具体修行地藏法门,应该实践《占察善恶业报经》所说的"十善"法门:

> 言十善者,则为一切众善根本,能摄一切诸余善法。言十恶者,亦为一切众恶根本,能摄一切诸余恶法。

十善跟十恶是相对的,修十善就能够不造十恶业,不造十恶业至少不会堕落到三恶道,即地狱、恶鬼、畜生道里去,而能在人间天上享受人天的福报。另外,十善法也是一切菩萨六度万行的基础,也可以说是成佛的基本,因此十分重要。

所谓的十善是指"身三、口四、意三"。身三,是不杀生、不偷盗、不邪淫等三种身体行为的善法;口四是指我们的语言,有不妄言、不绮语、不两舌、不恶口四种善法;意三是指心的行为中,有不贪欲、不瞋恚、不愚痴三种善法。

贪欲、瞋恚、愚痴,又称为"三毒",如果能够心没有三毒,身没有三业,口没有四过,那就是十善。法鼓山正在做"提升人的品质,建设人间净土"的工作,也是要从推行十善法开始,因为心清净三毒就不生,口清净则四过不起,身清净则三恶业不造,人间净土就在我们面前出现了。因此,想要净化人心、净化社会,推行十善法,就可以达成这个目的。

很多人将佛法说得很高深、很玄，讲得教人听不懂，让人觉得高不可攀，其实那是不实际的，如果能够把十善法实践得很彻底，贪、瞋、痴三毒没有了，那么就算还没成佛，也是大菩萨了。

四、《占察经》的离怯弱法

当知初学发意求向大乘未得信心者，于无上道甚深之法，喜生疑怯。我常以方便，宣显实义而安慰之，令离怯弱，是故号我为善安慰说者。

地藏菩萨有另外一个名字："善安慰说者"，之所以有这样的称呼，是因为他能够安慰一些胆小、缺乏勇气发愿成佛的众生，使得他们不再恐惧学佛。

如何安慰呢？地藏菩萨总是开示最殊胜、最妙乐的法门，但是这些成佛的法门，需要积功累德，不断地难行苦行、自度度他，也需要很长的时间才能成就。因此，很多胆小的众生就心生畏惧，而地藏菩萨就很慈悲告诉他们不要担心，不要害怕。

其实一般的人就是这种钝根、心量小的人，我见过一些很聪明、反应很快的人，他们认为自己是利根的人，当他们来修行的时候，最初一定会问："请问师父，要修多少时间可以开悟？"这就如同有人问："进入小学几年以后可以毕业？进入大学几年以后可以得到硕士、博士学位？"

在美国有一次就有人问我这个问题，我回答他："这个不能保证。"

他又问："既然不能保证，那我学它做什么？"

我告诉他："一切都可以保证，但开悟不能保证，修行到后来一定会开悟，至于会在什么时候开悟，我不能打包票。"

他又问："像我这样利根的人，都不能打包票吗？"这种人实际上就是钝根的人，因为他等不及，还没有入学就准备要毕业。

修行是不能光凭时间长短来论断的，要看过去所积聚善根是深厚抑或浅薄，以及学佛以后是否修福、修慧、修定、持戒，是精进还是松散。就因为这其中的差别很大，所以没有一定的标准，但是只要工夫到了，就能够水到渠成，一定可以开悟，也一定可以成佛。

只可惜众生总是缺乏耐心毅力，听到需要花这么长的时间修行，有这么长的道路要走，就会举双手投降说："那么我暂时不修行了，再过一段时间，等我能修的时候再说吧！"其实这是很不划算的，就好像明明已经看到岸了，还说离岸太远，不想上岸，或逃避问题，想过一段时间再回岸上去，结果反而离岸愈来愈远。

五、空无自性

一切诸法，本性自空，毕竟无我、无作、无受、无自、无他、无行、无到，无有方所，亦无过去、现在、未来……无有生死涅槃，一切诸法定实之相而可得者。

又说:

烦恼生死，性甚微弱，易可令灭，又烦恼生死毕竟无体，求不可得，本来不生，实更无灭。自性寂静，即是涅槃，如此所说，能破一切诸见，损自身心执著想故，得离怯弱。

地藏菩萨对于这些怯弱的众生，总是很慈悲地安慰他们不要怕。这两段经文很长，其实说的只有一个字"空"。

地藏菩萨告诉我们，不要认为时间好长、修行好难、罪业好重，不要这么想，因为一切诸法都是空的，没有一样是真的，所以时间、空间都是假的。若能把一切当成空的、假的，那么历经无量无数阿僧祇劫，广度一切众生，也等于没有这样的事，既然如此还有什么好怕的？

但是也不要误解，佛法所说的空，不是和有相对的空，而是超越于空与有的概念，不执著任何一边，才是真空。烦恼的现象都是因缘所生暂时的现象，它的本性是空的，不是真有那个东西。如果能够了解这个道理，心中就不会有恐惧，也不会受烦恼所束缚了。

大乘大集地藏十轮经讲记

第二部有关地藏菩萨大愿法门的经典是《大乘大集地藏十轮经》（以下略称《十轮经》），这部经收在《大正藏》第十三册，以下分四点来介绍。

一、地藏菩萨的功德

有菩萨摩诃萨，名曰地藏，已于无量无数大劫，五浊恶时，无佛世界，成熟有情……是地藏菩萨摩诃萨，有无量无数不可思议殊胜功德之所庄严。

这段经文描述的是释迦牟尼佛在讲述《十轮经》的法会上，如何向在场的听众介绍地藏菩萨。世尊说，地藏菩萨经历无量无数的大劫，而在我们五浊恶世，以及还没有佛出世的世界中，广度众生，使众生得度、成熟有情。

所谓的"劫"，有大劫、中劫、小劫之分，二十个小劫为一个中劫，四个中劫为一个大劫，这些在我写的《正信的佛教》一书中，有很清楚的解释，以下则简单地解释。

"大劫"，这是指宇宙经历的一次成、住、坏、空的生灭过程，从没有到生成为有，到稳定，又到毁坏，最后又归于空、没有；换句话说，历经一次的一生一灭，就是一个大劫。

至于"中劫"，就是成劫、住劫、坏劫、空劫。从没有到有叫作"成"；完成之后就是"住"，住的意思就是停留在一种稳定的状态；然后会进入毁坏的阶段，叫作"坏"，破坏到最后又归于空，这便是"空"劫的阶段。经过成、住、坏、空四个阶段就是一个大劫，足见大劫的时间是非常长的。

"小劫"，是从人寿八万四千岁算起，每一百年减一岁，减到人的寿命只有八岁；然后又会渐渐增长，从八岁起每一百年增加一岁，一直增加到八万四千岁，如此一减一增的漫长时间，就称为一小劫，那也是一段相当长的时间。

在《十轮经》中提到，地藏菩萨于无量无数大劫之前，就已经在五浊恶世中广度众生，从以上的说明来看，这是多么漫长的时间！

"五浊恶世"这个名词，在《佛说阿弥陀经》里面也曾经出现过。五浊，即是劫浊、见浊、烦恼浊、众生浊、命浊；浊是肮脏、污染的意思。我们所处的这个世界，就称为五浊恶世。

"劫浊"是指受到时间的影响，众生不能永远住在这个世界中。前面我们提到，在宇宙成、住、坏、空四个中劫里，只有"住劫"期间是众生可以居住的，其他时段中则无法供人居住；可是即便是在住劫期间，还是不断有种种来自环境的磨难，对众生造成伤害与灾难，这也是"浊"。

"见浊"是指众生的看法、见解多半是不清净的，也就是自私的、愚痴的、邪恶的，可是却还以为自己的意见、想法是正确的，例如有一些宗教家、哲学家、政治家，都会主张他们的思想和见解是最正确的，否定或贬抑别人的看法，使得抱持不同见解的人之间产生斗争、战争。

举例来说，自古以来就有一些政治思想家，自己虽然没有打仗、没有杀人，可是在他们的思想中，却教人用杀人、战争的方式来夺权，由于这种思想的出现，蛊惑很多人的想法，便以为战争是对的，因此而让人类受到很大的灾难，这便是"见浊"最典型的例子。

其实，就算观念、见解上没有歧异，人类还是会互相斗争、互相残杀。往往只是因为有了思想上的冲突，或受到某些思潮的鼓动，就会形成组织，以团体对团体的方式，发动具有歼灭性、毁灭性的战争，造成死伤无数、血流成河的惨剧，这都属于"见浊"。

一般人总是认为自己之所以会有烦恼，都是因为现实生活里，自然环境、社会环境等人事物的不顺利、不圆满所造成的。实际上烦恼是源于自己的身心无法平衡，特别是心理观念的不平衡，因此产生了贪、瞋、痴、慢、疑、嫉妒、怨恨等的烦恼，既自害又害人，既自伤又伤人，这些痛苦就叫作"烦恼浊"。

不过也不必害怕烦恼的生起，换个方向想，它也正是修行的入手处，或是以"人溺己溺，人饥己饥"的精神学习地藏菩萨，以发愿来帮助烦恼的断除。

"众生浊"是说众生总是生生灭灭，生灭不已，每一生都是在受报的过程中，又造作新的业，如此不断地造业受报，始终在生死中来来去去，打滚、兜圈子，非常的可怜，如果不靠佛法，就永远无法超越。

"命浊"的命是寿命的意思，生命是非常脆弱的，随时随地都有可能死亡，没有绝对的安全与保障，人们因为贪生而怕死，经常生活在恐惧之中，这就是"命浊"的事实和现象。

《十轮经》中提到，地藏菩萨非常慈悲，修行的功德早与佛等齐，却选择不住在清净的佛国净土之中，而发愿永远在五浊恶世，以及没有佛出世的世界度众生；而在没有佛出世的世界度众生是尤其困难的。

二、地藏无尽誓愿

（地藏菩萨）曾于过去无量无数殑伽沙等佛世尊所，为欲成熟利益安乐诸有情故，发起大悲、坚固、难坏、勇猛、精进无尽誓愿，由此大悲、坚固、难坏、勇猛、精进无尽誓愿增上势力，于一日夜，或一食顷，能度无量百千俱胝那庾多数诸有情类，皆令解脱种种忧苦，及令一切如法所求，意愿满足。

这段经文是释迦牟尼佛介绍地藏菩萨所发的誓愿，叙述发愿的场景、原因及誓愿内容。世尊说，地藏菩萨是在过去无量无数如同恒河沙那般多的佛面前，发下宏誓大愿，以无比坚固的愿力成熟、利益一切众生，度一切有情，让他们从种种烦恼忧苦中解脱，所求、所愿皆能满足。

每尊佛下生人间，都经过很长的时间，例如从释迦牟尼佛出世，到下一尊弥勒佛成佛，要历经五十七亿六千万年；若以我们所处的这个"贤劫"为例，共有一千尊佛要出世，但是到目前为止，也只有四尊佛出世——拘留孙佛、俱那含牟尼佛、迦叶佛、释迦牟尼佛，还有九百九十六尊佛尚未出现。

正因为地藏菩萨在那么多尊佛之前发了如此宏大的誓愿，所以力量相当强，在一日一夜，或一顿饭的时间，就能够度"百千俱胝那由他"数量的众生。

"俱胝"在印度是用来形容数量达千万或亿，"那由他"是千亿或百万的意思，"无量百千俱胝那由他"，是无量百千万亿、无法计算的意思。

而且，他不仅是度人，还要度尽六道中的众生，在人度人、在天度天、在畜生度畜生、在饿鬼度饿鬼、在地狱度地狱。

地藏菩萨为什么能在一日一夜之间，乃至于吃一顿饭的时间，就能度那么多的众生？因为他用的是分身、化身。在《地藏菩萨本愿经》中即说到地藏菩萨出现在忉利天宫说法的会场时，有"百千万亿不可思不可议不可量不可说无量阿僧祇世界，所有地狱处分身地藏菩萨，俱来集在忉利天宫"。因为地藏菩萨发了大悲誓愿，所以能化身或分身百千万亿身形，救拔一切苦难众生。

经文中同时又说到，地藏菩萨能使一切"如法所求"的众生，意愿满足。"如法所求"有两层意思，第一是依循经典中所说的方式修持地藏法门；第二是如同所有经典所说，要在因果的原则下，祈求佛菩萨，佛菩萨就能够让我们满愿，若是所希望求得的动机和目的不合因果，地藏菩萨是不会助他如愿满足的。例如有人求地藏菩萨给他一个杀人劫财的便利，或希望求得"大家乐"的明牌，这些不如法的祈求，当然就不可能如愿。

三、地藏菩萨循声救苦

地藏菩萨也像观世音菩萨一样能循声救苦，分身无量百千亿来度脱所有一切众生。度众生，大致可分为两类：第一类是为众生消除种种灾难障碍，第二类是帮助众生得到善果的利益；也就是说一种是除障，另一种是生善，以这两种方式帮助众生离苦得乐。

就好比一个贫病交迫的人，应该一方面调养身体、安顿衣食，另一方面修学佛法，增长智慧，勤做义工行布施，增长福德，以此福慧双修。

随所在处，若诸有情，种种希求忧苦逼切，有能至心称名念诵、归敬供养地藏菩萨摩诃萨者，一切皆得如法所求，离诸忧苦，随其所应，安置生天涅槃之道。

这段经文主要是说，如果有灾难、苦难，只要诚恳称诵地藏菩萨的名号，同时恭敬供养地藏菩萨，便能如法所求，离苦得乐。

"离诸忧苦"是指远离一切的灾难、苦难、障碍，身无病苦，心无烦恼，环境清净和平，死后则能生天，甚至得解脱，进入涅槃。

此外，在《十轮经》中还提到了与众生相关的种种苦难问题，地藏菩萨也针对这些问题，提出了对治解决的修行法门，前提就是要至心称念、供养、归敬地藏菩萨。

若诸有情，饥渴所逼……乏少种种衣服、宝饰、医药、床敷及诸资具……爱乐别离、怨憎合会……身心忧苦，众病所恼……互相乖违，兴诸斗诤……若诸有情，闲在牢狱，杻械枷锁，检系其身，具受众苦，有能至心称名、念诵、归敬供养地藏菩萨摩诃萨者，一切皆得解脱……

经文中说到，如果有人受饥渴，没有衣服穿，缺乏日常用品，没有贵重的饰物，病痛缺乏医药，睡觉时没有床铺、被子，只要称念地藏菩萨圣号，就能够满愿。

如果有爱别离苦、怨憎会苦——必须与恩爱的人分离，所谓的生离死别；怨恨的人又常常见面，所谓的冤家路窄。有这两种苦产生，也是要称念地藏菩萨圣号，修地藏菩萨法门，就能够免除这种痛苦。

心里有忧愁苦恼，身体有各种病痛，或是人与人之间互相产生摩擦、彼此斗争，也应称念地藏菩萨圣号。

经文中又说，如果有人被关在监牢里，被各种刑具束缚着，例如手铐、脚镣、枷锁等加身，不自由、不自在，这个时候也应称念地藏菩萨。对于这一点，很多人可能觉得很奇怪，如果称念地藏菩萨后，关在监牢里的人都能得到释放，那犯罪、犯法的人，全部都不需要判刑了，因为判刑等于没有判。

这可以由两方面来解释，第一种是冤狱，受到误判，无法脱身者，可以称念地藏菩萨，就能洗刷清白。另一种是真的犯了罪，正在受刑，这是应该受的，但心里很痛苦，如果持诵地藏菩萨名号，就不会那么痛苦了；或是本来要判重刑的，法官或司法单位，看他真心忏悔改过，可能给他一个机会，重罪轻罚，这也是念地藏菩萨有了悔过改善之心所带来的结果。

另外，在这部经典中也说，如果一个人身心疲倦、气力不足；生来残障，诸根不具；或是心理不正常，有精神障碍的现象；或者被外来的鬼灵干扰，或者烦恼很重，包括贪欲、瞋恚、愚痴、愤恨、嫉妒、骄慢、邪见、睡眠、放逸、怀疑等；或是遇到水灾、火灾、风灾、山崩、地震；以及遇到毒蛇、毒虫、吃到毒药，或害了种种疑难杂症；又或者遇到恶鬼，诸如夜叉、罗刹、恶兽、猛兽等，只要至心称念地藏菩萨圣号，就能免除这些灾难，这都足因为地藏菩萨的宏大悲愿。

在此，要提醒大家，不要只是求地藏菩萨给我们消灾免难，也要学地藏菩萨发大悲愿，并照着去做，自己必会增长智慧与慈悲，也能够持戒、修定、修慧，如此便能自利利人，也才能够真正生天，得真解脱，早日成佛。否则仅仅是求现生的私利而念地藏菩萨的圣号，虽然也有用，但仅属于自利信仰的层次，不是伟大究竟的地藏法门。

地藏菩萨本愿经讲记

《地藏菩萨本愿经》是一般人最熟悉的一部地藏法门经典，不但文字优美、内容丰富，而且将地藏菩萨救度众生的本誓愿力和慈悲，介绍得非常清楚。

一、佛在忉利天宫为母说法

这部经典是说释迦牟尼佛到忉利天宫为母亲说法，而地藏菩萨也到了忉利天，因此释迦牟尼佛就为同在忉利天听法的会众们介绍地藏菩萨。

根据经典记载，佛母摩耶夫人在释迦牟尼佛降生之后没几天就往生了。其实摩耶夫人本身就是一位菩萨，她来到人间，是为了要迎接释迦牟尼佛，借着她的怀胎，诞生一位将来要成佛的太子——悉达多太子。这个功德很大，所以她在往生之后，很快就生到忉利天宫，享受天人的福报。

至于地藏菩萨为什么也会有因缘来到忉利天宫？因为释迦世尊到忉利天为母亲说法，是为了尽一份孝道，而地藏菩萨在因地时，有两世以上曾经是孝女，所以地藏菩萨也出现在忉利天释迦牟尼佛说法的集会上。

"忉利天"位在欲界之中，欲界一共有六个天，由下而上依次是：四天王天、忉利天、须焰摩天、兜率陀天、化乐天及他化自在天。一般人认为生天就是得解脱，可是从佛法的立场来看，生天仍在三界之中，还没有得到解脱。

二、地藏誓愿与称名功德

佛告文殊师利：吾以佛眼观（此云集海会之大众数）故，犹不尽数。此皆是地藏菩萨久远劫来，已度、当度、未度，已成就、当成就、未成就。

这段经文中讲"已成就、当成就、未成就"，意思是说有的众生虽然能够生忉利天，但还没有得解脱；其中也有一些从他方世界而来，或在我们地球世界已经证得罗汉果的人，那是已经成就的人。

在此法会上，佛告诉文殊师利菩萨，从十方无量国土聚集而来的听众实在非常多，他们都是与地藏菩萨因缘深厚，而受其度化的众生，有的已经得度，有的正被度化，有的还没有被度；有的已经得解脱了，有的还没有得到解脱，有的则尚在解脱道上努力地修行。

（文殊师利菩萨问）地藏菩萨摩诃萨因地作何行、立何愿，而能成就不思议事？

文殊师利菩萨接着就问世尊："地藏菩萨在过去究竟是怎么修行的？发了什么愿，而能够成就这么多的众生呢？这实在是不可思议啊!"

为什么文殊师利菩萨说"不可思议"?因为来到忉利天宫参加法会的众生实在太多了,无量无数,多到连释迦牟尼佛用他的佛眼,都没有办法看得清楚、数得完,而他们都是因为地藏菩萨而得度的众生,所以说是不可思议。

(佛言)地藏菩萨证十地果位已来,千倍多于上喻……此菩萨威神誓愿不可思议。若未来世,有善男子、善女人,闻是菩萨名字,或赞叹,或瞻礼,或称名,或供养,乃至彩画刻镂塑漆形像,是人当得百返生于三十三天,永不堕恶道。

释迦牟尼佛接着还是针对文殊师利的问题来回答,也等于是介绍地藏菩萨,在久远以前,就已经是十地菩萨,被他所度的众生数量,要比这次在忉利天宫法会上所出席的会众,还要多上千倍。接下来世尊又指出,只要能修持地藏法门,就能够生到三十三天去,而且永不堕恶道。

一般人在生天后,一旦人天福报享尽还是会堕于人间,或堕入三恶道,所谓三恶道就是地狱、恶鬼、畜生三道。但是只要修持地藏法门,便可保证永远不再生于三恶道;并且能够在三十三天出生一百次,之后离开娑婆世界的六道轮回,得到解脱。

至于地藏法门是什么呢?又要怎么修?经文说,只要在听到地藏菩萨的圣号,能赞叹、瞻礼、称名、供养。"赞叹"的意思,是说当听到地藏菩萨的名字,便称赞他的慈悲愿力,能让我们众生得到救济,颂扬地藏菩萨实在是世间的明灯、娑婆的慈航等，这都是赞叹。

"瞻"和"礼"可以说是同一件事，但若严格区分，也可说是两回事。瞻是瞻仰，在地藏菩萨的像前，我们很虔诚地瞻仰，"礼"则是礼拜地藏菩萨的形像。另外，对着地藏菩萨的圣像合掌、问讯、低头，这也叫作瞻礼。

"称名"就是称诵地藏菩萨的圣号，可以称"南无地藏王菩萨"，或"南无大愿地藏王菩萨"，或只称"地藏菩萨"。

"供养"则是拿我们吃的、穿的、用的等种种来供养。实际上，菩萨并不需要我们的供养，而是我们需要以虔诚恭敬的心，拿出自己认为最珍贵、最重要的东西来供养，而且供养之后，还要把它们布施出去。

"彩画"是指用五彩或七彩的颜色，描绘地藏菩萨的像，或是用木头雕刻，用泥、陶等材质来捏塑地藏菩萨像。

过去因为印刷业不发达，要得到佛像很难，现在印刷技术很普及，佛像的印送十分方便，有时候甚至过于大量。所以，现在我主张印制要适量，否则大家不知珍惜，到最后变成废纸，不但失敬、浪费，也不环保。

三、度尽众生方成佛道

接着说明地藏菩萨的特出之处，在他所发的誓愿中，明白指出自己要在度尽众生后，才愿意成佛道，这是其他菩萨所不能及的。一般菩萨都希望先成佛再来度众生，或是一边度众生，一边成就佛道，而地藏菩萨则要把所有一切众生度尽了，他才成佛。

是地藏菩萨摩诃萨于过去久远不可说不可说劫前，身为大长者子，时世有佛，号曰师子奋迅具足万行如来，时长者子见佛相好，千福庄严，因问彼佛作何行愿，而得此相，时师子奋迅具足万行如来告长者子："欲证此身，当须久远度脱一切受苦众生。"文殊师利，时长者子，因发愿言："我今尽未来际不可计劫，为是罪苦六道众生，广设方便，尽令解脱，而我自身，方成佛道。"以是于彼佛前立斯大愿，于今百千万亿那由他不可说劫，尚为菩萨。

这段经文非常重要，它点出了地藏菩萨为什么在久远以前，早已是十地果位的菩萨，却到现在还没有成佛。释迦牟尼佛解释，在过去久远劫以前，当时地藏菩萨是一位有声望、有钱人家的儿子，也就是"大长者子"，看到师子奋迅具足万行如来的法相庄严，于是就问这么庄严的佛相是如何得来？

万行如来告诉地藏菩萨："想要得到这样庄严的身相，应该要发愿，于久远劫，广度一切受苦的众生。"于是这位长者子就发了这么一个愿："所有的众生成了佛之后，自己才成佛。"

四、孝女度母因缘

接着经文介绍了地藏菩萨在过去世中曾经化身为孝女的因缘。

地藏菩萨在过去不可思议阿僧祇劫，觉华定自在王如来的像法时代中，曾经是婆罗门阶级的一位孝女，她的母亲死后堕入地狱，这位孝女变卖家产，买了香花和许多供品，来供养觉华定自在王如来的舍利塔，因此得以见到佛的形像。她一见到佛，就扑倒在地，哀求觉华定自在王佛，佛就告诉她："你供养之后，早一点回去，在家里端正坐着，持念我的名号。"

她照着佛所说的去做，经过一日一夜，忽然见到自己的身体来到地狱，见到一位名叫无毒的鬼王告诉她："你的母亲已经生天三日了，这是由于孝女供佛的功德。"并且又说："不仅仅是你母亲从地狱得解脱，所有在无间地狱里的罪人，在这一天也都同时感到快乐，如同一起离开地狱，生到人间天上去一样。"

五、光目女发大愿度脱其母

还有一段经文，讲述的也是地藏菩萨过去生中化身为孝女的故事。

在过去无量阿僧祇劫有一尊佛出世，名叫清净莲华目如来，在他的像法时代，有一位福度众生的罗汉，遇到一位名叫光目的女人，她用食物来供养这位罗汉。因为她的母亲过世了，所以希望以供养阿罗汉的功德，来救度她的母亲。于是这位罗汉教光目一个方法，他说："你可以用至诚的心，称念清净莲华目如来的名号，并且雕塑、绘画他的形像，如此不但你自己得到利益，你的母亲也会因此得到福报。"

光目女照着他的话去做，她的母亲因而得以离开恶道，转生到她的家中，成为她家中一位女佣的儿子。这个小孩出生就会讲话，他告诉光目女："我因为在生时，有杀害众生、毁骂他人的过失，因此要受此果报。虽然，现在承蒙你供佛功德，转生为人，但仍然是一个下贱的人；而且到了十三岁便会死，死了之后又要堕入地狱。"

光目女听了她母亲这番话以后，感到非常难过，因此就对着空中，向着清净莲华目如来发愿，为了能救拔母亲，她愿意永远度脱所有三恶道众生，等全部的众生都成了佛，她才成佛。这也是大家所熟悉的"众生度尽，方证菩提；地狱未空，誓不成佛"这两句话的来由。

由于地藏菩萨是因为孝顺母亲而发了大愿心，也就是以孝女身而发愿度尽众生；因此在中国，农历七月份地藏菩萨生日，民众除了祭拜祖先，或参加与地藏菩萨相关的法会，同时为了表示孝道孝心，也都会诵念《地藏经》。

六、一王发愿永度众生

经文中叙述在很久很久以前，有一尊佛叫作一切智成就如来，这尊佛在还没有出家的时候，是一位国王，与邻国的国王是很好的朋友，当时这位国王发愿："希望早日成佛，然后再来度这些造恶的众生。"可是，邻国的国王却发不同的愿，他发愿要去度尽一切的罪苦众生，自己才成佛，这位国王便是地藏菩萨。所以，当一切智成就如来早已成了佛，而地藏菩萨到现在都还没有成佛，这样的慈悲胸怀真的是非常伟大。

七、病亡读经利益

经文中说到念诵《地藏经》的利益，是不可思议的。

经文中说，凡是家中有人生病，临命终时，或已经往生，应该为他念《地藏经》，供地藏像，修布施，做供养，乃至在七天之中，为他称念地藏菩萨的名号满一万遍，便能够使他在往后千万生中，都能出生在尊贵人家。

又如果每逢十斋日时，都能够念诵《地藏经》一遍，则现世的家庭中，便不会有种种的横祸或灾病，同时保佑家里衣食丰足。所谓十斋日，也有人说是六斋日，也就是在一个月之中，有六天或十天持守八关斋戒。

甚至只是听到《地藏经》中三个字、五个字或一个偈子、句子，现生就能得到安乐，将来百千万生之中，都会出生在富贵人家，而且相貌端正。

经中也提到，若由自己念诵《地藏经》，其中七分功德都是由自己所得，如果自己没有办法念，请他人念，再回向给自己，则读经的人可以得到其中的六分功德，而被超度、受回向的人，只能得到七分之一的功德。

所以，当自己身体健康、还能诵经、持念的时候，最好是自己诵读，每一分功德都是自己得到。有些人非常愚痴，父母过世了，自己不念经，反而出钱请人替他念经，这是非常不划算的，因为《地藏经》不纯粹是为了超度亡者。

1995 年 7 月 9 至 11 日讲于农禅寺

Chapter 4
普贤菩萨行愿赞讲记

一者　礼敬诸佛

二者　称赞如来

三者　广修供养

四者　忏悔业障

五者　随喜功德

六者　请转法轮

七者　请佛住世

八者　常随佛学

九者　恒顺众生

十者　普皆回向

前 言

一、普贤行愿在《华严经》中的地位

一般所讲所诵有关普贤菩萨的经典，多半是采用《普贤行愿品》，在唐德宗贞元年间（785—805 年）般若三藏所译四十卷本的《华严经》，全名叫作《大方广佛华严经入不思议解脱境界普贤行愿品》，通常单行流传的《普贤行愿品》（以下略称《行愿品》），是四十卷本的最后一卷。

《华严经》另有两种译本，在东晋佛驮跋陀罗三藏所译六十卷本《华严经》中，第三十三卷有《普贤菩萨行品》；唐朝则天武后圣历年间（698—700 年）实叉难陀译八十卷本的第四十九卷也有《普贤行品》。

可见，三种译本的《华严经》，都有这一品，唯独四十卷本的《行愿品》中，加添了十条愿文，其他两译则未见所谓"十大愿王"的条文；四十卷本《行愿品》的内容，与六十卷本及八十卷本的《普贤行品》并不相同，甚至可说完全不同。

现在我要讲的《普贤菩萨行愿赞》（以下略称《行愿赞》），是由唐朝的不空三藏译出，此与以上三种《华严经》的译本之译出年代比较，晚于佛驮跋陀罗三藏及实叉难陀译本，而又略早于般若三藏的译本。

《行愿赞》的内容，跟六十卷本及八十卷本《华严经》的《普贤行品》固然不同，也与四十卷本《华严经》的《行愿品》略异，《行愿赞》中具有四十卷本的《行愿品》所举十大愿王的内容之外，尚有《行愿品》所缺的内容。

《行愿赞》除了与四十卷本《行愿品》所举十大愿有相同处外，也有另外一种内容几乎相同而经名不同、译者也不同的译本，那就是东晋佛驮跋陀罗译的《文殊师利发愿经》一卷，五字一句，四字一颂，共四十二颂，与七字一句共六十二颂的《行愿赞》，同被收于《大正藏》第十卷。

普贤菩萨在《华严经》中的地位极其重要，若举晋译六十卷本而言，共分七处、八会、三十四品，在八会之中的第一会、第六会、第七会、第八会都有普贤菩萨；在三十四品之中的第二《卢舍那佛品》、第二十三《十明品》、第二十四《十忍品》、第二十九《如来相海品》、第三十一《普贤菩萨行品》、第三十二《宝王如来性起品》、第三十三《离世间品》、第三十四《入法界品》，计有八品皆由普贤菩萨担任及扮演重要的角色。

文殊菩萨在《华严经》中虽极重要，但在八会之中仅见于两会，三十四品之中仅见于六品，那是第二会的《如来名号品》、《四谛品》、《如来光明觉品》、《菩萨明难品》、《净行品》，第八会的《入法界品》。相形之下，不及普贤菩萨显得更重要，无怪乎四十卷本的《华严经》全经别称即是《普贤行愿品》。《华严经》的经旨，在于发明成佛道的因缘果报，所谓"因涵果海，果彻因源"，而普贤菩萨的身份立场，便是代表着修因、契果、生解，由菩萨因行而证入佛果法界的一位大导师。

《华严经》在诸大乘经中，除了六百卷的《大般若经》之外，是部帙最大的一部，在中国的天台宗及华严宗，都将之判为圆教，也就是圆满的大教，尤其是华严宗，即依此经为根本教典。普贤行愿，是《华严经》的重要部分，现在所讲的《行愿赞》虽是《华严经》的别行异译，但其内容，的确就是《华严经》的普贤行愿，而且相当丰富，可以看作是《华严经》的心要。

二、普贤菩萨在佛法中的地位

除了《华严经》特别重视普贤菩萨之外，另一部天台宗的根本经典《法华经》三种译本，均有《普贤菩萨品》。同时，天台宗又主张有"法华三部经"之说，就是：1.《无量义经》，2.《法华经》，3.《普贤观经》。以《无量义经》为《法华经》的"开经"，以《普贤观经》为《法华经》的"结经"。也就是说，不仅在《法华经》的第二十八品是《普贤菩萨劝发品》，另外还有一部由刘宋昙无蜜多异译别行的《佛说观普贤菩萨行法经》；这一部经的任务，是指出如何修行法华三昧的忏悔法门。由此可知，不仅《华严经》的实修实证重视普贤行，《法华经》的修证也重视普贤行。

依据《佛说观普贤菩萨行法经》所介绍的普贤菩萨："乃生东方，净妙国土"，"身量无边，音声无边，色像无边"，要经诸佛国土，来到我们这个世界，以智慧力，化乘六牙白象，象身高大；在《法华经》的《普贤菩萨劝发品》中也有类似的记载；在《楞严经》

卷五，也说到普贤菩萨"乘六牙象，分身百千，皆至其处……拥护安慰，令其成就"。

普贤菩萨的梵文"三曼陀跋陀罗"（Samantabhadra），又被译为"遍吉"，也有一部《三曼陀跋陀罗菩萨经》。他是一位具足无量行愿而普遍示现于诸佛刹土的一位大菩萨，所以在《华严经》中说，普贤菩萨的身体，犹如虚空，三世诸佛的法身，也都是普贤的法身，他可以普应十方而做一切方便，所以十方三世诸佛的应化身，也是普贤的应化身。因此《大智度论》云："普贤不必说其住处，是应一切世界，而住其中。"

在我们这个世界，普贤及文殊二尊菩萨，常被相提并论，《华严经》中以这二位菩萨为贯彻佛道因果的大善知识；《悲华经卷四》说，普贤菩萨是阿弥陀佛因地之时无诤念王的第八子，故将普贤菩萨当作佛的因位来看，重点在于普贤的无量行愿，即是成佛的要因。

至于普贤菩萨与中国四川省峨眉山的因缘，传说始于汉明帝时代，那是把晋译《华严经·菩萨住处品》所说西南方的树提光明山，现有菩萨名曰贤首，常为三千菩萨眷属说法，牵强附会地解释成了普贤菩萨的道场。

普贤菩萨行愿赞讲记

《普贤菩萨行愿赞》共有六十二颂二百四十八句。本来在印度佛经的文字体裁，有十二种，称为十二部经，或十二分经，其中有"孤起颂"及"重颂"。散文之后，以韵文表达，称为重颂；仅以一个单独四句的韵文表达，称为孤颂，又名为偈颂。至于"赞"，梵文称为戍怛罗（Stotra），是以偈颂体裁的文字，赞叹佛、法、僧三宝的行业或功德者。

《普贤菩萨行愿赞》，顾名思义，是用偈颂体的文字，来赞叹普贤菩萨大行大愿的。

"普贤"是菩萨的名号；"菩萨"是"觉悟的有情众生"，又译为"大道心众生"，是用佛法来自利以断自身的生死等烦恼，也用佛法来救济众生以断众生的生死等烦恼，就能被称为菩萨。

"行"是照着佛法所示的菩提道或菩萨行来实践。"愿"是发起上求无上佛道，下度无边众生的心愿。诸佛菩萨在因地修行时，必须要发成佛的大愿，名为发起大菩提心。"愿"有通愿及别愿，例如四弘誓愿，以及《华严经·净行品》文殊菩萨开示一百四十愿，乃是一切诸佛菩萨在因地必发的"通愿"；至于阿弥陀佛的四十八愿、药师佛的十二大愿、普贤菩萨的十大愿则都是"别愿"。

总之，难行能行，修学万善万行的大菩萨行，称为"大行"；发起庄严国土成就众生的大弘誓愿，称为"大愿"。诸愿之中以普贤菩萨的十大愿为最尊贵，所以被称为"普贤愿王"。

以下进入赞偈颂文逐段逐条的讲解，全文主要在于赞叹十大愿王，以及鼓励后学菩萨应当修学普贤行愿。至于十大愿王的前后次第，则与《行愿品》的排列，略有出入，对于每愿的赞颂，也有长短多少不等。除了《行愿品》的十愿之外，此赞也加入了《华严经》别处所见的普贤菩萨十力与七海。

一、"礼敬诸佛"赞

所有十方世界中，一切三世人师子，

我今礼彼尽无余，皆以清净身口意。

此四句话的意思是说：我对于十方世界的三世的每一尊佛，毫无遗漏疏忽地，都以清净的身、口、意三业，来向他们礼拜致敬。

"十方"、"三世"是佛的宇宙观。空间的无边广大，是向十个方位作无尽的延伸；时间的无限长久，是向过去、现在、未来的三个时段作无穷的延伸。在这十方三世的无限宇宙之中，所有一切国土的一切诸佛，比无尽无数的恒河沙数还多，"我"都必须不厌其烦地、普遍而持续地对他们礼敬。

一般人只知礼敬现在佛及已成的佛，普贤菩萨则不论是眼前或他方佛，不论是已成的佛或未来的佛，都会礼敬。

"师子"即是"狮子"，乃是百兽之王，狮子一吼百兽皆惊。诸佛说法，百邪皆避，众迷皆醒，万毒皆除，诸恶匿迹，所以形容为"人中狮子"作大怒吼。做为一名菩萨道的修行者，对于诸佛的功德，必须恭敬礼拜：一是为感恩教化功德，二是为自勉见贤思齐，三则是为祈求垂悯护念。

通常的礼节或礼仪，仅由身体及口头的行为来表达，做为佛法的修行而言，礼敬的事实，必须具备身仪、口仪、心仪；以至诚心及恭敬心，再加上身、口两种行为，方得成为完整的礼敬。而且，不与十恶业道的"杀、盗、淫、妄语、两舌、恶口、绮语、贪、瞋、不正见"相应，故说，要以"清净"的"身、口、意"三业来礼敬诸佛，才算是普贤行愿。

身如刹土微尘数，一切如来我悉礼，

皆以心意对诸佛，以此普贤行愿力。

此四句的意思是说：尽管诸佛的身体之多，多如恒沙国土的微尘之数，我对如此众多的如来（佛），都会尽我的心意，一一地礼拜致敬，这是由于普贤行愿之力的缘故。

依据《华严经》的佛身观及佛土观，十方三世有无量无数的佛，及其各自功德所成的佛国净土，其中的每一尊佛都具备无量无数的身体，以及无量无数的佛土。普贤菩萨的身体也有百千万亿无量无数，所以能够于同一时地，不动本身而至十方三世，遍礼尽礼一切诸佛。那是因为普贤菩萨已经获得心意清净，运用无碍，愿力所至，便能以无量无数身，遍礼尽礼无量无数佛；他已不必显现神通，不必以分身前往诸佛国土，但有心意礼敬诸佛，他便是在诸佛跟前恭敬礼拜。

> 于一尘端如尘佛，诸佛佛子坐其中，
> 如是法界尽无余，我信诸佛悉充满。

这四句话的意思是说：例如在一粒微尘的任何一个突出点上，都有如微尘数量的诸佛，诸佛及佛的弟子们都坐在其中，说法闻法；像这样的十方世界，每一世界的每一微尘的任何一个突出点上，我相信都充满了无量无数的微尘数诸佛，我对如此多的一切诸佛，一一遍礼，一一尽礼，不缺不少。

这是华严境界的重重无尽法门，也是普贤菩萨不可思议的心量所现。

二、"称赞如来"赞

> 于波无尽功德海，以诸音声功德海，
> 阐扬如来功德时，我常赞叹诸善逝。

这四句话的意思是说：十方三世一切佛的每一尊佛，均有如大海那样深广的无尽功德，菩萨当以无量的言语、音声来阐扬如来的功德，所以我普贤菩萨经常赞叹诸佛。

《华严经》的数量观，一定不是我们凡夫心量知见所能理解衡量，所以用如"海"的无边深广，形容诸佛的大功德，又用"无尽"数量的大海，形容诸佛功德之大而且多。

凡夫只能用一张嘴巴发出赞佛的语言和音声，普贤菩萨则能以无数不同的声音，像无数大海潮音那样的功能，一同且经常赞叹诸佛的功德。

什么是诸佛的功德，大约可分三类：1. 恩德——诸佛如来，乘大愿力，救度一切众生故；2. 断德——诸佛如来已除一切烦恼，无所余遗故；3. 智德——诸佛如来以平等的智慧，照一切诸法，无障无碍故。三德之中的每一功德，均含无量功德，故名"功德海"。

诸佛如来的功德，并不需要我们赞叹。我们修行佛道的发心菩萨，为了"阐扬"诸佛如来的功德，用以鼓励众生信佛学佛，所以要赞叹；为了督促自己努力修行菩萨道，必须阐扬佛的功德，赞叹佛的功德。

佛有十种名号，以表其功德，用作接受众生的阐扬与赞叹；"如来"、"善逝"、"佛"及"世尊"等，是经常在经、律、论三藏圣典中出现的称号。

三、"广修供养"赞

以胜花鬘及涂香，及以伎乐胜伞盖，
一切严具皆殊胜，我悉供养诸如来。

此四句的意思是：胜妙的花鬘，涂抹的香油、香膏、香水，表演的伎艺、音乐，以及张挂的宝伞宝盖等一切美好庄严的物品，我都毫不吝惜地尽其所有地供养诸佛如来。

"花鬘"是用鲜花串成，或用锦缎结成，或用珠宝串成的头饰、胸饰、衣饰，乃至臂饰、手饰、脚饰等物品。"香"在印度有烧香、末香、涂香，涂香是给尊贵的人物涂身、涂手、涂脚用的，特别是涂脚、礼足，表示最高的恭敬供养。"伎乐"是欢乐及赞叹，大乘经典中，均有八部神王中的伎乐天，如敦煌壁画中的飞天，及各种"经变"图中的伎乐菩萨，如《维摩经》中的天女散花，都是表现出伎乐供养的观念。"伞盖"本是给贵人遮面、防晒、挡风的生活用具，转变成为显示高贵华美的庄严供具。

诸佛的功德，究竟圆满，事实上已经无需这些供养品。对于修行菩萨道的人来说，向上宜广修供养，向平辈宜多结善缘，向下宜常做布施，一则为报四重恩德，二则为舍悭贪吝啬，三则为增福德智慧。诸佛无需物质庄严，是为了着相众生需见庄严景象，何况诸佛也可以用这些供品，转为布施，与众生结缘。

以胜衣服及诸香，末香积聚如须弥，

殊胜灯明及烧香，我悉供养诸如来。

此四句的意思是说：用上妙的衣服，各种的香，多得像须弥山那般的末香及烧香，以及最好的照明灯具，我普贤菩萨都用来供养诸佛。

对于僧众的供养共有四事：1. 衣，2. 食，3. 卧具，4. 医药。

对于诸佛的供养有十事：1. 香，2. 花，3. 灯，4. 涂，5. 果，6. 茶，7. 食，8. 宝，9. 珠，10. 衣。

供僧的是日常生活必需用品，供佛的物品则庄严的意义大于实用的意义，且为了大众而庄严的意义，大于诸佛自用的意义。佛为化度众生，众生着相，所以必须严净国土环境，庄严身相服饰。

此处的"胜衣服"是指质地高贵的衣料及服装，一般比丘，用割截而且坏色的三衣，名为功德福田衣，佛则可受高级衣料加上金箔镶嵌的正色金缕衣。

"香"的种类繁多，液体油质的香水、香油、香脂等称为涂香，主要用以净身；粉状的"末香"，主要用以净地、消毒、驱虫；柴质木料的"烧香"如旃檀香，主要是用以清洁空气、驱除浊气，也有安神静心的功能。

"须弥山"是古印度传说中的一座大山，译名妙高山，它是世界的中心，向下入水八万由旬，向上直通三十三天，四周的山腰有四大部洲围绕，地球乃其南边的南赡部洲。普贤菩萨愿用堆成一座多如须弥山那样的末香，来供养诸佛，在于形容他的供养心量，是持久而无限的。

> 所有无上广大供，我悉胜解诸如来，
>
> 以普贤行胜解力，我礼供养诸如来。

此四句的意思是说：如上所举最好、最多、最殊胜的无量广大供品，但是据我普贤菩萨对于诸佛的理解，最好是以普贤行愿所理解的佛法，做为礼敬供养诸佛如来，乃是最上的供养。

故在《行愿品》中要说："诸供养中，法供养最。"何谓法供养？是指：1. 利益众生，2. 摄受众生，3. 代众生受苦，4. 勤修善根，5. 不舍菩萨业，6. 不离菩提心。

若以前举各种物品庄严的供养功德，与此等法供养功德比较，乃至不及一念功德。由于诸佛如来尊重佛法，宜依如佛所说的妙法，照着实践，即能出生诸佛，故云："如说修行，是真供养。"是"广大最胜供养"。

布施供养，功德无量。上上人深契佛法，所以以法布施，以法供养；中下人，少契法义，或尚未契法义，正在入门阶段者，当以财物布施，当用四事供僧，十事供佛。

四、"忏悔业障"赞

我曾所作众罪业，皆由贪欲瞋恚痴，
由身口意亦如是，我皆陈说于一切。

此四句的意思是说：我们自从无始生死的往昔以来，作了不知多少罪业，那都是由于心中的烦恼三毒——贪欲、瞋恚、愚痴等为动因，再通过身、口、意的三种行为作媒介；现在我要请求诸佛如来证明，我愿全部承认，彻底忏悔，痛改前非。

"业不重不生娑婆，障不重不为凡夫。"我们在今生今世，就造了不知多少大大小小的罪业，何况从无始生死以来的每一生中，都曾造过不少罪业。

经典中也说，凡夫于"举心动念"之间"无非是业，无非是罪"。无怪乎普贤菩萨在《行愿品》中要告诫我们："忏悔业障"。

"罪业"是指造作了恶业，必须定罪受报。所以造作了恶业，便是造了罪业；因为造了恶业，依其轻重类别，便会随业接受罪苦的果报，障碍我们转生为善道，障碍我们亲近三宝，障碍我们修学佛法，也障碍我们解脱烦恼，永沦生死苦海，所以名为业障。

所谓"业障"，是指我们由于烦恼的根本——贪、瞋、痴三毒带动身、口、意三业，形成造作的事实。

所谓"恶业"，是指造作五逆与十不善业道；五逆罪比较不容易犯，十不善业道的罪行，则稍微疏忽就可能犯了。

因此，《行愿品》要劝勉我们于遍法界一切诸佛如来菩萨众前，"诚心忏悔，后不复造，恒持净戒，一切功德"，"念念相续，无有间断。"

忏悔的功能在于改过自新，勇于认罪，勇于面对罪过的责任，勇于改进过失的错误，而且要不断地忏悔；纵然前念忏悔，后念又造恶业，若能经常忏悔，造罪的机率便愈来愈少，终至于成为三业清净的大菩萨了。

五、"随喜功德"赞

所有十方群生福，有学无学辟支佛，

及诸佛子诸如来，我皆随喜咸一切。

此四句的意思是说：此十方的一切众生，各修各的福业，各享各的福报；十方世界的一切声闻独觉等小乘圣者，各修各的福德智慧，各享各的福德智慧；十方世界的一切大乘菩萨及一切诸佛，各修各的福德智慧，各有各的福德智慧。凡是这些，无论是凡夫圣者，无论是小乘大乘，我对他们的功德，无不一一随喜。

"随喜"是他人有福有德，不论是谁，不论多少，虽不是我自己的功德，我也一律感同身受，心生欢喜。通常人只能为自己的幸福感到欢喜，也多半能为自己家人的幸福感到欢喜，能为亲近的亲友家的幸福感到欢喜；但对于陌生人的幸福，则未必觉得欢喜；甚至有人因为幸福的是他而不是我，不论他是外人或家人，很容易引起自己的妒嫉，便丢出一句酸溜溜的话来："那有什么了不起的。"

如果你是发了菩提心的菩萨行者，是会把一切人，乃至一切众生的幸福当作自己的幸福的，见到他人有福，就等于自己有福；虽然自己的能力不足，无法为众生提供多少福利，但若有他人能为众生营福，不论是谁，不论多少，都该心生欢喜。

能够见闻作福随喜的人，能够见闻得福随喜的人，一定也是一位有福报、有智慧的人。

此处的"有学、无学"是指小乘的圣者，小乘圣者分为两类：

（一）声闻圣者是闻佛说法而得圣道的人，分为四等，名为四果，其中初果、二果、三果位的圣者，因为尚未出离三界生死，但已将要出离三界生死海，所以名为"有学"圣者；第四果阿罗汉，便是"所作已办，不受后有"，已得解脱三界生死海，所以名为"无学"圣者。

（二）辟支佛，又译为独觉，是未闻诸佛说法，自悟十二因缘，解脱三界生死烦恼的圣者。根据《成实论》及《俱舍论》所载，各有"有学十八人"的说法，虽此二论所列名目略异，但主张有学圣者经十八个位次的果位，则是相同的。

至于"无学"的定义，仅指阿罗汉，称为"无学果"或"无学道"，烦恼断尽，已无事可学。戒、定、慧合称为三无漏学，在有学位中，烦恼未尽，故仍须学。

"佛子"，本来是三宝弟子或是佛教徒的通称，若依大乘法门，唯有入如来家、乘如来愿、发了无上菩提心、受了菩萨戒的菩萨，始得名为佛子。此处所指的"诸佛子"，因与"诸如来"连用，诸佛子当然就是诸菩萨众的意思。

可见普贤菩萨所示的随喜功德，是不论凡圣的，不论多少的，正如《行愿品》所说，上从"十方三世一切佛刹极微尘数诸佛如来"的一切功德，下至"六趣四生，一切种类，所有功德，乃至一尘，我皆随喜"。做大善事有大功德，当然可喜；不做恶事，做小功德，亦当随喜。

六、"请转法轮"赞

所有十方世间灯，以证菩提得无染，

我今劝请诸世尊，转于无上妙法轮。

意思是说：所有的佛法，都是世间昏暗中的明灯，能让众生的心灵无染，亲证无上菩提，我今劝请诸佛世尊，转动无上的法轮吧！

把演说佛法譬喻成"转法轮"，有二层意思：

（一）佛法如同运载众生从茫茫苦海到解脱彼岸的交通工具；说

法，就如转动这种交通工具的轮子，使得登上这种交通工具的众生，离生死苦，得解脱乐。

（二）"轮"是古印度传说中转轮圣王拥有的兵器，称为"轮宝"，轮王出巡四方时，必有轮宝为前导，能敌一切兵器，威力无比，所向披靡，兵不血刃，战胜诸国。因此用作譬喻诸佛说法，是说的无常无我，缘起性空，能破一切众生的烦恼执著，故称为转法轮。

"请转法轮"也有二义：

（一）释迦世尊初成正觉，魔王劝他进入涅槃，梵天王则劝请世尊说法度众生，若非梵天请法，人间便无佛法了。

（二）"普贤行愿"的请佛转法轮，正如诸大乘经中，佛陀说法，多是由菩萨弟子代表大众请法，以表敬法求法，尊重佛法。

以"世间灯"喻佛法的功能，犹如世间的明灯；世间即是凡夫的时空世界、宇宙环境。众生痴迷，醉生梦死，如处于漫漫的黑夜，佛法的启示，振聋发聩、觉迷破暗，故谓之"明灯"。

用佛所说的法灯，让众生转迷成悟，亲自体验清净无染的菩提道心，就是劝请诸佛，转妙法轮的原因。普贤菩萨为了无边众生皆得佛法的利益，不仅劝请一佛于一时说法，乃如《行愿品》所说："十方三世一切佛刹极微尘中，一一各有不可说不可说佛刹极微尘数广大佛刹，一一刹中，念念有不可说不可说佛刹极微尘数一切诸佛成等正觉，一切菩萨海会围绕，而我悉以身口意业，种种方便，殷勤劝请，转妙法轮。"

七、"请佛住世"赞

所有欲现涅槃者，我皆于波合掌请，

唯愿久住刹尘劫，为诸群生利安乐。

此颂的意思是：所有一切诸佛欲现涅槃相时，我普贤菩萨都会前去向他们合掌劝请，为了利乐更多更多的众生，唯愿每一尊佛，都能永住世间，不入涅槃，这是为了悲悯众生。

诸佛都是人天导师，四生慈父，有佛住世，乃是众生之福。普贤菩萨要我们也都学他一样，不仅劝请诸佛莫入涅槃，也要劝请大小乘的一切贤者圣者、诸善知识，常住世间饶益众生。

诸佛"久住"，有三义：

（一）诸佛神力应化身，随时出现，随处出现，接引缘熟众生。

（二）诸佛愿力所成身，例如西方阿弥陀佛，号为无量寿佛，成佛以来已经十劫，尚能住世无量劫；又如《法华经》所说释迦世尊，常住灵山净土。

（三）诸佛自在功德身，竖穷三际，横遍十方，常在遍在。

诸佛住世的时日暂久，众生无法测知，为了佛世难值，佛法难闻，使得众生生起稀有难得的难遭遇想，故当不忍诸佛涅槃。

虽然释迦世尊的色身，早在距今的二千五百多年前已经涅槃，我们还在请佛久住。因为佛曾一再告诫弟子们："僧当依法住，依律住。"又说，戒律的毗尼住世，"能令正法久住"，僧在、律在、法在，等于佛在。所以在佛世时要请佛久住，佛灭后也要请佛久住。

八、"功德回向"赞

礼拜供养及陈罪，随喜功德及劝请，
我所积集诸功德，悉皆回向于菩提。

此颂是说：愿以以上所修的礼敬、称赞、供养、忏悔、随喜、劝请等诸功德，都用来做为回向无上菩提的资粮。

"回向"的层次有四：1. 回己向他，2. 回凡向圣，3. 回小向大，4. 回一切功德向无上菩提。

这四个层次，后后胜于前前，后后涵盖前前，所以，如果能回向无上菩提，一定是舍小乘而取大乘，舍凡尘而取圣境，舍利己而为利他，赞中所言"悉皆回向于菩提"，乃是最高最好的功德回向。

回向，在凡夫层次，有与他人分享的意思，把自己所拥有的功德、成就，不论有形的、无形的，物质的、精神的，都愿意与人共享。更进一步的圣者层次，是把全部的功德，奉献给他人乃至一切众生，怨亲平等；不为什么，只为发了无上菩提道心，也愿一切众生都能由于我们自己的奉献而亦发起无上菩提道心，这便是"但愿众生得离苦，不为自身求安乐"的菩萨行。

九、"学佛回向"赞

于诸如来我修学，圆满普贤行愿时，

愿我供养过去佛，所有现住十方世；

所有未来速愿成，意愿圆满证菩提，

所有十方诸刹土，愿皆广大咸清净。

这是继续以上"回向于菩提"而说的八句颂文，意思是发了无上菩提心，应该继续要做的事很多。要于一切如来处，修学无量门的佛法，直到普贤行愿圆满之时，也永不休止。在未圆满普贤行愿之前，我已供养过去一切诸佛，正在供养现住十方世界的一切诸佛，并愿未来一切诸佛早日成佛，好让我供养的大愿速疾圆满。祈愿三世诸佛都成了佛，十方一切国土，也都成了广大清净的诸佛世界。

在这两颂之中，虽未明说普贤菩萨的大行大愿，是要供养十方三世一切诸佛之后，才算完成，才算成佛，但已经表明，没有考虑到自己何时成佛，只有发大行愿，向十方三世一切诸佛修学佛法，对十方三世一切诸佛修行供养；对于尚未成佛的十方佛子，祈愿他们，并将自己的功德回向给他们，促使他们早速成佛，以期十方国土，都转为清净的诸佛净土。

十、"利益众生"赞

> 诸佛咸诣觉树王，诸佛子等皆充满，
>
> 所有十方诸众生，愿皆安乐无众患。
>
> 一切群生获法利，愿得随顺如意心。

此六句颂文，还是连接着上文下来，是愿未来一切诸佛，都能早日在菩提树下成佛，而且都像释迦世尊一样，成道之后的三七日内，开敷华严胜会，无量菩萨围绕。由于每一尊如来出世，都化无量众生，脱离一切苦患，一切众生获大法益，有愿必成，称心如意。

相传诸佛成道，皆在大树之下，释迦世尊是在现今印度伽耶城南的毕钵罗树下成道，后人为了纪念，称之为菩提树，或称"道树"，并有佛陀成道后，于初七日中"观树"的记载。

另据《弥勒大成佛经》所说，当来下生的弥勒菩萨，出家学道之后，将"坐于金刚庄严道场，龙华菩提树下……成阿耨多罗三藐三菩提"，然后以三会说法，安慰度脱无量众生。

因此，赞语要说"诸佛咸诣觉树王"，意谓未来一切诸佛，都在"觉树王"（无上菩提树）下成佛说法度广大众生，使得为烦恼众苦纠缠摆布的一切众生，都能闻法而得安慰、喜悦、安定、快乐，脱离一切的身心苦患。故云："愿皆安乐无众患。"

佛说的安乐，不等于人间的平安欢乐，而是不受三途八难的众苦煎熬为"安"，能从四障八苦获得解脱为"乐"。离苦得乐，得大自在，便是福慧具足，便是获大法益，便能"随顺如意"。

十一、"大行利生"赞

> 我当菩提修行时，于诸趣中忆宿命。
> 若诸生中为生灭，我皆常当为出家；
> 戒行无垢恒清净，常行无缺无孔隙。

这六句颂文的文意，也是连着前文下来的。是说：普贤菩萨当在发了无上菩提心，修行无上菩提道的过程中，不论处身于哪一类的众生群中，都能不忘宿命，对于过去世的心身行愿，也会记得清清楚楚。虽然为了实践菩萨行愿，会在人间生生灭灭，也会经常以出家的身份，坚守清净的戒行，不会有一个大意疏忽的孔隙，让垢秽的罪行趁虚而起。

发菩提心愿，即是发起大乘菩萨的成佛大愿；大乘菩提心愿的完成，要靠菩萨道的实践。依据龙树菩萨造《十住毗婆沙论》的《易行品》所示，实践菩萨道，有难行道及易行道。若寻求阿弥陀佛以佛的愿力来救济接引，先往生西方安乐国土，成就不退转心之后，再来世间广度众生，是为"易行道"；若以自力修行菩萨道，生生世世转生舍身，常忆宿命，出家修行，戒行清净，自度度人，成满普贤行愿，宜称为"难行道"。

但是易行道虽较方便安全，费的时间却长；难行道虽然从初发心即以利益众生为前提，转生之后，若不具宿命通，就会迷失方向而有随波逐流的危险。不过若能学习普贤行愿，常常发愿，纵然未具宿命通，愿心便如指南针，自然不失初心，保证直趣无上佛道。

> 天语龙语夜叉语，鸠槃茶语及人语，
>
> 所有一切群生语，皆以诸音而说法。

这是说：修行无上佛道的菩萨行者，所见所闻，不论现何形相，出何音声，即是见诸如来，即是闻佛说法。十方三世一切诸佛，无一不具千百亿种身份身相，诸大菩萨如观音、地藏、文殊、普贤，都能以无量形相，应化无边众生，一切诸佛当然也能以种种众生身相，种种众生语言，为种种众生演说佛法。

众生对于同形、同类、同一种族的同胞兄弟姊妹，比较能够认同接受，否则难免排斥拒绝。诸佛菩萨便以凡夫众生诸相，来度凡夫众生诸群。

凡夫有六道，称六趣，即是天、人、修罗、傍生（畜生）、饿鬼、地狱；有四生，即是胎生、卵生、湿生、化生。天神之中有主有从，诸天的天王为主，诸天的天子天女及随扈者为从。四天主所领的扈从，有八类，名为"八部鬼众"，他们的福报享受如天神，他们的道德标准则似多福的鬼，他们的名称是：干闼婆、毗舍阇、鸠槃茶、薜荔多、诸龙众、富单那、夜叉、罗刹。这些众生，若已接受佛法，便是护法神王，便会保护众生，庄严道场，助佛弘法。

> 妙波罗蜜常加行，不于菩提心生迷，

　　所有众罪及障碍，悉皆灭尽无有余。

　　这是说菩萨道的修行者，必须经常努力于六种妙波罗蜜的实践，才不会迷失大菩提心；菩萨道的实践者，必须经常修持忏悔行，才能消除诸罪业，灭尽诸障碍。

　　"波罗蜜"是"波罗蜜多"（Pāramitā）的简单音译，意为超度、超越、到彼岸出苦海的意思。大乘菩萨道的实践法门，总称为六度四摄，广则以六度摄万行。《行愿品》虽略举十大愿王，也是广摄一切行愿。

　　众生所造"罪"业，便是五逆十恶，以及毁法谤僧等，依戒律的标准而言，所犯的罪恶有两类：1.性罪，凡造恶业，本身即是罪恶，必将接受苦报。2.戒罪，受了佛戒而犯戒者，除了性罪，另加戒罪。戒罪以事忏即可消，性罪须理忏方可灭，此处的"众罪"当通指这两种。罪若不灭，必有苦报，必起障碍。"障碍"有三：业障、报障、烦恼障；又谓有四：惑障、业障、报障、见障。

　　若能修忏悔行，加行六度四摄，即是事忏及理忏的双管齐下，一切罪障，必定消灭。

　　于业烦恼及魔境，世间道中得解脱；
　　犹如莲华不著水，亦如日月不著空。
　　诸恶趣苦愿寂静，一切群生令安乐；
　　于诸群生行利益，乃至十方诸刹土。

　　这是说菩萨道的实修实行者，对于身、口、意三类行为所造作的恶不善业，连带着产生的一切烦恼境及魔境，应该要在世间道的生活过程中，一一获得解脱。

菩萨行者，虽也处身于世间的众生群中，虽然也会有外来的因素成为障碍，但以菩萨的心行看待这些烦恼境及魔境，是不会被其所苦、受其所惑的；就像莲花生于水、出于水而不沾水；又像太阳和月亮，处于太空、行于太空，而却不会住定于太空的任何一点。如果能有这样自在的心境，不论处身于三恶趣（地狱、饿鬼、傍生）中任何一趣，也会随着大行大愿而将彼等诸苦，转为不生不灭的寂静境界了；不仅自己如此，也愿一切众生都能同证这样的安乐境界。这就是菩萨行者的修持法门，于诸众生群中，修行佛法，利益众生，乃至遍及十方一切世界，都去修行佛法，利益一切众生。

十二、"恒顺众生"赞

常行随顺诸众生，菩提妙行令圆满。

普贤行愿我修习，我于未来劫修行。

这是说菩萨修持普贤行愿，必须恒常随顺众生的需要而给予恰到好处的救济帮助，目的在于促使众生圆满成就大菩提行。这样的发心菩萨当说："我要修习普贤行愿，尽未来劫，我都如此修行。"

"恒顺众生"，颇不容易，众生有种种性格、种种心向、种种欲求、种种需要。从菩萨的立场，以菩萨的智慧，因应种种不同的众生；纵然对于同一个众生，于不同的时地，也会有不同的需求。而且，众生自己想要的，未必是他需要的，众生自己觉得需要的，未必就是菩萨认为该给的。

曾有一位居士，因为他有一班爱喝酒、爱赌博、爱逛花街柳巷的酒肉朋友，他也经常陪着他们一起玩，被我知道了，问他为什么要过如此靡烂的生活？他却理直气壮地回我："普贤菩萨教我们恒顺众生，所以我才这样，要不然我就没有办法跟他们在一起，他们也永远没有机会接触佛法了。"

其实，这位居士是被他的那班朋友拖下了水，他那班朋友始终都在水中，因为跟他们玩在一起的时候，没有空隙让他介绍佛法，在那种场合，要那班朋友认同佛法、接受佛法，是极度困难的，南辕北辙，道不同不相为谋，这绝不是恒顺众生的本意。虽在菩萨行的四摄法之中的"同事摄"，便是先让自己同于他，再让他来同于己，不过要看准了状况，因缘成熟时，才可运用此法。

真正的随顺众生，是随顺每一个众生的福德因缘，让众生接触佛法、接受佛法、修学佛法。估量每一个众生的根器利钝、程度高下、性格心向，才决定用什么样的佛法，在什么样的状况下给他佛法，让他如渴得饮、如饥得食似地接受佛法、运用佛法。

十三、"同行善友"赞

所有共我同行者，共彼常得咸聚会；
于身口业及意业，同一行愿而修习。
所有善友益我者，为我示现普贤行；

共波常得而聚会，于波皆得无厌心。

此八句颂文的意思是：作为一位菩萨行者，同修同行的善友非常重要。所有跟自己同修同行的人，要和他们经常一起聚会，彼此都用相同的身、口、意三种行为，共同修习普贤菩萨的行愿法门。所有那些有益于我的善知识们，都能为我用行动来指点出普贤菩萨的行愿法门；我经常跟他们在一起聚会修习，对他们永远不会生起厌烦的心。

在菩提道上，必须有同修同行的善友，相互砥励，彼此学习。菩萨行者必须与同修的善友经常聚会，取长补短，互惠互助；在聚会中讨论法义，修正偏差，在聚会中检点所修所行，共同实践普贤行愿。人们难免疏忽，违越了学佛的初心本愿，能有善友规劝指正，便能日进又进。

善友又称善知识。佛在圣教中，处处开示善知识对于学佛者的重要性。故于《增一阿含经卷一一》有《善知识品》、《大品般若经卷二七·常啼品》、《大般涅槃经卷二五》、《法华经卷七·妙庄严王本事品》都告诉我们，亲近善知识的好处与益处。

晋译《华严经卷五八》说得非常详细："与一切菩萨同修愿行，亲近一切诸善知识。""应一向求诸善知识……何以故？因善知识，究竟一切，诸菩萨行，成满一切菩萨功德。"所以说，善知识者，则有如慈母、慈父、养育守护、大师、导师、良医、雪山、勇将、牢船、船师等十种比喻。因此，若有善知识处，能令你"发大地心，持一切事，无疲倦故；发金刚心，坚固正直，不可坏故"，以及发金刚山心、发无自心、发弟子心、发养育心、发成熟心。

经中也说，菩萨行者当亲近同修愿行的善知识，亦当远离发恶愿、行恶道的恶知识，否则，就会影响到你退失菩提心，增长邪见，陷诸魔境，上魔钩饵，坠邪惑山间，堕长夜苦海。

有许多人，厌离人间，远善知识，自命清高，独居寡住，盲修瞎练，以为是办道；其实是盲人骑瞎马，黑夜临深渊，非常愚痴，也极可怜！他们稍得一些身心反应的神秘经验，便会自称上师，古佛再来，大菩萨化现，自为人师，那是以盲引盲，坠坑落堑，如此者比比皆是！

> 常得面见诸如来，与诸佛子共围绕，
> 于彼皆兴广供养，皆于未来劫无倦。

此四句颂文是与前颂相连的。

意思是：由于有了经常亲近同修善友的协助，就容易经常面见诸佛如来；能够经常面见诸佛如来，便能常与围绕诸佛如来的菩萨大众互相聚会，在这种聚会的场合，正好是广修供养，同结善缘的机会。

因为普贤菩萨愿为十方三世一切诸佛做供养，所以尽未来际无量劫中，永做供养，不会厌倦。

十四、"持法修行"赞

> 常持诸佛微妙法，皆令光显菩提行；

咸皆清净普贤行，皆于未来劫修行。

于诸有中流转时，福德智慧得无尽；

般若方便定解脱，获得无尽功德藏。

此八句的文意是说：修学佛法是持续经常的事，修学诸佛妙法是为了光显成佛之道的菩提大行，那都是属于普贤菩萨的清净行愿，直到久远的未来劫中，不会中断普贤行愿的修持。像这样的菩萨行者，虽然生死流转于四生九有的三界众生群中，他们的福德智慧依旧是无穷无尽；并以般若（智慧）、方便、禅定，而得解脱，其间就获得无尽的功德宝藏。

佛所说法，甚深微妙，唯佛与佛，乃能究尽互知，佛子闻法修法，乃是各得其能得。只要日积月累地修行普贤行愿，永不休止的话，便能在三界之中，福德智慧无尽增长，深契般若（智慧）、方便、禅定的解脱境界，那就是拥有了诸佛如来的功德宝藏。

此中的"诸有"，即是指的三界六道有情众生流转居住的范围，可有三种分类法：

（一）三有：欲界有、色界有、无色界有。

（二）九有：又名"九有情居"或"九众生居"，即是三界九地的略称。指的是欲界的人，色界的梵众天、极光净天、遍净天、无想天，无色界的空无边处、识无边处、无所有处、非想非非想处。

（三）二十五有：三界众生的另一种分类法：1. 欲界的地狱、饿鬼、畜生、阿修罗共为四趣，须弥山腰的南、北、东、西，共四洲；自须弥山腰往上数起的四王天、三十三天、阎摩天、兜率天、化乐

天、他化自在天。2. 色界的初禅天、大梵天、二禅天、三禅天、四
禅天、无想天、阿那含天。3. 无色界的四空处天。合计为二十五等
有情众生的生死流转范围，称为二十五有，其中未列人类。

"解脱"，分为慧解脱及定慧俱解脱两种。善根深厚者，一闻佛
法即得解脱；世尊时代的许多"善来比丘"，初闻佛法，便立证阿罗
汉果，便是慧解脱的例子。经过禅定的修习，加上佛法的开示，而
得证果解脱者，便是定慧俱解脱。

"方便"是权巧设施。佛法有两种层次：1. 可思可议的权巧方
便法，称为第二义谛；2. 不可思议、言语道断、心行处灭的真实究
竟法，称为第一义谛。据此可知，世尊所说的一切大小乘法，都属
于第二义谛的权巧方便法，以此方便法，教人悟入真实法，那便是
究竟寂灭的无上佛法。

十五、"重重无尽"赞

如一尘端如尘刹，波中佛刹不思议；
佛及佛子坐其中，常见菩提胜妙行。

这四句的意思，已在第四颂中表达过了，这是华严境界的以小
纳大，在一粒微尘的尖端上，含有微尘数量的世界，每一世界中又
含有不可思议数量的佛国净土，每一佛国净土中，均有佛及无数菩
萨弟子们坐着说法闻法，他们经常都在修着菩提大道的胜妙行愿。

一般常识所见，所谓"须弥纳芥子"的道理，可以懂得，所谓

"芥子纳须弥"的意境，便难接受。

其实三世诸佛的法身，不占时空、遍及时空又超越时空；既非形而上，也非形而下；不即亦不离，亦不落中间。所以小处不离大处，小处不仅通于大处，根本就同于大处，也不受大小所限。

这就是四种无碍法界（事、理、理事、事事）的最高层次"事事无碍法界"。它是不可思议境界的第一义谛，用具象的手法来表达抽象的观念；但这绝不是思辨和想像的，乃是自内证的经验世界。

> 如是无量一切方，于一毛端三世量；
> 佛海及与刹土海，我入修行诸劫海。

这四句是接着上文下来，是在以毛端及大海表达华严境界大小互摄的重重无尽诸佛，在空间的一切方位中均有无量无数，因于一毛的尖端就有着三世诸佛及他们的佛国净土。佛的数量及佛土的数量，皆如四大海水，多得不可胜数；而我发了普贤行愿的菩萨行者，进入如许无量无数的佛国，亲近一切诸佛，广修普贤行愿，经无量劫的时间大海，永不疲倦。

> 于一音声功德海，一切如来清净声；
> 一切群生意乐音，常皆得入佛辩才。
> 于彼无尽音声中，一切三世诸如来；
> 当转理趣妙轮时，以我慧力普能入。

此八句颂文，是在以音声表达华严境界一多互摄的重重无尽。意思是说：在一个音声之中，即摄有一切如来音声的清净功德大海。

一切众生所发出的心意愿乐之音，常与诸佛的无碍辩才相契相应。就在这一切众生发出无尽的音声之间，正好也是三世诸佛转动妙法之轮，开演佛法之时，这于我这样修习普贤行愿的菩萨行者而言，由于智慧的力量，使我能够契入诸佛的理趣法轮。

佛的辩才，称为"四无碍辩"：

（一）于教法无滞，为法无碍。

（二）尽知教法所诠的义理无滞，为义无碍。

（三）于诸方言词通达自在，为词无碍。

（四）以前三种无碍的能力为众生乐说自在，名为乐说无碍。

文句的"理趣"一词，意思是道理趣旨，通常是密教典籍所用。此赞的译者不空三藏，是唐朝密教的开元三大士之一，故在文中沿用了"理趣妙轮"，以表达甚深广大的道理趣旨。

经中常用十数以表达无限，又常用无边、无尽、无量、无上、无始、无数、无等、无比、无余等来表达不可说不可说的大数量、大时空，尤其是《华严经》中用得最多。

> 以一刹那诸未来，我入未来一切劫；
>
> 三世所有无量劫，刹那能入俱胝劫。
>
> 所有三世人师子，以一刹那我咸见；
>
> 于彼境界常得入，如幻解脱行威力。

这八句的内容，是以时间来表达华严境界长短互摄的重重无尽。意思是说：在极短的现前一刹那中，含有永远的未来时间，所以活于现在的我，已进入了未来的诸劫之中；其实，过去、现在、未来，均有无量劫，而此无量劫，既在短如一刹那间，也在长如俱胝劫中。因此，就在任何一个一刹那间，我都可同时见到三世一切如来，我也经常进住于三世一切诸佛的境界之中，这种境界虽然是如幻自在解脱，却又能产生重重无尽的大威德力。

"一刹那"（kaa）是时间的极短单位，意为"一念顷"，或谓一弹指间有六十五刹那，可见现前一念的一起一灭是极其短暂的。这个一念是微细快速的念头，不是思绪、思虑或完整的观念。虽然如此短暂、一刹那生灭的心象之间，即通于无尽的三世，也含有无尽的三世。

这不是出于推理的想像，而是自内实际的证量体验，因为当你的妄念不生又不灭时，现前的一念，便与无尽的三世时间不一不二。对于有妄念、有执著的凡夫而言，三世是前后分段的；对于实证了无念、无住、无相、无生灭的圣者而言，现前的一念，便与三世相即，却不与三世相混，所以才有长劫入短劫，短劫入长劫的境界。

"劫"（kalpa）是非常长的时间单位，有三种计算方法：

（一）方及高各四十里的城，皆由芥子堆成，每三年取一粒，至芥子被取尽，名为一劫。

（二）方及高各四十里满是石头的城，天人用三铢重的天衣，每三年来拂拭石头城一次，至石头城全部被拂拭尽，名为一劫。

（三）由人寿八万四千岁起，每百年减一岁，减至人寿仅十岁，再由人寿十岁起，每百年增一岁，增至人寿八万四千岁，名为一小劫；二十个小劫为一中劫；四个中劫为一大劫。每一个世界都经过成、住、坏、空的四个阶段，便是四个中劫，也是一个循环生灭，称为一个大劫。

通常所说的劫，必是一大劫。俱胝劫是梵文 koṭi kalpa，（亿劫）"的音译。依据《大毗婆沙论》、《大智度论卷四》，《瑜伽论》卷四八、卷一七七、卷一七八等说，从凡夫修行至成佛，须经历"三阿僧祇劫"，乃是三个无数大劫或三个无央数大劫。现在许多附佛法外道师们，主张的即世修行即身是佛，与经典所说是不相应的。

> 所有三世妙严刹，能现出生一尘端，
>
> 如是无尽诸方所，能入诸佛严刹土。
>
> 所有未来世间灯，波皆觉悟转法轮；
>
> 示现涅槃究竟寂，我皆注诣于世尊。

此八句的文意是总结以上华严境界的重重无尽、互入互收、相摄相融而历然不混的宇宙观。意思是说：所有过去、现在、未来的一切妙庄严世界，能在一微尘端全部出现，像这样无尽数的微尘世界在无尽数的十方微尘的每一微尘毫端，都有三世诸佛依正庄严的佛土。所以未来的诸佛，也已经在此十方微尘的每一尘端，成佛、转法轮、示现涅槃，我这个修持普贤行愿的菩萨行者，也都去过如此众多诸微尘端的三世诸佛处，修行、礼敬、赞叹、供养等普贤行愿。

十六、"十种威力"赞

以神足力普迅疾，以乘威力普遍门，

以行威力等功德，以慈威力普遍行，

以福威力普端严，以智威力无著行，

般若方便等持力，菩提威力皆积集。

这十种威力，是由于修持普贤行愿的菩萨行者，已经具足了第三十三颂的"如幻解脱行"而得的"威力"。其内容与如来的十力有所不同：

（一）神足威力：能于同一时间内，普遍而快速地显现十八种神通变化。

（二）乘威力：能以大小诸乘的佛法，普门示现于一切众生之前。

（三）行威力：普贤菩萨号曰"大行"，能行菩萨道的一切行，所以具足菩萨的一切功德。

（四）慈威力：观世音菩萨的大慈悲行，普贤菩萨也同样具足，能于同一时间，普遍救拔无量众生。

（五）福威力：以大富贵力、大福德力，随时随处，给众生所作依怙、作归宿、作保护、作津梁。

（六）智威力：梵文的智，称为若那（jñāna）是对于一切事理都能决定了知的精神作用。《大毘婆沙论》有八智摄一切智，那就是：法智、类智、他心智、世俗智、苦智、集智、灭智、道智。在晋译六十卷本《华严经卷三·卢舍那佛品》有云："尔时一切诸佛与普贤菩萨，入一切智力。"其中便包括十种智。智能去著解缚，故云："无著。"

（七）般若威力：般若（prajñā）译为智慧、明、清净、远离。它指的是菩萨因位的功德，例如六度之一的般若波罗蜜；又是诸佛果位的平等智慧，例如三德之一的般若德。

（八）方便威力：方便的梵文是沤波耶（upāya），或音译为沤和，是指诸佛菩萨在化度众生时所用的种种权巧；对于般若的实智而言，方便是为权智。

（九）等持威力：等持即是梵文三昧、三摩地（samādhi）的意译，是指禅定，乃是维持"心"的平等而住于一境的意思。《遗教经》云："制心一处，无事不办。"便是禅定威力。

（十）菩提威力：菩提（bodhi）译为道、智、觉，是佛的果德，是指断烦恼而证涅槃；也是成佛的因行，称为发菩提心，行菩萨道，成就无上菩提的佛道。

> 皆于业力而清净，我今摧灭烦恼力，
>
> 悉能降伏魔罗力，圆满普贤一切力。

此四句文意是说：由于具足了普贤行愿的菩萨行者，已有十种威力，往昔所造的一切业力，也都清净了，一切的烦恼力也被摧灭了，一切的魔力已被降伏了，普贤菩萨的一切力量也都圆满了。

"业力"，是由烦恼发动身口意，造作十不善业道，业力便是造业因而感业果的力量。凡夫是因业力而流转生死，接受业报；诸菩萨众是由愿力而进入生死，行菩萨道。

"魔罗"梵文 māra，是指恼害众生的一切魔类，大致分为四大类，称为"四魔"：

（一）烦恼魔：是众生内心障碍，如贪、瞋、嫉妒等。

（二）阴魔（生老病魔）：是指由五阴所组成的自我，制造出种种苦恼。

（三）死魔：人命在呼吸间，随时随地都可能会死亡。

（四）自在天魔：是欲界第六天的他化自在天，经常破坏人间的善事，除了魔王，尚有魔军、魔民、魔人、魔众为其眷属，恼害人类。一般所称的魔罗，是单指魔王波旬。

又有《骂意经》的五魔之说：天魔、罪魔、行魔（无常）、烦恼魔、死魔。

根据《大智度论》等有十魔：欲、忧愁、饥渴、爱、睡眠、怖畏、疑、含毒、利养、高慢。

又据《华严经疏钞》所说的十魔是：五蕴、烦恼、业、心、死、天、善根执著、三昧执著、善知识吝法、菩提法智执著。

可知诸魔的范围很广，从身心状态的顺逆障碍，到修持佛法时的执著颠倒，乃至天魔魔眷的威胁利诱，都是魔障，都是与菩提心及菩萨行相违的力量。

十七、"圆满七海"赞

普令清净刹土海，普能解脱众生海，

悉能观察诸法海，及以浔源于智海，

普令行海咸清净，又令愿海咸圆满，

诸佛海会咸供养。

此七句颂文，提出七海行的名称。在晋译《华严经卷二·卢舍那佛品》，见有普贤菩萨入一切如来净藏三昧，说出五海十智，出定后又说十种世界海，与此处的七海名目并不相同。

这段赞文的七海是说：普贤菩萨能普令深广如大海的一切世界得清净，能普令繁多如大海的一切众生得解脱，能普遍观察深奥如大海的一切诸法，能够探源寻底宏深广如大海的智慧宝藏，能普令丰富如大海的一切菩萨行皆得清净无染，又能普令宏大如大海的一切大愿都圆满，能对一切无尽如大海的诸佛如来广修供养。

普贤行劫无疲倦，所有三世诸如来，

菩提行愿众差别，愿我圆满悉无余，

以普贤行悟菩提。

此五句颂文是七海行的结论，意思是：这样的普贤七海行，无论经过多长的时劫都不会疲劳厌倦而生退志。所有三世一切诸佛因地所修的菩提行愿，虽然有众多的差别，对我普贤行愿的实践者而言，但愿圆满修行一切诸佛的菩提行愿，才算是以修普贤行，来悟入无上菩提的人。

由此普贤七海行的深广无量，可见普贤行是十方三世的一切如来所行，普贤菩萨则是包摄无量诸佛所行的一位菩萨，故被尊称为大行普贤愿王菩萨；一般所说菩萨道的六度万行，尚不足以表达普贤菩萨无量大愿、无尽大行的百千万分之一。

十八、"尽学普贤"赞

> 诸佛如来有长子，波名号曰普贤尊；
> 皆以波慧同妙行，回向一切诸善根。
> 身口意业愿清净，诸行清净刹土净，
> 如波智慧普贤名，愿我于今尽同波。

此八句颂文的意思是：称赞普贤妙行，愿学普贤妙行；称赞普贤菩萨为一切佛的长子，因为他是普于一切如来座前行愿最大的菩萨，所以尊号为普贤；他能以所积的大智慧及胜妙行，回向一切善根，能使身、口、意三业，离贪、瞋、痴三毒而得清净，一切诸行清净，也使一切国土清净。像普贤菩萨那样名实相符的智慧及名号，愿我（菩萨行者）现在就学习着跟他完全相同。

十九、"学文殊行"赞

普贤行愿普端严，我行曼殊室利行，
于诸未来劫无倦，一切圆满作无余。

此颂是说：我这个菩萨行者，固然要学普贤行愿的普遍周延，
而且端正庄严，也当学习曼殊室利（通称文殊师利，梵文 Mañjusri）
的大智慧行。直到尽未来时的一切劫中，都无倦怠，以备圆满成就
这一切行愿而了无余漏。

所须胜行无能量，所有功德不可量，
无量修行而住已，尽知一切波神通。

此颂的意思是：我这个菩萨行者，既愿学普贤，又愿学文殊，
故须修行无量殊胜妙行，其所得功德之大，实不可度量。住于无量
的修行之后，我便对于一切的神通妙用，全都通达了。

乃至虚空得究竟，众生无余究竟然，
及业烦恼乃至尽，乃至我愿亦皆尽。

此颂的意思是：我这个菩萨行者，既然同时修学普贤及文殊二
行，我的行愿，也与这二大菩萨相同，直到无量虚空皆得究竟，无

边众生皆得究竟，无尽烦恼全部断尽，我的行愿才算完成。

二十、"行愿功德"赞

> 若有十方无边刹，以宝庄严施诸佛，
> 天妙人民胜安乐，如刹微尘劫舍施。
> 若人于此胜愿王，一闻能生胜解心，
> 于胜菩提求渴仰，获得殊胜前福聚。

此二颂，是赞普贤行愿功德，较量普贤行愿功德之大，胜过一切布施功德。

颂文的意思是说：如果有一人，以满处都是众宝庄严的十方无边数量国土，布施一切诸佛，使得彼等国土的诸天及人民都得胜妙安乐，再用有如微尘国土的众宝庄严，行大布施。

另有一人若对普贤菩萨的殊胜愿王，一听闻便能生起胜解（难闻已闻，难解已解）之心者，便会因此而渴仰祈求三世诸佛的胜菩提行，以此功德，亦能获得前一人的殊胜福聚。

> 彼得远离诸恶趣，彼皆远离诸恶友，
> 速疾得见无量寿，唯忆普贤胜行愿。
> 得大利益胜寿命，善来为此人生命，
> 如彼普贤大菩萨，彼人不久当获得。

此二颂是连接着上文有大功德得胜福聚而来，由于听闻普贤行愿而生胜解之心的功德，故得远离地狱、饿鬼、畜生的三恶趣，也都会远离存恶心、造恶业的一切恶友，并于临命终时，能够于刹那之顷往生西方安乐国土，立见无量寿佛（阿弥陀佛）；虽然往生西方安乐世界，经常忆念普贤菩萨的殊胜行愿，故在得到大利益的胜妙寿命之时，仍不忘怀善来人间，普济人的生命，好让一切人，于不久的未来，都得无量寿，也都能像普贤菩萨那样，以大行愿利济众生。

二十一、"灭罪生福"赞

所作罪业五无间，由无智慧而所作，

波诵普贤行愿时，速疾销灭得无余。

智慧容色及相好，族姓品类得成就；

于魔外道得难摧，常于三界得供养。

此二颂是说：纵然由于众生愚痴而无智慧，所以作了五种无间罪业，只要能够读诵如此的《行愿赞》时，一切罪业皆得速疾消灭无有遗余；而且能使读诵的人，获得智慧以及庄严胜妙的面相身相和健康而受人尊敬的音容色貌，能使之成就高尚的家族种姓，以及高层的社会地位；能使邪魔外道无隙可入，因此修行而成就佛道，常受三界之中的人天供养。

"五间业"是指犯了五逆罪，死后当受无间地狱报。"五逆"是指：杀父、杀母、杀阿罗汉、破和合僧、出佛身血。

"无间地狱"是指八热地狱中的第八地狱；堕此无间地狱者有四类人：1. 造五逆罪，2. 诽谤大乘，3. 不信因果，4. 空食信施。

"相好"是指人体的各种殊胜好相，传说中有两种人具足三十二种大人相、八十种随形好，那便是：1. 诸佛如来，2. 转轮圣王。

"族姓品类"，是指印度的社会阶级制度，有四大族姓：1. 婆罗门，2. 刹帝利，3. 吠舍，4. 首陀罗。在这四大族姓之中，又各有其高下尊卑的社会地位。佛教主张平等，众生平等，众流进入佛法大海，便同归一味，众生及佛皆平等。

"三界供养"是指阿罗汉及佛，皆号"应供"，应受人天供养。

> 速疾往诣菩提树，到彼坐已利有情；
> 觉悟菩提转法轮，摧伏魔罗并营从。
> 若有持此普贤愿，读诵受持及演说；
> 如来具知得果报，得胜菩提勿生疑。

此二颂说明读诵《行愿赞》，能得成佛度生的果位利益，亦得菩提道上的因位利益。

文意是说：若能读诵《行愿赞》，便会很快地趣向成佛的菩提树下，到了菩提树下坐下之后，即有有缘的有情众生来接受佛法的利益，因为成佛悟道之后，便会说法转法轮，便有能力摧破降伏魔王以及魔王的眷属。赞文中又再重复说一次，若有人受持普贤愿王，自己读诵或为他人演说此普贤愿王，决定功不唐捐，一切诸佛都已知道此人的功德，必定会得殊胜果报，那个果报，就是殊胜的无上菩提。

二十二、"善根回向"赞

> 如妙吉祥勇猛智，亦如普贤如是智，
> 我当习学于波时，一切善根悉回向；
> 一切三世诸如来，以此回向殊胜愿，
> 我皆一切诸善根，悉已回向普贤行。

此二颂是：学习文殊及普贤二大菩萨，将一切善根，回向普贤行愿。

颂文说：被译为"妙吉祥"的文殊菩萨，诸佛都说他是智慧第一，甚至被誉为三世诸佛之母，他象征着诸佛如来的勇猛大智慧；其实普贤菩萨虽以大行著称，也具备文殊菩萨同等的智慧。我这个菩萨行者，应当向他们两大菩萨时时学习，并将一切善根回向给三世一切诸佛，又将此功德回向给殊胜的普贤愿王；再将此一切善根，都用来回向给普贤大行。这是因行与果德相摄、相融，所谓因中有果、果中含因的普贤行愿。

二十三、"往生极乐"赞

> 当于临终舍寿时，一切业障皆得转，
> 亲睹得见无量光，速往波刹极乐界。

这是说明普贤法门与阿弥陀佛极乐净土法门互相关联的颂文。

意思是说：当此修持普贤行愿、读诵《行愿赞》的菩萨行者，到了临命终时，一切往昔所造的罪障，都得转变为往生阿弥陀佛净土的资粮，亲自面见无量光佛（阿弥陀佛）前来接引，即于刹那之间往生极乐世界。

此在四十卷本的《华严经第四十卷·普贤行愿品》，也有类似的经文："是人临命终时，最后刹那……一切无复相随，唯此愿王，不相舍离，于一切时，引导其前，一刹那中，即得往生极乐世界，到已即见阿弥陀佛、文殊师利菩萨、普贤菩萨、观自在菩萨、弥勒菩萨等……所共围绕，其人自见，生莲华中，蒙佛授记。"

> 得到于彼此胜愿，悉皆现前得具足。
> 我当圆满皆无余，众生利益于世间。

此一颂文是说：能到彼国极乐世界的原因，乃由于有此普贤殊胜愿王的力量，故于一时之间极乐世间的依正庄严，都在此人面前具足出现，而且是圆满无余的，我将以此，饶益众生，利益世间。

> 于彼佛会甚端严，生于殊胜莲华中；
> 于彼获得受记莂，亲对无量光如来。

此一颂文是说：阿弥陀佛（无量光如来）的莲池海会，非常端正庄严，发现自己已生于殊胜的莲花之中，并且亲见阿弥陀佛，蒙佛当面给予授记，预记于未来必当成佛。

正由于普贤行愿的终极关怀，普劝归命西方阿弥陀佛净土，故在近代中国净土念佛的祖师印光大师，也将《行愿品》列为净土五经之一；连带着中国华严宗学者们，多数也以修持弥陀念佛法门为主了。

"莲花化生"出于《观无量寿经》及《无量寿经》卷下。《观无量寿经》的莲花化生，共分九品；在《无量寿经》卷下，除了以三辈莲花化生，尚有莲花胎生之说。

"记莂"又为"记别"或"授记"，是佛对于弟子们的未来世作的预言预告，例如《法华经》中即有《五百弟子授记品》，预先告知某位弟子将于何处何时成佛、佛号是什么、国土名称是什么等。

二十四、"利乐有情"赞

于波获得受记已，变化俱胝无量种，

广作有情诸利乐，十方世界以慧力。

此颂是说：当你到了极乐世界，获得阿弥陀佛的授记之后，便能作亿万种的无量变化，用来广结善缘，利益安乐一切有情众生，这都是由于有了无漏慧力，故能于一时之间遍及十方世界。

此在《阿弥陀经》中也说到："其土众生，常以清旦，各以衣祴，盛众妙华，供养他方十万亿佛，即以食时，还到本国。"既能以极短时间普遍供养他方十万亿佛，当然也能以少时间普遍利乐十方世界的有情众生了。

二十五、"结归极乐"赞

若人诵持普贤愿，所有善根而积集；
以一刹那得如愿，以此群生获胜愿。

此颂是劝导受持读诵《行愿赞》，目的是在鼓励大众，由受持读诵，而来实践普贤行愿。若系初发心菩萨，尚未具备如实实践普贤行愿的功力，先从持诵开始修起，即使仅止于受持读诵，也能积集无量善根，而能于临命终时的一刹那顷，如愿往生极乐世界，并能以此而使一切众生也获普贤胜愿。

我获得此普贤行，殊胜无量福德聚；
所有群生溺恶习，皆注无量光佛宫。

此颂是教导持诵《行愿赞》的菩萨行者，当为一切众生回向祈愿，而说：我已获得如此殊胜的普贤行愿，我已获得如此殊胜的福德宝藏，但愿以此回向给尚在恶习烦恼中沉溺的一切众生，都能往生无量光佛的极乐宝宫。

后 记

此赞原于 1995 年元月 9 日、10 日、11 日的三晚，在农禅寺讲出前半部分的四十一个颂（即文中所标示之"圆满七海赞"），由叶翠苹菩萨根据录音带整理成稿，文字相当清新易读，可惜当时我对大众讲出之时，比较通俗，也比较浅薄，经我细读之后，觉得应当再重写一遍。因此在我于东初禅寺忙碌的日程之中，以一周的时间，将之分为二十五篇，每篇标示题目，可使眉目分明，一目了然。并且，在思想方面有了深度，在组织方面有了密度，在资料方面有了强度。

此赞的文字，相当古简，有些文句，必须细心研读品味，上下连贯，即自然通达了。

因此，这一篇讲稿释义，可以做为《华严经》的心要来读，也可以当作理解《华严经》不可思议境界的入门参考，也可以用作研究讲演普贤行愿法门的初级教材。

普贤行愿，是"以愿导行，以行践愿"，是"以大悲行为立足点，以大弘愿为总方向"，大乘佛教徒实践菩萨行，应当弘扬普贤菩萨的行愿法门。

1997 年 7 月 2 日记于纽约东初禅寺，姚世庄居士誊稿

普贤菩萨十大愿

前 言

有人希望我能讲解普贤菩萨的十大愿。大家要明白，虽然这是一位大菩萨的愿，但对一般凡夫众生仍然有非常重大的意义。我们在东初禅寺，每天早课唱诵的十大愿分别是：

一者　礼敬诸佛

二者　称赞如来

三者　广修供养

四者　忏悔业障

五者　随喜功德

六者　请转法轮

七者　请佛住世

八者　常随佛学

九者　恒顺众生

十者　普皆回向

按照佛法所说，佛是诸行圆满的人，而菩萨只显现了某个方面的圆满。佛有四大德相，即是悲、智、愿、行圆满。这四种圆满佛已经全部证得，而菩萨可能只显现了其中的一种，例如，观世音菩萨是代表大悲，文殊师利菩萨是代表大智，地藏王菩萨是代表大愿，而普贤菩萨则代表了大行。

《华严经》中提到普贤菩萨的次数相当多，而在以阐扬慈悲愿力为主的第四十卷里，更特别以他为中心人物。这一卷讲述的就是普贤菩萨的十种大愿，并称之为《普贤行愿品》。普贤菩萨除了以其愿力，还以他的大行而闻名。当别人可能还在发愿时，他已经在实践所发的愿。

我们的课诵本中列举了十种愿，但事实上，《华严经》提到的是广大无尽的愿力，这在第四十卷中有很清楚的描述。之所以会特别列出这十种愿，是因为这部经在说到圆满或全体法界时，都会以"十"的数目来表示。因此，"十"在这里，并不是一个数目字，而是代表着广大无边、无穷无尽、无法称量的无限。

第一大愿：礼敬诸佛

我们凡夫，一生之中要遇到一位佛是机会渺茫的，如何才能礼敬诸佛呢？那只有两种可能，不是已经达到普贤菩萨的层次，就是要确实发愿："从现在起，一直到成佛为止，都要向佛顶礼。"以这样的态度来礼敬佛陀，直到证得佛果为止，就有可能达到礼敬诸佛的目标。

我们所礼敬的是佛陀的功德和德行。现在我们顶多只能对着佛像礼敬，每看到一尊，就顶礼一尊。因为我们只有一个身体，只能在一处礼拜一尊佛像，没有办法礼拜所有的佛像，除非是有无限的时间。不过，如果我们达到普贤菩萨的境界，就可以有无数的身体，遍现无边的地方，而可以同时向无量的诸佛虔敬礼拜。事实上，礼敬诸佛并不仅在于某一个时间，而是持续不间断的过程，涵盖了过去、现在到未来，并遍及一切处所。

对一般凡夫来说，礼敬诸佛的主要目的是为了消除慢心。不尊敬他人、不礼敬诸佛的人，不会受到别人的尊敬，也不会有深刻的修行体验。有了某种程度体验的人，通常不会骄傲，而是很谦虚。因此，礼敬诸佛并不是只有礼敬过去的诸佛，也要礼敬未来的诸佛，也就是还没有成佛的众生。只有当自己对别人能谦虚恭敬时，我们才能获得别人的尊敬与帮助。

对于修行难有进步，或是业障重、烦恼多的人，我常常劝告他们要拜佛。因为拜佛可以帮助他们减轻业障。这种业障多表现在那些慢心强或是习气重的人身上，因为他们的自我意识太强烈了。而拜佛时，因为心中只有佛，没有我，自我意识就不会那么炽盛。这就是为什么拜佛非常有用的原因。

第二大愿：称赞如来

如来也就是佛陀。如来需要我们称赞吗？每一位如来都有无量的功德，无边的智慧，以及由如来德行所生的无量福报，而在悲、智、愿、行各方面都是圆满无缺的。那么我们为什么要称赞如来呢？当我们诚挚地称赞某人时，至少含有对那个人成就的肯定，甚至生起效法的意愿，也许我们一时间做不到，但会想去试试看。

这也是说，当我们看到令人敬仰的人时，例如孔子，就会仰之弥高，像仰望一座高山般地尊崇他。要达到他的境界或许很难，但还是会尽量向他学习。

我们所以要称赞如来，是因为向往获得如来的功德与德行。然而要像普贤菩萨那样，随时都能化现无量的身体，每个身体都有一个清净无垢的舌头，可以同时赞叹一切诸佛的功德及德行，持续没有间断，这对一般众生来说，实在是非常困难的。不过，尽管我们只有一个身体和一个舌头，我们还是可以以诵经和念佛的方式，称赞诸佛的德行与功德。当我们称赞一尊佛的时候，其实就是在称赞一切诸佛。

我曾经听过，有人尽是称赞自己，而不去称赞诸佛如来。他们告诉别人自己多么有修行，修行多么精进和有哪些修行的体验。表面上，他们似乎是在鼓励别人修行，其实是在赞扬自己。然而，自我并没有什么了不得，我们称赞的应该是如来，别为自我费心了。

第三大愿：广修供养

我们供养的对象是过去、现在及未来诸佛；也即是说，我们要不分亲疏远近、无有分别地供养一切众生，即使是一只蚂蚁或狗，也要视为未来的佛。

普贤菩萨已是居于菩萨的最高阶位，也就是成佛前的一个阶位，因此他可以化现无数的化身，运用每一个化身，供养无量的东西来满足众生的需求，不仅仅是在某一个时间，而是时时刻刻、毫不间断地做下去。

一般凡夫众生，可能觉得自己没有多少东西可以供养，其实，我们拥有的很多，例如言语、智慧、体力以及佛法，都可以拿来奉献。我们不仅是供养某个特定众生,还要供养无量无边的众生。

众生如果没有智慧福德,那是因为他们不愿意布施,一味牢牢抓紧所拥有的东西,丝毫没有想到别人。布施和供养不尽相同。布施是给予他人自己所拥有的东西,或许是出于怜悯或义务,不一定有恭敬心;但供养就须更进一步,以诚挚、恭敬的心,把众生当做佛来做奉献,那是比较困难,也是更有意义的!

身为凡夫众生,如何能在短短的一生中,以有限的资源去供养一切众生呢?其实供养有直接和间接两种方式。所谓直接的供养,是对方需要什么,我们就给予什么;而间接的供养,是我们供养的对象,或许不一定自己需要这些东西,可是通过他,可以帮助许多其他的众生。这种间接的供养,因为能利益更多的人,影响也更大。举例来说,我们供养三宝,可以帮助无数的众生获得佛法的利益,这当然比单纯地供养或布施东西给穷人更加有意义。

以佛法供养和以财物布施众生有相当的不同。财物总有用尽、消失的时候,而佛法的利益永远跟随众生,不但用不尽,还会增长。因为三宝弘扬佛法,能帮助众生获得佛法的利益,因此,供养三宝就是间接地以佛法供养众生。众生为未来佛,我们供养三宝,实际上是在供养过去、现在及未来诸佛。

就我的观察,东方人一般都有供养三宝的观念,因为他们想要累积功德和福报。在西方,基督教徒也会供养教会,因为他们认为自己是在积蓄神恩,未来才能升天国。但是,许多已经转信佛教的西方人,因为不再相信天国,便不再捐钱给道场,而他们没有接触到净土的信仰,所以也不会为往生西方极乐世界预存资粮。

佛经中有一个供养的故事。有一位老妇人想点灯供佛，到处去乞讨灯油，然后用讨到的灯油点了一盏灯献给佛陀。奇特的是，当所有其他人供养的油灯都燃尽了，老贫妇的油灯却还继续在燃烧。

阿难尊者听说了这件事，就问佛陀原因。佛陀回答说："这位贫妇一无所有，却把自己仅有的一切拿来供养，所以获得了最大的功德。其他人或许供养了一两盏灯，甚至一百盏灯，可是那些油灯对他们来说无足轻重，所以功德不如贫妇那么大。"

因此，即使一个人再贫穷，当开始熏修佛法后，应该尽力去供养三宝。来修学佛法的西方人，也要尽心供养三宝。诚心供养的人，必能获得佛法的利益。一个追求佛法却不愿供养的人，只会拥有无知。这种人一方面不愿意布施，另一方面还希望得到佛法，岂不正是贪婪的表现？这就像掘井一样，必须先把土挖掉，才有出口让水流出；如果不愿意把土挖掉，水是不会流出来的。

总之，供养三宝的人，要有甘愿、乐意的态度，预备把自己拥有的东西布施出去，这也包括了自我。到那时候，必定能获得佛法的利益。

第四大愿：忏悔业障

业障是过去的行为所引起的修行上的障碍。我们毋须知道自己过去生造过什么恶业，只要相信自己造成这些障碍就行了。如果修行无法得力，难以进步，就是业障的显现；在日常生活中，如果遇到任何让身心不愉快的事，那也就是业障。生活中有许多这样的事例：有些东西想要却要不到，不想要却摆脱不了，或者想做的事做不了，不想做的事却依然做了，这都是业障显现。

身心的不自由或不安稳有许多原因，可能是生病或懒散，繁杂的责任或过重的工作，也可能是经济拮据。有时太过富裕，对个人的自由也是一种障碍，因为老是担心自己生命或财物的安全。

心里有障碍，基本上是因为有个自我中心，另外是心中有错误的想法，以及受到环境的影响，这些都会减低心的自在和安稳。我们无法控制自己的心，因此心总是不停地动，摆脱不了某些念头，或者说出不想说的话。例如有些人有说谎的习惯，刚说完就察觉到了，有些人甚至不承认自己说谎，这种无法自制自律的情形，都是业障。

我们明明知道不该做某件事情，但往往还是做了，这些与生俱来的习性，就叫作"习气"。贪婪、傲慢等种种习气，都是从无始以来多生多劫累积而成。要马上消除这些习气，并非易事，但只要仔细观照自己的行为和心境，就可以体会到身心的不自由。如果不做自我省察，就一点儿也不会知道自己有这些业障。

在修行过程中会出现两种障碍：一种是很清楚自己应该要修行，却总是没办法去修行；另一种是已经开始修行了，但在修行过程中，出现了种种身心障碍。比如说，有些人已经好几年没参加禅七了，或许他们因为工作的关系，安排不出时间，也或许受到配偶或孩子的阻扰而不能来。我有个弟子想来打禅七，但是她先生却威胁说，如果来打七就要离婚，她终究没有来。

还有些人修行了一段时间，始终无法进步，或许是因为身体衰弱、心理有问题，或是在禅七当中，老是想着解七后必须去做的事。

这些都妨碍了他们的修行。

当一个人在修行过程中，决定放弃修行，那真是非常糟糕的障碍，因为他不再努力向前了。有些人明明已在修行，却受了环境的影响，例如遇到了邪师或外道，或是有恶友灌输他修行无益的观念，导致态度上有了一百八十度的转变。这些诸多障碍中，最严重的是不认为自己应该修行，或是根本不知道有佛法可求。

当业障现前时，我们要知道如何去忏悔，甚至在未遇到业障之前，就应该忏悔。基本上，我们认知到的业障，其实只是一小部分，就如同冰山的一角，因此我们必须不断地忏悔。首先，我们要承认自己造过恶业，如果能意识到自己是污染不净的，就能让我们减少慢心和我执。当自我变小，业力就不会那么晦重了。

第二，要发愿从今以后不再造作任何恶业，不用身、口、意去做任何不应该做的事，必须言行谨慎，心地纯净，这也会有助于我们的修持。如果能缩小自我，并决心不再做恶行，让业力减轻，就能帮助我们做好一个修行人。

因此，当我们修行无法进步时，要拜佛、要忏悔，也就是说，我们要不断地、长长久久地忏悔下去，因为即使像普贤菩萨这样的大菩萨，也一样在修持忏悔法门。

第五大愿：随喜功德

我们不但要行善修功德，当别人在行善修功德的时候，也要心生欢喜。的确，有些人从来不修功德，但看到别人在修时，心里就感到嫉妒；有些人虽然自己在修，但看到别人在做，而且做得更好的时候，就欢喜不起来。另外有一种人是为了获得他人尊敬，希望受到他人注目，所以才修功德善行。

大致来说，对于别人的功德，我们偶尔会感到欢喜，但要常常欢喜就难了。有时我们会做好事，但看到别人在做时，或许就会怀疑他们背后的动机。我们应该学习普贤菩萨，对每个众生所做的好事，都予以肯定，无论他是为了自己或他人，都要赞美他们的善行，并且生起欢喜心。我们不用去计较自己做了多少的好事，而是要担心自己能不能持续地做下去。

有些人没有做什么好事，但也没做什么坏事，我们应该肯定他没有做坏事的部分，并为他高兴。而对于精进学习佛法，勤修戒、定、慧，实践六波罗蜜的人，更应该感到特别欢喜，并能够随喜赞叹。大家是否有随喜一切功德善行的能力与心量呢？

第六大愿：请转法轮

首先我要解释"法轮"的意思。在古印度时代，轮子是用来当作武器的，它的边缘很锐利，可以伤害或杀戮敌人。当时流传着一则神话，预言未来会出现一位伟大的君王，以一种特殊的武器——轮子，征服全世界，并被尊为"转轮圣王"。

在释迦牟尼佛出世时，有位占星师预言：这个孩子长大后，若出家会成为佛陀，或是会在世间成为转轮圣王。结果世尊出家了，没有成为转轮圣王用武器去征服世界；相反地，世尊用佛法来化导一切众生。因此，"法轮"是用来比喻佛陀的力量广大无边。

世尊证得佛果之后，在鹿野苑为五比丘说法，是为首度教化众生，因此称之为"初转法轮"。转法轮的意思，就是开示佛法来帮助、调伏、教化众生，使他们能远离无明烦恼的轮回，进入智慧的殿堂。

我们如果能够转法轮，那就太好了。实际上，有些众生已经在宣说佛法，但如果说他们也是在转法轮，那是不恰当的，他们只是佛陀的代表，不是佛陀本人。就如同武器的比喻，只有国王有权使用轮子这种武器，其他的臣民不能使用；同样地，只有佛陀说法可称为转法轮，即使像普贤菩萨这样的大菩萨，还是要至诚恳切地请求佛陀转法轮。

请佛说法并不是只为我们自己，听闻佛法，除了自己受益，也要让一切众生获得利益。菩萨很少想到自己的利益，所做所为都是为了他人，因此我们在经典中，可以看到许多大菩萨、大阿罗汉请佛说法的例子。从表面上来看，他们有那么多问题，好像很无知，但其实他们是为了众生而请佛说法，如果不是有这些问题，我们今天就没有这么多佛经可读了。因为没有人特地请法，佛陀难得会主动开示。

佛陀不会主动说法，只在有人请法时才会说法，这是为了向众生示现佛法的宝贵，是极其难有的机缘才能听闻，否则大家就不懂得珍惜了。

传统上，在开示佛法之前，会有一定的礼仪，以表达适当的敬意，由此可明显看出，佛教徒不会对人传教，也不会激进地要他人接受，而是让人自己觉察到佛法的用处和利益，一旦知道了，自然就会来学佛，因而获得更大的利益。

如果佛教徒既不传教，也没有人会不请自说，主动教导佛法，为何佛法还能流传下去？这并不是佛教徒有能力，能让事情自然而然地发生，而是我们正在发的这个愿——每个佛教徒都要"请转法轮"，不仅仅是请求佛陀转法轮，还包括一切有资格说法的法师。唯有当佛教徒都抱持着这种态度时，佛法才会兴盛。

即使为一小群人，我们也可安排做佛法的开示，并鼓励大家来听，这正是第六大愿的要旨。我们千万不可以认为："反正别人会去安排，用不着自己插手。"如果这样的话，第六大愿就毫无意义了。大家都有朋友，朋友也还有朋友，不是要他们都来皈依佛教，但是可以把佛法介绍给他们，不过这需要花时间，也必须有意愿去做，问题是很多修行人都不愿意去做。

普贤菩萨希望确保所有世界的众生，都能随时随地亲近佛法，所以请求佛陀转法轮。也可以说，他不希望诸佛休息，既然已经成佛，就应该说法度众生。对诸佛来说，是没有众生可度，可是对普贤菩萨来说，既为菩萨，就应该帮助众生。

在中国台湾及美国两地，我的弟子们热诚地鼓励了许多人来闻法、修行，使得更多的人对佛法产生了兴趣。做为佛教徒，如果我们从佛法获得利益，却只是秘而不宣，不跟他人分享，那佛法就会灭绝了。佛法的延续，实有赖所有佛教徒来共同承担"请转法轮"的责任。

第七大愿：请佛住世

一般众生随着业力所牵，一世又一世地流转于轮回之中，一旦成佛，便能从轮回中解脱，具足圆满的智慧与福德。此时对他们来说，没有能度的佛，也没有需要被度的众生，已经没有事可做了。更确切地说，诸佛一旦入灭，就不再回到世间。他们的色身肉体虽然死亡，但实际上是进入涅槃之中。入涅槃和一般的死亡不同，当释迦牟尼佛的色身死亡时，他是进入寂静的三昧中，而且永远不再出来。

释迦牟尼佛在证得佛果后，已经完成了应做的一切。当时他本来准备入涅槃，但在梵天的祈请下，留了下来，转了四十多年的法轮，一直到八十岁才入灭。那个时代的印度人民通常活不过六十岁，八十岁的寿命是很不寻常的，算是长寿了。世尊住世那么久，是因为人们不断地向他请法。诸佛最擅于说法，即使是菩萨，也无法如佛说得那么好。

虽然任何明师也无法与佛相比，我们仍然要以相同的态度，请求他们住世说法，而且愈长久愈好。只要有任何机会，就要请他们说法；如果有法师想要离开，我们应该让他相信还有许多人需要他的教导，同时我们也要鼓励更多人来听闻佛法，使法师愿意留下来。

第七大愿实为普贤菩萨的宏愿，因为他可以自由地游走一切世界，遍遇诸佛，并且请求诸佛留在世间转轮说法。我们同样也可以请求法师们留下来教导我们，所以第七愿跟我们还是非常有关的。

第八大愿：常随佛学

这个愿相当困难，它的意思是说，我们不只是用身体，也要用心来追随佛陀。而且要跟随的就是佛陀，不是佛的弟子，也不是佛陀所说的法。这个愿很适合普贤菩萨，做为一个已经得大解脱、一生补处的大菩萨，它可以用无数的身体，追随着无量无际的诸佛，时时修学佛法。

我们很难仿效普贤菩萨这样的典范，因为佛并不是永久活在世间。佛现世后，一旦入了涅槃，就要经过很久的时间，才会有另一位佛出现于世。所以，在这过渡期间，住世的是佛法，而不是真正的肉身佛；或者可以说，是我们信仰中的佛，而不是真的有那么一尊佛，可以让我们亲身相遇。

虽然如此，我们凡夫众生仍然可以遵行"常随佛学"这个愿。有两种方式：第一是从信仰的角度。既然佛经上说，佛是无时不在、无处不在的，就算我们看不到佛的色身，依然要相信他的存在。我们要相信，如果我们祈求诸佛帮助，就会得到帮助；不只是释迦牟尼佛，药师佛、阿弥陀佛也会帮助我们。

从信仰的本质和力量来说，我们是可以亲近诸佛，向他们学习并祈求他们的护佑的。举例来说，在课诵中的《三皈依》，第一段是皈依佛。假如佛不存在，那岂不是一堆空话？事实上，我们是以信心来皈依过去、现在、未来诸佛，尤其是现在的诸佛。

我们必须时时提醒自己是佛弟子、三宝弟子，实质上这就是在常随佛学了。虽说常随"佛"学，其实是包含了佛、法、僧三宝，因为三者互相关联。如果某个时间信仰其中一个，换个时间信仰另外一个，这是不恰当的态度，我们要同时信仰、追随佛、法、僧三宝。

有些人在皈依三宝后，精进地修行，但热切一段时间后，就渐渐松懈，甚至停顿下来，这就不是常随佛学了；反之，如果是修行而有了开悟的经验，体证了诸佛的本性，就会对佛法产生坚定不可动摇的信心，而能永远随佛修学。修行人要达到信心不动摇的境界，并不容易，最可靠的方法是每天诵念《三皈依》，还有"普贤十愿"，特别是第八愿。

第九大愿：恒顺众生

"众生"这个词，指的不是少数众生，而是一切众生。恒顺众生的意思，是给予众生任何他们要求的东西。如果是要你的头，你的身体，或者是要你的钱，你给不给？要给，但是只有在必要的情况下，也就是说，要看众生是否真的需要那些东西，然而只有具备菩萨的智慧才能做出适切的决定。

对于众生的种种要求，有时菩萨会回以一顿打骂，或把他们监禁起来，这些都是教化的方便。因此，恒顺众生，是从教化的立场来判别众生的需要，并给予适当的帮助。

唐朝的玄奘法师有位弟子叫窥基，也是一位大师。他原是皇族出身，当玄奘大师劝他出家为僧的时候，他回答说："和尚不准吃肉。如果要我出家为僧，我希望可以继续吃肉。"玄奘回答说："没问题，我准许你吃肉。"

窥基又说："和尚不能娶妻。如果要我出家，一定要让我能娶个妻子。"玄奘回答说："好，准许你。"

窥基又说："和尚不准穿华丽的衣服。如果要我出家，必须准许我穿。"玄奘就回答："好，我准许你穿。"

等到要落发的时候，窥基要求穿华丽的衣服。玄奘说："不行，你还不是和尚，到那个时候再说。"

　　过了一阵子，窥基要求吃肉、娶妻。玄奘告诉他说："你还没具备一个僧侣的资格，只要你的条件符合了，并成为一个好和尚，这些事我都会准许你做。"

　　窥基满心热切地学习，各个方面都不轻忽，终于成为一个很好的修行人。于是玄奘问他说："你想娶妻吗？"窥基回答说："我现在是个和尚，我不想娶妻。"

　　玄奘又问："你想吃肉吗？"窥基回答说："我现在是个和尚，怎么能够吃肉？"窥基再也不要求吃肉、娶妻、穿华服了。玄奘随顺窥基，无论他要求什么，玄奘都答应，这叫作"恒顺众生"。

　　另一种恒顺众生的方式，就是以四摄法来接引众生。第一种是布施，给予众生所需；第二种是爱语，说话宽厚慈爱；第三种是利行，做对众生有益的事；第四种是同事，参与众生的活动，以接引他们学佛修行。

　　之后，依据众生个别的情况，找出最适合他们学佛修行的方法，这不是只有单独地对某一个众生，而是对所有的众生，都是如此。从一开始遇到他，就要不断地寻找各种方法来帮助他，直到他成佛为止，绝不舍弃。

　　虽然我们不能像普贤菩萨那样，可以同时帮助无量无边的众生，但是我们能够帮助我们所接触到的众生。

第十大愿：普皆回向

　　普皆回向不仅仅是在帮助众生，也是在帮助自己。修行不是自私自利，为了利益众生，我们把自己修行的成果和累积的功德回向出去；而因为有了这个不为自己修行的观念，我们也会得到利益。

释迦牟尼佛由于看到了众生的苦难，激发了求道修行的意志，决心要达到圆满的证悟，帮助一切众生离苦得乐。他修行的主要动力是为了帮助他人。如果怀有任何自私的心来修行，即使修得再好，仍然会有烦恼。

回向的功德包含我们自无始以来所累积的一切修行功德，也包含我们未来将会累积的一切功德。我们把功德分享出去，使众生在成佛的道路上进展得更顺利。

以一个比喻来说明：我们累积的功德就像灯火一样，会发光发亮，虽然相当有限，不过它可以点燃其他人的灯，最后每个人都会有一盏光亮的灯。我们的灯没有减损，依然明亮，别人的灯也被燃亮了。

对于没有修行或难得修行的人来说，是无法了解功德回向的道理的；但对于已从修行得到一些成果的人来说，不但真的能将功德回向，他人也能即刻获得利益。如果我们修行的成果非常有限，就需要持续将功德回向出去。而像观世音菩萨那样的大菩萨，是可以随时不断地将功德回向给一切众生的。

有人曾提出一个问题，就是一位伟大的宗教领袖，真能为人们承担罪过吗？会有用吗？如果他选择这么做，对于和他有关的人们，会有一定的用处，不过不会完全有用，因为众生有自己的业力，没有人能够完全解除众生的苦难，除了众生自己。

英文原文刊载于 1992 年《禅》杂志 *Chan Magazine* 春、夏、秋、冬季刊

Chapter 5

四十二章经讲记

佛言：天下有五难：贫穷布施难，豪贵学道难，制命不死难，得睹佛经难，生值佛世难。

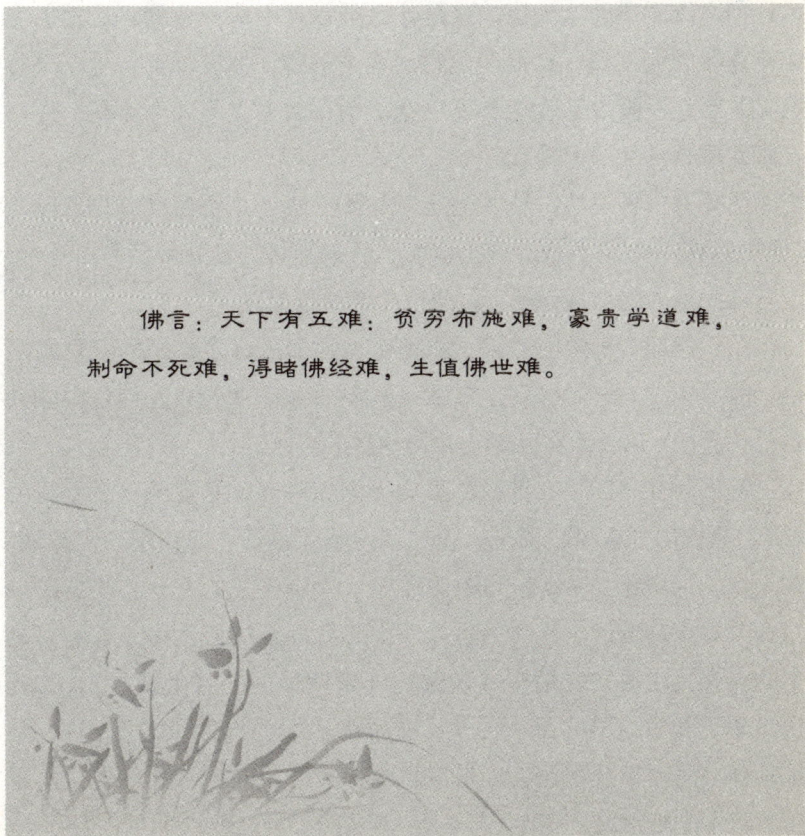

绪　论

　　《四十二章经》据说是最早翻译成汉文的佛教经典。根据历史上记载，有一天东汉明帝梦到一尊全身金色，头顶有圆光的神，飞到大殿前，醒后遂问诸大臣，这是什么神？其中有一位知识广博，名字叫傅毅的大臣说，这是印度得道者——佛，他有神通，可以飞行自在。于是汉明帝派遣秦景等 13 人，前往大月支国（今新疆一带），在那儿取得佛经四十二章。

　　另外有一种说法，是说迦叶摩腾及竺法兰两位西域高僧，以白马驮经到洛阳，并将此经译为汉文，后人遂将其住处命名为白马寺。现在洛阳郊外的白马寺还在，两位高僧坟墓也在。

　　由于这部经到宋朝时代，被禅宗祖师加入许多禅宗的观念及用语，故后代有人怀疑《四十二章经》不是从印度传来，而是中国人自己伪造的，特别是梁启超先生有这样的主张。

　　近人研究《四十二章经》提出疑问者颇多，张曼涛先生主编的《现代佛教学术丛刊》第十一册，就搜集了胡适、汤用彤、王维诚、刘果宗、梁启超、吕澂、印顺法师等八人所研究的文章。根据印顺法师的看法，虽然一般常见的《四十二章经》的版本中，有许多禅宗的观念及用语，但是在《宋藏》（宋朝编成的《大藏经》，共计5048 卷，也称《开宝藏》）与《高丽藏》中的《四十二章经》，并未见禅宗的内容及用语，应是最真实、最原始的。所以我们这次采用的版本是根据《大正藏》，亦即《宋藏》的内容。

形式上看这部经好像是佛在同一时间内所讲的，其实是由后人从不同的经典，一段段摘录搜集而成的，这就如同《孝经》十八章，是将古书中有关孝道的事迹辑在一起一般。

在《卍续藏》中收录了五种有关《四十二章经》的注解，最早是由宋真宗皇帝所注，后来明朝有守遂、蕅益大师、道霈禅师及清朝续法法师，他们都是根据禅宗的观点重新润饰。

日本人认为佛祖为禅宗留下最重要的经典有三部，分别为：《四十二章经》、《佛遗教经》、《沩山警策》，统称佛祖三经，《四十二章经》即是其中之一。日本禅宗是从中国宋朝传过去，可见《四十二章经》是宋朝禅宗所重视的经典之一。

经过历代学者的考证，《四十二章经》是一部包含原始佛教及大乘佛教思想的经典，同时也很重视修行的实际运用，不谈空洞的理论，而着重于实地践履的重要经典。如果能充分了解这部经，并且照着去做，实际上已得佛法大概。

关于这部经的译者，最早相信是迦叶摩腾和竺法兰两人，但是否真是如此，是有疑问的；三国时代吴国的支谦，也翻译过《四十二章经》，可惜译本已不可见。不过根据学者的研究发现，我们现在所见到的《四十二章经》确实与支谦有关。总而言之，我们虽然无法确定《四十二章经》的真正译者为谁，但却可以相信是和迦叶摩腾、竺法兰、支谦三个人有关系。

这部经虽然是由许多人努力集合而成，但绝对是从印度翻译来的，而且是一部非常重要的经典。

释 经 文

第一章

佛言：辞亲出家为道，名曰沙门，常行二百五十戒，为四真道，行进志清净，成阿罗汉。阿罗汉者，能飞行变化，住寿命，动天地。次为阿那含。阿那含者，寿终魂灵上十九天，于彼得阿罗汉。次为斯陀含，斯陀含者，一上一还，即得阿罗汉。次为须陀洹，须陀洹者，七死七生，便得阿罗汉。爱欲断者，譬如四支断，不复用之。

这是第一章，讲出家修道，目的在了生死，最高可证得阿罗汉，最低也可希望证得初果须陀洹。但如何才能证得四果位呢？首先须断除爱欲，如能断除爱欲，即可从初果、二果、三果，最后证得阿罗汉果。

"沙门"，在印度是出家人的意思，中文也译为"勤息"，"勤"修戒、定、慧，"息"灭贪、瞋、痴的意思，辞亲出家，乃为精勤修持戒、定、慧三种出离生死的法门，借以息灭生死根本及贪、瞋、痴三毒，这就是辞亲出家作为沙门的目的。

"四真道"即四圣谛——苦、集、灭、道。

"苦"有生、老、病、死、怨憎会、爱别离、求不得苦及五蕴炽盛苦，是一切苦的总称。

"集"意为搜集、累积种种业力，造成下一生再受报的原因；是受苦的同时，又造生死的业因，也就是在生死中接受八苦的同时，又再造杀、盗、淫、妄等的恶业。只要造了业，不论善恶，都得接受第二次生命，这叫"集"。

"灭"是灭八苦、五苦，灭集，希望不要再造业。用道谛来灭苦的果——"苦"、灭苦的因——"集"。

"道"主要是修戒、定、慧三学。戒、定、慧分开来解释，又叫八正道。八正道的内容是正见、正思惟、正语、正业、正命、正精进、正念、正定。

"行进志清净"即"四正勤"，即所谓的四种精进：已作之恶令止，未作之恶不再作，未行之善令行，已行之善令增长。

"阿罗汉"乃梵文音译，中文一般义译为"应供"。"应"有三种意思：（1）应断烦恼，（2）应了生死，（3）应受人天供养；实际上，"应供"只要有一个"应"字就可以了，译为应供，反而不能涵盖阿罗汉全部的意思。阿罗汉断一切烦恼，不再受生死轮回之苦，证后的功德应接受所有人天供养，故称阿罗汉。在小乘中，证到阿罗汉便是最高的果位；但大乘佛法认为，阿罗汉不是最高的果位，成佛才是。不过佛有十种尊称，其一便是阿罗汉，只是我们一般很少称佛为阿罗汉，可是佛有阿罗汉的功德。所以在大乘中，佛可以是阿罗汉，而小乘的阿罗汉只是阿罗汉；一般而言，若只称阿罗汉者应指小乘。

"能飞行变化"是指阿罗汉多半有神通，但不一定全部有神通，证阿罗汉要拥有神通是非常容易的，但是仍有些阿罗汉并没有神通。

"住寿命"是说释迦牟尼佛涅槃之后，有几位阿罗汉发愿长久住世，永远护持修行佛法的众生，如宾头卢尊者和摩诃迦叶尊者。也就是说阿罗汉可以自己决定留寿住世帮助众生，也可以随时说走就走。因此有些高僧大德，有的坐亡，有的立化，有的翻跟斗而涅槃，生死对他们来说好自在。

"动天地"有两种涵义，第一种是罗汉以神力使天地震动，第二种是罗汉这样的功德力量，能惊天地，泣鬼神。

"阿那含"意为"不还"，是说证得三果之后，不再回欲界，不到人间，不入生死轮回，但还在三界之中。

"寿终魂灵上十九天"意思是说三果圣人肉体死亡后，魂灵会上十九天。

当《四十二章经》翻译成中文时，唯识论典尚未传入中国，所以当时没有第七意识及第八阿赖耶识的观念，只好翻成魂灵。其实这里所说的魂灵指的就是第八识——死后的精神体。现在经典已经很少用这个词，只有古经译本中才可见，由此足以证明，《四十二章经》很早就传入中国，翻译成了中文。

佛教有三界共二十八天，包括无色界四天，色界十八天，欲界六天。色界十八个禅定天中，其中最上五层的是五净居天。五净居天分别是无烦天、无热天、善见天、善现天、色究竟天（也就是阿迦腻咤），是证三果圣人所住的。"上十九天"是在欲界六天及色界第十三天以上，即是净居天。但是既然是三果圣人所住，应不在色界，与外道及世间禅定天不同才对，所以此处的净居天，应如同欲界第四天——兜率天，分有内院和外院。兜率外院是享受天福的天人所住；兜率内院是弥勒菩萨的净土以及道安、太虚大师和近代的慈航法师等，发愿往生弥勒净土的大善知识所住。第四禅天也有内外、凡圣之别，外院是一般修禅定的凡夫所住；内院是净土，是证第三果圣人所住。一旦证阿罗汉，就可永离三界了。

二果"斯陀含"，意思为"一来"。修成斯陀含果的人，再到人间生死一次，再修行一生，即可证阿罗汉。

初果"须陀洹"，又叫"预流"。预是预备，是进入圣人之流的预备阶段，也可说是预科生，等于是圣人先修班。须陀洹要来回人间七次，尔后可得阿罗汉果。

此章后段特别强调，要证阿罗汉，须断爱欲，就好像人断四肢。阿罗汉离爱欲，爱欲不起作用，故真正离欲的阿罗汉，不会再受生死流转之苦。因为，爱欲乃生死根本，离了爱欲即断了生死流转之因。

爱有好的爱，如慈悲；欲也有好欲，如发愿，因此唯识百法五十一心所中，有说欲、胜解、念、定、慧等五种别境，是产生修道驱策力的根本。断欲之前的爱叫爱，断欲之后的爱叫慈悲。此处的爱欲主要是指五欲，其中男女欲是五欲之中最严重的，不断男女欲，不能证四果阿罗汉；此外，不现出家相，只能证三果阿那含，现了出家相才能证得四果。但也不能因此就说现出家相者人人皆证四果，但欲证四果必需现出家相。

第二章

佛言：除须发，为沙门，受道法，去世资财，乞求取足，日中一食，树下一宿，慎不再矣！使人愚蔽者，爱与欲也。

这段是对出家众说的。

"除须发"是说出家人要将头发、胡须剃光。因为，留头发很麻烦，还要梳理照顾，如果蓬头垢发则无法见人。倘若剃光了就很简单了。头发如此，胡子也是一样。胡子留长了，不但需要有专门梳胡子的梳子，晚上睡觉还要特别注意，要好好照顾胡子，否则早上起来就会纠结散乱。所以，实在很麻烦。其实，这一切都不过是为了给别人看，是希望拥有"美髯公"的称誉罢了。

"受道法"，此处的道法是指戒法和菩提道。修菩提道，持比丘二百五十条戒法，同时布施自己的财产，包括家庭、房子、田产、珍珠、宝石、股票等，古人将妻子儿女也当成财产。出家要能放下一切世间个人的财产，放下亲情，否则被财产、亲情捆绑，出家之后还得回家处理，不会自在的。如果没有财产就简单多了；但是对在家居士而言，财产还是需要的。

常常有人问我："我想出家，要带多少钱才能来出家？"我总是回答："我们这儿，出家是不许带钱来的！"带钱就如同带嫁妆，会和其他师兄弟比多少。有人说，寺院也有财产啊！但是，寺院的寺产是公产，是属于三宝所有，不是为出家人所独占的。例如，农禅寺有房产、有土地，但却是属于财团法人，而不属于任何一位出家众所有。

"乞求取足"是说出家人以募化所得来维持生活，以知足为原则，只要够用就好，如饮食、衣服、卧具、医药，都是以当时需要，足够就好，否则一旦有了储蓄，烦恼就会随之而来。农禅寺的出家众，有时受到居士红包或礼物的供养，都要归公，连师父也不例外，这就是"利和同均"的精神。

"日中一食，树下一宿"，一天只吃中午一餐，晚上睡在树下，但第二天要换到另一棵树下，以免以树为家，生起贪恋心。这是头陀行者应遵守的戒律，不一定是对所有比丘的规定。戒律中并未规定出家人只能吃一餐，只是因为晚上托钵不方便，所以不吃。

"慎不再矣！使人愚弊者，爱与欲也。"谨慎不再违反上述规定，倘若做不到上述的要求，是因为受到爱与欲的愚蔽。

《四十二章经》的前两章，主要是为出家人及初、二、三、四果的圣人所说。以下的部分，则是为在家居士、所有修行佛法的人说的。

第三章

佛言：众生以十事为善，亦以十事为恶。身三、口四、意三。身三者，杀、盗、淫。口四者，两舌、恶骂、妄言、绮语。意三者，嫉、恚、痴，不信三尊、以邪为真。优婆塞行五事，不懈退，至十事，必得道也。

这里是说：在家居士，如能皈依三宝，受五戒，持十善，即可得道。所谓三宝，即佛、法、僧。佛宝是已经修行至智慧福德圆满的人。法宝是佛于成佛以后，告诉我们成佛的道理及方法。僧宝是一边修行佛法，一边把自己修行的了解及经验告诉别人，也使他人修行佛法的人；僧宝有凡夫僧，也有贤圣僧。凡夫僧是一般的出家比丘、比丘尼，"圣僧"在小乘是阿罗汉，在大乘是菩萨。

身为三宝弟子要持守五戒，勤修十善，才能深得佛法利益。

"五事"即是五戒，其内容是杀、盗、淫、妄、酒。杀，主要是不杀人；盗是不故意偷盗；淫是指不发生非正式夫妇的男女关系；妄主要指大妄语，是未成佛、未证阿罗汉，而说自己已成、已证，以凡滥圣，骗取供养的大妄语；酒会使我们迷失理性，因为佛教讲智慧、讲理性，故主张戒酒。

"十事"亦名十善，乃从四根本戒——杀、盗、淫、妄演变而来的，五戒中的酒戒则不在十善之中。虽然酒戒不是根本戒，但却可能因饮酒而犯其他四条根本戒，所以还是应该留意。十恶之中，包括身业三种，那就是五戒中的杀人、偷盗、邪淫。口业分成四种：两舌是挑拨离间；恶骂是对人恶言相向，骂三字经；妄言是未证谓证；绮语是讲无聊话或黄色的话。意业三类的嫉、恚、痴，即是贪、瞋、痴；嫉是嫉妒，恚是瞋恨，痴是不信因果、不明因缘；有嫉妒、瞋恚的人是愚痴之人，愚痴是三毒的根本。

能做到五戒十善，即可修道、得道。得什么道？得人天、声闻、缘觉、菩萨、佛的五种道。五戒十善是人天法，是人天修行的标准，从修五戒十善、尊敬三宝开始，渐次修行也可出离三界。

第四章

佛言：人有众过，而不自悔，顿止其心，罪来归身，犹水归海，自成深广矣。有恶知非，改过得善，罪日消灭，后会得道也。

这章是告诉我们悔过的功用。我们在皈依三宝之前要念《忏悔偈》，对过去所造的种种恶业统统忏悔，发愿从现在开始好好修行。

事实上，修学五戒十善的人，必须忏悔过去所造恶业。我们从过去到现在总有过失，否则不会身为凡夫。既有过失，现在学佛就要改过。悔过是表示愿意停止一切坏的行为，尽量修学善法。

有人说悔过无用，忏悔之后还是会犯，但是已经知道错误，在观念上纠正，虽然一边悔过、一边犯过，但至少自己会愈来愈不想犯过，离过愈来愈远，终至不犯。因此悔过本身是善，对自己帮助极大；悔过使我们所做的坏事减少，间接对别人有益；因此，悔过本身就是得道因缘。

第五章

佛言：人愚吾以为不善，吾以四等慈，护济之。重以恶来者，吾重以善注。福德之气，常在此也。害气重殃，反在于波。

"四等慈"可能为"平等慈"之误。唯经中用四，有大德解释为四无量心——慈、悲、喜、舍，也是一种禅定修行法，我则喜欢解释为平等慈。

一般人对亲人特别关怀，对怨家则不易平等对待，可是学佛、成佛之人，应是怨亲平等。有人毁谤我们，或用不道德的言语、行为来对待我们，我们还是应该平等、慈悲地对待他。福德的培养经常就在此时；损坏道器、种下灾殃的反而是对方。

第六章

　　有人闻佛道，守大仁慈，以恶来，以善注，故来骂。佛默然不答，愍之痴冥狂愚使然。骂止问曰：子以礼从人，其人不纳，实礼如之乎？曰：持归。今子骂我，我亦不纳，子自持归。祸子身矣，犹响应声，影之追形，终无免离，慎为恶也。

　　有人听说佛陀非常仁慈，就跑来骂佛陀。佛悲悯他的愚痴狂妄，故默然不答腔。等他停止恶骂时，佛问他："当你送礼给对方，对方不收时你怎么办？"他回答："自己带回家。"佛接着告诉他："今天你骂我的这些，我也不接受，请你自己带回去吧！"当我们毁谤他人、恶骂他人时，如果别人一点都不在乎，你不但伤不了别人，反而是害了自己而已；就如同送礼，对方不收，只好自己带回家去，所以要谨慎小心了。

第七章

　　佛言：恶人害贤者，犹仰天而唾，唾不污天，还污己身。逆风坋人，尘不污彼，还坋于身。贤者不可毁，过必灭己也。

这段有两个比喻：一个是抬头用唾沫吐天，唾液不可能上天，还是回洒到自己脸上；逆着风向扫地，预备将灰尘扫到对面，尘土还是回到扫尘人身上。

也就是说，不怀好意，想要毁谤贤者，贤者非但不会因他人的毁谤而受损，反而是毁谤、批评贤者的那个人自己受损。

第八章

佛言：夫人为道务博爱，博哀施德莫大施。守志奉道，其福甚大；睹人施道，助之欢喜，亦得福报。质曰：彼福不当减乎？佛言：犹若炬火，数千百人，各以炬来，取其火去，熟食、除冥。彼火如故，福亦如之。

佛说，做好事应随喜回向，不要自私，修佛道之人当有博爱心。博爱意即博爱济众，广博爱一切众生。对一切众生平等布施是最大布施，谨守慈悲志向，奉行佛教，这才是最大的福报。如果自己没有布施，见他人布施，要起欢喜心；自己未获布施，见他人获布施，也要起欢喜心。

我曾经在主持禅七结束后，一位居士要求把功德全部回向给他的父亲。这位居士是孝子，虽然以此功德回向给自己的亲人，当然是有用的，但他并未真正了解佛法；其实功德应该回向一切众生，与大家结善缘，就像一把火，有千万人来点，自己的火，并不会减少，反而因此点亮了每一个人的火炬，使光度大增，自己也沾光。

第九章

佛言：饭凡人百，不如饭一善人。饭善人千，不如饭持五戒者一人。饭持五戒者万人，不如饭一须陀洹。饭须陀洹百万，不如饭一斯陀含。饭斯陀含千万，不如饭一阿那含。饭阿那含一亿，不如饭一阿罗汉。饭阿罗汉十亿，不如饭辟支佛一人。饭辟支佛百亿，不如以三尊之教，度其一世二亲。教千亿，不如饭一佛。学愿求佛，欲济众生也。饭善人，福最深重。凡人事天地鬼神，不如孝其亲矣，二亲最神也。

这章是福德比较。经文中的"饭"，是供养之意。

或许有人会问，不是要平等吗？为何此处不平等？我们要学佛的平等慈悲，而布施供养的确是平等的，但这里的意思是要我们凡夫尊贤及圣。"尊贤及圣"有两层意思：第一层是布施供养圣贤之功德大于凡夫，供养佛的功德又大于圣贤；第二层意思是圣贤的可贵，值得尊敬，使一般人见贤思齐，希望自己也能成为贤圣。

"三尊之教"，即佛、法、僧三宝的教诲。小乘中的辟支佛，已经是很高的果位，但如果只是供养辟支佛，而自己未修行佛法、尊敬三宝，功德虽大却不够大。所以，我们除了布施供养之外，还要亲自修行佛法、尊敬三宝，并且劝请父母、亲友，一同信仰及修学佛法。可是，即使我们能劝得一千亿的父母学佛，也不及自己发菩萨心、修学成佛之道。因为，发菩萨心、修学成佛，是为化度无量众生，功德是无限的。

"凡人事天地鬼神，不如孝其亲矣，二亲最神也。"凡夫阶段，如只是恭敬供养圣人、鬼神，还不如孝敬父母，这是鼓励我们要有孝心。很多人拜土地公、妈祖、关公、王爷等，目的是为了求明牌、发横财，如能孝顺父母，是神中之最，才是大功德。

第十章

佛言：天下有五难：贫穷布施难，豪贵学道难，制命不死难，得睹佛经难，生值佛世难。

这一章讲天下有五难。

"贫穷布施难"，自己很穷，还要布施，很难。有一则贫女点灯的故事：一个乞丐婆，什么都没有，拿破碗求到半碗油，拿到佛前供养，当所有灯都熄了的时候，却只有她那盏灯还亮着；阿难问佛原因，佛说这盏功德最大，因为自己贫穷仍知道要布施、供养。此生已经贫穷了还不布施，来生会更穷，所以有钱没钱，都应该布施。至少看到别人布施或别人得到布施，都要生欢喜心。

"豪贵学道难"，有权势地位的人，学佛困难。他们事业忙，身份尊贵，到佛前不愿顶礼三宝，怕人家笑他们迷信，其实是自认为了不起。有些大官在位时，不想也不愿学佛，等到卸任后，没钱没势时，才知道要学佛修行。其实，公门好修行，有钱有势时如能学佛，一句话就能救许多人，影响很多人学佛，这才是行菩萨道。

"制命不死难"，制命是说一定要死，如何救都没有用；也可能是指犯了非死不可的罪，救他很困难。我们不要去触犯死罪，而且不要寻死。最近报载有一位太太，自杀五次都遇救未死，到第六次真的自杀成功而死了，或许她有被逼得非寻死不可的原因，但如果能用这种勇气来做自利利人的事，不是很好吗？又为何要寻死呢？

"得睹佛经难"，一般人是不容易看到佛经的，尤其古代印刷术不发达，更是困难。有的人说佛经很深奥，看不懂，虽然他不反对别人读佛经，但自己却不会去读；有的人则是没有机会读佛经。佛经真的难懂吗？其实，通常被人认为难懂的，是梵文音译的名相，但这是可以通过字典查询的。

"生值佛世难"，能出生在有佛时代是非常不容易的。释迦世尊住世八十年，成道后的弘法时间有四十九年，我们这个地球，只有在那四十九年之中出世的人才能见到佛。佛法在世间也有期限，期限一过，世间人就是希望信佛也见不着佛法了。所以我们虽不是生值佛世，但至少还有佛法可听；虽然读起佛经来有一些困难，但只是小难，而非大难。

第十一章

有沙门问佛：以何缘得道，奈何知宿命？佛言：道无形，知之无益，要当守志行。譬如磨镜，垢去明存，即自见形，断欲守空，即见道真，知宿命矣。

有一位沙门问佛，如何得宿命通？佛说，修行不著相，道是无形无相的，希望拥有神通，希望知道自己的过去和未来，对自己其实没有什么益处。

许多人到处找人看三世因果，但是就算知道了又有何用？过去若是帝王，现在可能只是个普通人；担心未来可能会堕入畜生道，只要现在好好修行，努力发愿，还是可以改变的。

修行就像磨镜一般，只要将镜面的尘垢抹净，自然光明可鉴。修行到断除烦恼，亲证空慧，才是真正见道，到了那时，能自由来去于四圣六凡，才算获得真正的神通。

知道三世因果，可能一时得到些许安慰，但帮助不大。例如，有人得了癌症却不服气，非要找人看了三世因果后，得到"因为自己前世杀人或害人"之类的答案，才愿意接受现实。其实那个人说的，到底是真？是假？我们无法求证，反而是，既然问不问都已得癌症，根本不必问，勇于面对现实，努力度过难关，才是最重要的。

第十二章

佛言：何者为善？唯行道善。何者最大？志与道合大。何者多力？忍辱最健，忍者无怨，必为人尊。何者最明？心垢除、恶行灭，内清净无瑕；未有天地，逮于今日，十方所有，未见之萌，得无不知、无不见、无不闻，得一切智，可谓明乎。

这章问何谓善、大、有力、明。

什么最好？修学佛法最好。什么最大？修学佛道志愿最大。什么最有力？忍辱最强健且柔韧有力。什么最光明？断除烦恼最光明。

何谓忍辱？刀砍硬的容易，愈软则愈难。同理，人愈刚强愈易受损，愈柔软愈能保护自己，故忍耐心愈强，力量愈大。俗谓："小不忍则乱大谋"，所以能忍最好。

怎么样最光明呢？断除烦恼最光明；真正的光明是可以由一时直到永远的。很多人认为佛菩萨有神通是很玄妙神秘的，其实这并不神秘，而是因为佛菩萨的心地光明，所以看得清楚、知道得多。凡夫心中藏污纳垢，如何能看到东西？所以，凡夫的神通不可靠，佛菩萨的神通才可靠，才能知道十方三世所有一切众生的心。

"未见之萌，得无不知"是说过去未见的智慧、解脱、大神通力，从此开始获得了。

"得一切智"是成佛而得之智，总名佛智，依其功能，以一切种智视差别事相，以一切智视平等空性。

第十三章

佛言：人怀爱欲不见道。譬如浊水，以五彩投其中，致力搅之，众人共临水上，无能睹其影者。爱欲交错，心中为浊，故不见道。水澄秽除，清净无垢，即自见形。猛火着釜下，中水踊跃，以布覆上，众生照临，亦无睹其影者。心中本有三毒涌沸在内，五盖覆外，终不见道。要心垢尽，乃知魂灵所从来，生死所趣向，诸佛国土、道德所在耳。

这段是讲众生心，被爱欲所蒙蔽，所以无法见道。心中有贪、瞋、痴三毒，就如同锅下有猛火烧，锅中的水沸腾不已，水面不稳，根本无法当镜子照。所以，当我们心中为贪、瞋、痴三毒，被爱欲所蒙蔽时，我们所看到的世界是虚妄不真实的。

"五盖"是指将我们本具的智慧心蒙盖起来的五种心理现象，那就是贪欲、瞋恚、掉悔、昏沉睡眠、疑。掉悔是心中七上八下，一下兴奋，一下低落，情绪波动不稳，心中懊悔不安宁。昏沉与掉悔则刚好相反，脑中好像浆糊一般，眼睛张不开，虽然没睡着，但却什么都不知道，睡眠则又更甚于昏沉。疑是对四谛之理，犹豫不信。掉悔与昏沉睡眠，都让人无法修习禅定。

贪、瞋是对五戒十善而说，掉悔、昏沉睡眠则是对修习禅定而说。总之，五盖使我们无法熏修善法、无法修定。

第十四章

佛言：夫为道者，譬如持炬火入冥室中，其冥即灭，而明犹在。学道见谛，愚痴都灭，得无不见。

修五戒、十善、菩萨道，就好像举着火把进入暗室，房中黑暗顿消，火把的光明仍存，房中一切清晰可见。

佛说法时，唯恐众生不懂，故用诸比喻，在此比喻凡夫心像暗室，用修道方式，可使黑暗的心变为光明。

第十五章

佛言：吾何念念道？吾何行行道？吾何言言道？吾念谛道，不忽须臾也。

这章是说：我念何道、行何道、说何道？无何！我只是注意每个念头，念念都不离开前面所讲的佛道，即四圣谛、八正道也。

第十六章

佛言：睹天地念非常，睹山川念非常，睹万物形体丰炽念非常。执心如此，得道疾矣。

这是讲诸行无常的道理。一切万事万物的现象，都是因缘生灭，变化不已，没有永远不变的现象，这是佛法真理。了解无常，就没有我执烦恼。常人说：这是我的身体、我的家，我是中国人、地球人……这些都是自我的执著，执著暂有的假相。如果能够深知无常，得道就很快了。

第十七章

佛言：一日行，常念道、行道，遂得信根，其福无量。

经常不忘道，且行于道，信心坚定的人，有大福报。有些人，今天信、明天不信；或虽信，而不修行，所谓三天打鱼，两天晒网。本章的意思是要我们经常、每天、每刻，每个时间都不离开佛法。

"福无量"是说凡夫所修的是有量福，福报享尽就无福了。圣人福无量，因其只增不减。圣人一边念道，一边行道，时刻修行，自利利人，自然福无量；凡夫无法每天如此，故开一个方便，只要有一天如此，福德就无可计量。

然而我们即使想要修行一天，时时念道、行道，也是不容易的。有人打禅七，原本认为自己心很好，结果一打七就看到自己妄想、昏沉太多，才深刻体会到要念念都行道，真的要好好修行才行。

第十八章

佛言：熟自念身中四大，名自有名都为无，吾我者寄生，生亦不久，其事如幻耳。

佛说：我们应当经常忆念着，身体乃是四大和合而成，只有假我，没有真我。"我"只是寄生四大之中，我是假名，四大也是假名，这个四大和合的色身也持续不了多久，所以，我们应视其为幻化，如变魔术一般地不真实，如此便可减少很多烦恼。

第十九章

佛言：人随情欲求华名，譬如烧香。众人闻其香，然香以熏自烧。愚者贪流俗之名誉，不守道真，华名危己之祸，其悔在后时。

此章是佛陀劝导我们，不要贪图虚名。贪图虚名者，如同烧香，别人闻到香味，但是香的本身却烧掉了。

但这并非说实至名归的名也不要，例如，释迦牟尼佛很有名，但并不是他去求来的，而是因为他所体悟的佛法很可贵，所以他的名与其所行的道相应，这种名并无不好。如果仅为贪求世俗的虚名，而忽略了佛道的修行，就是被浮华的名誉牵累，后悔已来不及了。

第二十章

佛言：财色之于人，譬如小儿贪刀刃之蜜，甜不足一食之美，然有截舌之患也。

财是财产，色是男色或女色，在一般人眼中看来，财与色两样东西虽可爱，但贪恋财色，就像不懂事的小孩，在刀口上舔蜜，只尝到一点点甜头，舌头却被割断了。

第二十一章

佛言：人系于妻子、宝宅之患，甚于牢狱、桎梏、锒铛。牢狱有原赦，妻子情欲虽有虎口之祸，己犹甘心投焉，其罪无赦。

对出家人而言，妻子、华屋和财宝，就如同枷锁、镣铐、链条一样可怕，对在家人也是一样的，不过是五十步与百步之差。

牢狱还有大赦、还有获释之日，对妻子的情欲则不然，虽然有如入虎口一般，依旧甘心相投，至死不忘，甚至死后还有人放不下，所以永无出狱之期。

第二十二章

佛言：爱欲莫甚于色，色之为欲，其大无外。赖有一矣，假其二，普天之民，无能为道者。

五欲是非常可怕的。对修行佛道者来说，五欲中色欲的力量至大，最难断除。色本指一切物质的色法，但此处是指眼所对的境界，尤其是男、女色。

有人批评佛教把男女关系看得那么可怕，违反人性，其实这是事实。饮食男女是人性中属于动物本能的部分。就是因为人不能离开饮食男女，所以永远是众生。如果不能离欲，尤其是男女欲，不仅不能出离生死，也不能进入真正的禅定。

第二十三章

佛言：爱欲之于人，犹执炬火逆风而行。愚者不释炬，必有烧手之患。贪淫、恚怒、愚痴之毒，处在人身，不早以道除斯祸者，必有危殃。犹愚贪执炬，自烧其手也。

本章还是讲淫欲之可畏。凡夫众生总是被眼前的爱欲蒙蔽，可怕的后果日后再说，而这可怕的情况，如同人手中拿着火把，逆风而行，如不及时丢下火把，当然会烧到自己的手。

佛经中说女人可怕，是对比丘说的；其实对比丘尼而言，男人也很可怕。但是，虽然佛说爱欲可怕，但是愿意离欲者很少，总认为被烫一下也很刺激啊！只有真正有善根的人，才知道手老是被烧，真是苦不堪言，一定得想办法出离；可怜许多愚人爱玩火，被火燃烧时，不知道反省自己。

第二十四章

天神献玉女于佛，欲以试佛意、观佛道。佛言：革囊众秽，尔来何为？以可斯俗，难动六通。去！吾不用尔。天神逾敬佛，因问道意，佛为解释，即得须陀洹。

这是佛对爱欲的看法。

有一位天神想试验佛的道行，所以献一美女与佛。佛说，那是臭皮囊，去诳骗凡夫俗子可以，我是用不到的，走吧！天神听了以后，大受感动，遂请佛说法，后因听法而证初果须陀洹。

虽然人间也有柳下惠，美女坐怀而不乱，但毕竟这种人不多。修行佛法者，虽未成佛，也应学习佛对女色的态度。

第二十五章

佛言：夫为道者，犹木在水，寻流而行，不左触岸，亦不右触岸；不为人所取，不为鬼神所遮，不为洄流所住，亦不腐败，吾保其入海矣。人为道，不为情欲所惑，不为众邪所诳，精进无疑，吾保其得道矣。

本章以譬喻说明修行佛法者要像木头，在河流中顺流而下，不靠左岸也不靠右岸。意即修行人不受任何五欲的鬼神所搅，不为烦恼的洄流所阻，一直努力下去，而且保持初发心的新鲜度，不退坏，才可得道。

"不为情欲所惑"，情欲即爱欲。爱欲有清净的爱欲，如为修行而发的志愿；也有不清净的爱欲，如贪求财、色、名利、五欲，不清净的爱欲都称为情欲。

"不为众邪所诳"，众邪是种种邪见、邪说、邪行，是一些外道所用的修行法。佛教中说不是正念即邪念，不信因果、不明因缘，认为有永恒不变的神，或死后就什么都没有了，是邪见、邪说；至于用符咒、扶鸾、请神、牵亡等，也称为邪行。

第二十六章

佛告沙门：慎无信汝意，意终不可信。慎无与色会，与色会即祸生。得阿罗汉道，乃可信汝意耳。

这是说凡夫不要相信自己的意见是正确可靠的，也不要贪恋女色，否则会有麻烦。很多人认为自己最可靠，其实凡夫都是自私心、烦恼心，所以不可靠。要证得阿罗汉果后，你的意见才是无私的智慧，才能相信自己。

一般人认为要相信自己，否则什么都做不成，但《四十二章经》告诉我们，先不要师心自用，应照着佛法的见解去做，然后肯定自己，才能发起自信心。刚愎自用，乃是自信心过了头而造成的问题；太相信自己，难免会愤世嫉俗，会有麻烦的。

第二十七章

佛告诸沙门：慎无视女人，若见无视。慎无与言，若与言者，勅心正行，曰：吾为沙门，处于浊世，当如莲花不为泥所污。老者以为母，长者以为姊，少者为妹，幼者子，敬之以礼。意殊当谛惟观，自头至足自视内，彼身何有，唯盛恶露诸不净种，以释其意矣。

这是要我们修亲子观及不净观。

佛对沙门比丘说，不要看女人，比丘尼则不要看男人。倘若遇到了要视而不见，最好彼此不讲话，如果必须讲话，应以平常心谈话交往。同时提醒自己：我是出家人，住在不清净的世界，应像莲花，虽生污泥之中但不为污泥所染。

接下来观想，老年妇女当作是自己的母亲；年纪稍长的，视为自己的姊姊；稍小的，则视为妹妹；更小者，视为子女。若不如是观想，心中会起贪爱心。观想成亲子后，就不会有贪求之心。

如仍无法做到不动欲念，可用不净观，将眼前女子，从头到脚、从内到外，观想身体中通通是大小便、鼻涕、眼泪、脓血，身上都是脏的，而且有眼屎、鼻屎、牙垢、汗垢，全身没有一样干净，如此就不会有贪恋的念头了。

第二十八章

佛言：人为道去情欲，当如草见火，火来已却。道人见爱欲，必当远之。

这章以草与火的关系，形容情欲可畏。很多人说干草碰到烈火，很可怕，情欲就是如此。所以修道人当要远离男女的爱欲，正如干草当避火的燃烧。

第二十九章

佛言：人有患淫，情不止，踞斧刀上，以自除其阴。佛谓之曰：若断阴不如断心，心为功曹，若止功曹，从者都息。邪心不止，断阴何益？斯须即死？佛言：世俗倒见，如斯痴人。

有一比丘出家后淫心炽盛，以为是男根阴茎的问题，欲以斧砍之。佛说：问题不在男根，而在于心，心如"功曹"主管，心不动就没问题。

一切问题都在于心，心念动，烦恼起，生理的性反应也会强烈。出家人若能心念于道，以惭愧心自我约束，生理上就不成为问题。如果以为问题出在生殖器官，那是世俗的痴人。

第三十章

有淫童女与波男誓，至期不来而自悔曰：欲吾知尔本，意以思想生，吾不思想尔，即尔而不生。佛行道闻之，谓沙门曰：记之！此迦叶佛偈，流在俗间。

一位害相思病的女孩，因约会时男友爽约未出现，而说气话："你来不来，都是我心中的问题，只要我心中不想，你就不存在了。"

佛听到了，告诸弟子说："这是过去迦叶佛说过的偈子，如今流传在世俗间了。"

为何佛也说这样的话？因为，万法唯心，心中有，他就有；心中没有，他就没有。能掌握自己的心，就能掌握一切万法，对心外所有的一切，要他有就有，要他没有就可以立即离开。

第三十一章

佛言：人从爱欲生忧，从忧生畏。无爱即无忧，不忧即无畏。

这章是说：人因有爱欲而有忧虑，有忧虑就有可怕的事发生，反之则可无忧愁、无怖畏了。

爱欲有两种苦：求不得苦、爱别离苦。未得到之前拼命求，求得很辛苦；得到之后又害怕失去。例如，做丈夫的怕妻子跑掉，担心戴上绿头巾；做太太的，担心丈夫有外遇，不知道哪一天又会带了另一个女人回来。所以说有爱欲就有忧虑，然后就有恐惧害怕。

第三十二章

佛言：人为道，譬如一人与万人战，被甲、操兵、出门欲战，意怯胆弱乃自退走。或半道还，或格斗而死，或得大胜还国高迁。夫人能牢持其心，精锐进行，不惑于流俗狂愚之言者，欲灭恶尽，必得道矣。

这一段将修道者的意志比喻成战士战斗的意志。一个战士在战场上，不论是胆怯而退，或是格斗而死，都表示被敌人征服了，佛陀以此来譬喻修道者为情欲所征服。如果修得大乘智慧，则是情欲被自己所征服，大胜而归，离尘脱俗，获得自在。不仅对情欲是如此，对所有流俗的言论和看法，也是如此，必须奋力抵御，坚韧不移。

有些信徒说，自己觉得佛法很好，可是每次和未信佛的人谈论佛法，都不能使对方感动；这表示我们无法将佛法表达得淋漓尽致，未用整个生命去体验。别人将流俗、狂妄之语，说得让人觉得非常动听而有理，你就自认败北了。对于此种现象，我们应当格外小心，虽不能感动他人，至少也不能被外道同化。

如能无欲，不作恶，便可不受流俗影响而顺利地走在正道上了。

第三十三章

有沙门夜诵经甚悲，意有悔疑，欲生思归。佛呼沙门问之：汝处于家将何修为？对曰：恒弹琴。佛言：弦缓何如？曰：不鸣矣。弦急何如？曰：声绝矣。急缓得中何如？诸音普悲。佛告沙门：学道犹然，执心调适，道可得矣。

这一章是说修行要不缓不急，不能希冀马上得到成果；也不能抱着此生修不成没关系，反正还有来生的懈怠心理；更不能抱着反正此生修不成了，不如早些死了的绝望心态。

佛陀借着弹琴调弦的原理，告诉我们修行佛法的人，不可盲目求急功，也不可懈怠。我在主持禅七时经常告诉禅众们："身心要放松，工夫要绵密。"意即用功时要细水长流，如山中的溪流潺潺而下，不可像山洪爆发般，骤泄而止；工夫持之以恒，悟境必定现前。

第三十四章

佛言：夫人为道，犹所锻铁渐深，弃去垢，成器必好。学道以渐深，去心垢，精进就道。暴即身疲，身疲即意恼，意恼即行退，行退即修罪。

这一段是接着上一段而来的，佛陀告诉我们，修学佛法要将心里的污垢渐渐清除，就像打铁须将铁锈、铁渣打掉，精钢方得呈现，不可能一锤便炼得精钢。有人说："一口不可能吃一块大饼，一锹不可能凿出一口深井。"假如心里焦急，身体便容易疲惫，接着心中也就易生烦恼。

修行是一生一世的事，成佛是多生多劫的事，不要急求立即成佛，这才是最安全的修行态度。若能以"只问耕耘，不问收获"的心态来修行，一定会水到渠成，证得圣贤的果位。如果心急，便很容易退心或入魔境。退心是不再修行；入魔境是受到外力诱惑，而自以为已经成道，实际上这只是一种心魔及外魔的幻觉，而误以为已经解脱，那是求升反堕的罪行。

第三十五章

佛言：人为道亦苦，不为道亦苦。惟人自生至老，自
老至病，自病至死，其苦无量。心恼积罪，生死不息，其
苦难说。

修行是很苦的，可是不修行也很苦。人从生至死，老病随身，其
苦无量。若以修道的受苦，来脱离生老病死无尽无量的苦，还是值得
的，否则永远沉沦于生死之苦，那才是难以形容的苦中之最苦了。

第三十六章

佛言：夫人离三恶道得为人难。既得为人，去女即男
难。既得为男，六情完具难。六情已具，生中国难。既处
中国，值奉佛道难。既奉佛道，值有道之君难，生菩萨家
难。既生菩萨家，以心信三尊，值佛世难。

这一段说明人类虽已离开三恶道得生为人，却或多或少仍未脱
离八难的范围。佛经中以"盲龟浮木"的譬喻来说明人身的难得与
珍贵：北海有一只盲龟，五百年浮出海面一次，海面上有一根浮木，
在大海中随波逐流，浮木上有一个龟头大的小洞孔，试想：当这盲
乌龟浮出水面时，要正巧将头伸入孔中的机率是多么渺茫！在生死

流转中，生为人身就是这么困难的。

生而为人，还有男女之别，佛经上说不得以女身成佛。为此，经常有人问："佛教是否主张男女平等？"我说："是啊！"又问："那女人为什么不得成佛？"我说："可以呀！只要转成男身就可以成佛了呀！"一定又会有人问："为什么不是男转女身而成佛呢？"

其实，佛是丈夫相，不是普通的男人身。在佛的三十二相中，有马阴藏相，就是一种中性相，在外形上，则是现丈夫相。日本的佛像不论阿弥陀佛、观世音菩萨，都有胡子。有人看了，心里很纳闷："观音妈怎么会有胡子呢？"其实，观音菩萨是中性的，他可以化现种种身相，他是过去的正法明如来，所以有胡子也就不稀奇了。

"六情已具"，六情就是眼、耳、鼻、舌、身、意六根，有些人一出生就六根不完全，所以一出生就能六根俱全，是很不容易的；如果六根俱全，又能生值中国那就更不简单了，"中国"是指有佛法可听的地方；生值中国，又能与佛同一时代出生，委实不易；如果与佛同一时代出生，又能修行佛法，并且国君有道、政治清明，那就更难了；若又能出生在菩萨的家中，这更是难上加难。

有些人受了菩萨戒，虽然还不是真菩萨，但是已经发愿学菩萨行，如果有小孩出生在这个佛化家庭中，又能全心信仰三宝，修学佛法，是非常幸运的事。

第三十七章

佛问诸沙门：人命在几间？对曰：在数日间。佛言：子未能为道。复问一沙门：人命在几间？对曰：在饭食间。

佛言：子未能为道。复问一沙门：人命在几间？对曰：呼吸之间。佛言：善哉！子可谓为道者矣。

佛问出家弟子说："人的寿命到底有多长久？"有人说几天，也有人说一餐饭的时间，最后有一位说："在呼吸之间。"这才是最正确的答案，因为人只要一口气不来，随时随地都会死亡；由于生命十分脆弱，所以我们应该把握时间努力修行。

很多人认为自己还年轻，等儿女大一点，退休之后再来修行吧！待到年纪大，念佛的时候上气不接下气；打坐时腿硬、脚酸、背疼，经行跑香时又太累，于是心想："这生修不成了，等来生再修吧！"问题是，来生一定生而为人吗？就算生而为人，会不会又想等到儿女大了、年纪老了，再来修行呢？就这般等待复等待，待到何时呢？

第三十八章

佛言：弟子去，离吾数千里，忆念吾戒必得道。在吾左侧，意在邪，终不得道。其实在行，近而不行，何益万分耶。

修持佛法，是不是和佛的肉身在一起，并不太重要，重要的是，有没有随时忆念佛所说的法，遵守佛所制的戒并如实修行。

有一个故事说：佛陀时代有两位比丘弟子，从很远的地方赶回来，想要亲近佛陀修学佛法，一路行来，滴水未进，非常口渴，恰巧碰到一缸长满虫子的水。其中一位比丘想："先喝水，保住生命再说。还没有见佛就死了，多可惜呀！"另一位比丘则坚持不杀生戒，结果渴死在半路上。当这位喝了水的比丘最后走回到佛陀的身边，见到了佛，佛却对他说："另外一位比丘早就来到我面前了。"这个故事告诉我们：持戒非常重要，宁可持戒而死，也不愿破戒而活。

第三十九章

佛言：人为道，犹若食蜜，中边皆甜。吾经亦尔，其义皆快，行者得道矣。

这是说修学佛法的人，对于佛说的每一部经的任何一种法门，都要视为是最好的佛法来看待，不要一边听经一边想还有更好的经，或认为只有这部经最好，其他的都不好；或说只有此一法门最好，其他法门不好。

第四十章

佛言：人为道，能拔爱欲之根，譬如摘悬珠，一一摘之，会有尽时。恶尽得道也。

拔除爱欲、祛除烦恼，须靠我们自己精进修行，只要持之以恒，一点一滴把爱欲之根逐渐拔起，总有一天，可以把烦恼除尽而得道果。

第四十一章

佛言：诸沙门行道，当如牛负，行深泥中，疲极，不敢左右顾，趣欲离泥，以自苏息。沙门视情欲，甚于波泥，直心念道可免众苦。

修行一定要有坚毅持久的耐心，不受环境影响，只要不断地修行，总会成道的。就如一头牛，背负着很重的东西，通过很深的烂泥坑时，即使很疲累了，也不能懈怠，不敢左顾右盼，只是一心想着赶紧走出烂泥坑后，才能休息。如果因为疲累而站着不动，一定愈陷愈深，终至整个身体都陷下去了。修道的人，也当如此，一直系念于道，不敢放逸懈怠，便能成道而免于众苦了。

第四十二章

佛言：吾视诸侯之位如过客，视金玉之宝如砾石，视氎素之好如弊帛。

这章举了三个例子，将荣华富贵的生活环境及物质享受，比喻为过往云烟；权位如过客，珍宝如顽石，美服如破布，唯有如此存心，才能放下所有的挂虑，努力修行佛法。

1989 年 1 月 12 至 14 日讲于农禅寺

Chapter 6
佛遗教经讲记

　　如果仅有菩提心而没有出离心，就可能变成世谛流布，与世俗法同流合污而不自知；如果只有出离心而没有菩提心，就可能变成独善其身的自了汉，既不能利益众生，也不能使佛法常住世间，那就是一个消极厌世而逃避现实的人。正确的佛法是，在出离心中一定有菩提心，在菩提心中一定有出离心，二者兼备，才真正是佛的弟子。

佛教的根本修行方法——《佛陀遗教》导读

释常延

考察历代经录，以及古德的经典注释，并没有将《四十二章经》、《佛遗教经》、《八大人觉经》合称"遗教三经"。三经合刊，应该是肇始于民国初年，1919 年江北刻经处将三经合刻为《佛遗教三经》，1934 年范古农在《三经蕅益解刻行序》中提到：

> ……此三经者，乃末法之导师，括三藏而无遗，统三乘而宗极；古德列之于日诵，或合刊而单行，令学者童而习之，良有以也。然其辞简约而易诵，其义则广赜而难穷……此三经之为要典者何在？《四十二章》为佛法东来之权舆，《遗教经》为世尊教诫之绝唱，《八大人觉》则为菩萨发心之指南；前二为继往开来之典章，后一为依法修学之良导……

从这篇序文看出，民初佛教界之所以合三经为一册，主要是因为三经既各有代表性，又能含括三藏精义，统摄三乘教法，而且文辞简约，方便持诵，所以适合当作初学佛者的入门书。

这三部经典的共通性在于都没有艰深理论，只是非常简洁地开示修行方法。如果想要解脱生死烦恼，就必须有如实洞彻生命无常、无我真相的智慧；而这样的如实观察，必须配合正念、正定才能有效地持续进行；正念、正定的修练，则又必须建立在持戒的基础上才容易成功。而持戒的修行方法，除了随时随地制约五根，不向外贪求五欲之外，更要培养少欲知足的观念，如此才能持守净戒，而奠定修行一切善法的基础。由戒定慧三学增上，证寂静涅槃的修行次第，正是佛在诸经中所开示的唯一解脱之道。

至于如何从个人的解脱之道，进一步修行帮助一切众生解脱的菩萨道呢？除了佛临终前还说法度化须跋陀罗，并且殷殷告诫修行法要的慈悲身教之外，在《四十二章经》、《八大人觉经》中，更提出了六度的具体修行方法。这三部经典虽然简略，却含摄了解脱道与菩萨道的佛教根本修行方法与次第，确实是修行佛法者的最佳指南。

圣严师父注解三经，特别强调从现代人的角度，直探佛陀本怀，以便让佛法在当代发挥净化人心的功能。综观三经讲记，除了一贯的"义理透彻、善巧实用"的解经特色之外，尚有如下三项特点：

一、在前人的研究基础上，取舍运用，言出有据。

回想当日师父讲解《佛遗教经》前夕，曾私下慨叹有人讲经，不参考古德注释，但凭己见，任意发挥，言出无据，难免错会经义，贻误众生。师父在讲解此经的过程中，每当发现笔录者对文义有怀疑时，马上就从书架上取出相关的参考资料，让笔录者核对抄写，这种对资料娴熟的程度，真是令人印象深刻。在讲记中，从师父对于经典版本的考证，以及历代注家的特色分析，不难看出师父运用文献资料的功力。对读者而言，可以用最少的时间，了解相关议题的讨论成果，所学习到的，并不局限于一家之言，而是更宽广的视野。

二、在戒律的精神基础上，归纳原则，方便实践。

例如《佛遗教经》中，最容易引起僧俗歧见的四段戒相条文，师父依佛陀制戒的根本精神，将这些戒相归纳为两大范畴：一种是为了衣、食、住、行的生活问题而从事的各种行业，另一种是为了戒除对名与利的贪得无厌而做的种种防御措施。

这两大范畴，其实就是八正道的正命和正业。如能掌握此修行原则，就可以不必拘泥于时空因缘所产生的戒相条文，而随顺时节因缘，持戒清净。

三、在佛法的正见基础上，抉发深义，提供修行。

例如师父在讲记中，针对菩萨能否"代众生苦"的经义，列举各家注解并加以评议，抉择出续法大师所主张的他力开示与自力修持的关系，才最符合佛法因果论正见的立场。唯有观念正确，修行方法和目标才会正确，对于正见基础尚未稳固的初学者而言，依善知识的分析讲解而抉择正见，就显得格外重要了！

今生有幸，亲近圣严师父三十年，阅读过师父的许多著作，三经中的《佛遗教经》和《八大人觉经》甚至是由我笔录整理的。但是，每次重读，却每次都有新的发现和体悟，甚至愈嚼法味愈浓，这种奇妙的经验，无法言诠，或许只能留待读者诸君自己去体会了！

绪　论

　　我小时候出家做小沙弥时，师长即教我读《佛遗教经》；进了佛学院，老师也要我们读此经；后来我在关房中，这也是一部我阅读再三的经典。法鼓山僧团成立之后，我教诫沙弥（尼）弟子们，于每半个月诵戒时诵《佛遗教经》，而我也曾为法鼓山僧团讲解此经一次。

　　为什么我会和这部经有如此深的因缘呢？因为这是释迦世尊涅槃前对弟子们的最后遗教，也可说是佛对比丘（尼）弟子们的训勉，佛一生说法制戒，到了《佛遗教经》，则将戒律和教法做了一次归纳性、浓缩性的整理，将戒律和教法集中在短短的一部《佛遗教经》中，目的是希望弟子们能如法如律地修行戒、定、慧，而得解脱烦恼生死之苦，所以出家人应重视此经。

　　这部经对在家居士也不是没有用处，因为根据太虚大师的判教，认为此经属于五乘共法，即人、天、声闻、缘觉、菩萨都应以《佛遗教经》的教诫内容为基础而修学。虽然这部经在当时主要是对出家的声闻弟子说的，但在家居士仍应遵守其中的许多教诫。对僧俗四众而言，此经可说是生活的规范以及佛法的基础，若不懂或不能遵守《佛遗教经》的教诫，那么，对佛法的认识和实践将会有所偏差。

　　历来注解和弘扬《佛遗教经》的大德们，总认为此经是对比丘说的教法，所以是比丘必须遵守的，很少有人主张居士也必须遵守此经的教诫；另一方面，当大德居士们读到此经后，却又以此经为量尺，来衡量出家比丘，如此一来，此经反而成为僧俗之间的一道墙。结果是出家众不愿意碰它，而在家居士则认为出家人多不遵守《佛遗教经》。

　　出家人为何不敢碰《佛遗教经》呢？这是因为大家只知道执著经中的文字以及其中的教诫规定的结果。事实上，那些规定，在二千五百多年前的印度，比丘们只要愿意遵守就能做到，并不困难。

　　但佛教流传到中国之后，有些戒条一开始就已无法做到了，即至发展成寺院形态或丛林生活，更多半无法做到《佛遗教经》中的若干规定，因此让出家众感到很为难，不知道究竟应不应该弘扬此经，要弘扬，自己又做不到，徒然引起居士们的非议，于是陷入两难的困境中。

　　我研究戒律，一向主张应重视、把握佛陀制戒的精神和宗旨，而不要死板板地将佛世的一切规章制度，拿到这个时代来要求僧众。佛在成道六年之后，开始不断制戒，也不断修正，直到佛涅槃之后，戒律无人再修正了，才变成了不可更改的条文规定，但佛在世时并非如此的。

　　所以，今天我们读《佛遗教经》，应该把握其中的精神和宗旨，它是以解脱为目的、以修善积功德为宗旨。修善，即持戒；以解脱为目的，则须修定；由持戒修定得智慧，而达成出三界的目标，即是得解脱。弘扬《佛遗教经》，如果能从这一点契入的话，就不会有上述的种种顾虑了，这正是我讲解、注释本经的重点所在。

一、有关《佛遗教经》的注释

目前所知最标准的一部《佛遗教经》注释，相传为世亲所写的《佛遗教经论》，传统上，大家都认定此论是注释《佛遗教经》的范本，虽然有人根据"经录"的不同记载，也有认为这部论是马鸣菩萨所写的，但不论作者是谁，这部论仍是后来许多大师讲《佛遗教经》时的重要依据，例如蕅益大师的《佛遗教经解》，即根据此论而写，大师对此论推崇备至、感恩不已。另外，《卍续藏经》中，收有明代守遂注、了童补注的《佛遗教经补注》一卷，明道霈述《佛祖三经指南》中的第二种《佛遗教经指南》。

其中，世亲的《佛遗教经论》非常简单，蕅益大师的《佛遗教经解》则较详细，其分科则多依世亲之论；而道霈的《佛遗教经指南》则有自己的分科法，分得蛮有道理的。在《太虚大师全书》中，也有《佛遗教经讲要》，他又有自己的分科法，将全经分作序分、正宗分、流通分，在正宗分中又分成两大部分：一是共法，指共于世间善法的五乘共法；二是不共法，指不共于世俗法的出世间解脱法。虽有其道理，却也未必如此。

有关这部经的注解，从日本的《佛书解说大辞典》所记载的中日历代各家注解，有十六种之多。在当代僧俗中也有几种注解，因各人的时代环境和所学所知的背景不同，而各有所长。

我注解此经，并不打算采取前人的分科法，既不站在任何宗派立场，也不以门户偏见来看待此部圣典，而用现代人的角度，回归到释迦牟尼佛所说这部原典的内容，是为回归佛陀本怀而写。

二、内容大要

本经是佛陀即将涅槃时，说明他一生说法度众生，最初度的是阿若骄陈如等五比丘，最后度的是须跋陀罗。然后告诫当时围绕着他的比丘弟子们说，在他的色身过世之后，应以波罗提木叉（戒）做为他们的大师，因为戒能使大家解脱，能因持戒清净，而得禅定，生智慧，乃至灭一切苦。

接着又说，所谓持戒清净，要在能控制五根，不为五欲所动。如何才能控制五根，不为五欲所动呢？那就要好好用功，即必须少睡眠，不要有瞋恚心、骄慢心、谄曲心，如此才能控制贪欲。

而如何才能这样用功呢？佛接着鼓励大家应远离愦闹，独居闲静之处，精进不懈，收摄心念而不忘失，摄心而修禅定，如此才能发起真实的智慧。

要做到上述这些要求，则必须舍离乱心戏论。

接着，佛又问大家，对于他最初所说的四圣谛法，是否还有疑问？若还有疑问，要赶紧问清楚，如此重复说了三次，无人发问，因为大家都不觉得有什么疑问。

当时，天眼第一的阿楼驮观察大家的心，发现在场的大比丘们，对四圣谛已经没有怀疑，于是代表大众回答佛，虽然大家对佛所说的四谛真理已经没有任何怀疑，但总觉得佛陀入涅槃太快、太早了，所以心有不舍。

因此佛又说，世事无常，应度者已度，未度者已作得度因缘，而如来法身常住不灭，但愿大家以智慧之明，灭烦恼之痴暗，一心精进求解脱道，这就是佛最后的遗教。

三、释经题

本经又名《佛垂般涅槃略说教诫经》，亦名《佛临涅槃略说教诫经》，简称《遗教经》，通常都称作《佛遗教经》。

佛，梵文 buddha，意译为觉者，有自觉、觉他、觉满三层意思。其完整的意译，应是"无上正遍正等觉者"，即梵文"阿耨多罗三藐三菩提"，这是对成佛之后的释迦牟尼世尊所具备的功德而作的尊称。

在原始的巴利文系统的圣典中，历史上的佛，固然只有释迦世尊一人，但信仰中的佛则有过去七佛，亦即包括释迦牟尼世尊在内，已有七尊佛成道；除此之外，其他众生只能成为"觉者"，也就是阿罗汉，而无法成为"无上正遍正等觉者"的佛。但就大乘佛法来讲，一切众生皆可成佛，《大涅槃经》主张一切众生皆有佛性，《华严经》则说大地众生皆具如来智慧德相。不过，这部《佛遗教经》所指的佛，是历史上的佛教教主释迦牟尼世尊。

遗教，这是后人所安立的名称，在佛当时则称为"最后的教诲"。后人为了尊重这部经，希望把它当成最根本、最重要的佛的遗嘱来看，所以称作《佛遗教经》。其实广义地说，一切佛所说的经、律、论三藏圣典中所有的法义和教说，对佛灭后的弟子们而言，都是佛的遗教，而这部《佛遗教经》则是遗教中的根本圣典，精简扼要而亲切，不谈理论，只是用许多比喻来叮咛比丘弟子们，在佛灭后如何实践他的遗教。

经，梵文 sūtra，是花串之意，比喻将佛所说的金玉良言如花串般地串起来，成为一篇讲词或开示。尊称为"经"，是一个借用字，因中国称圣人之言为经，例如儒家典籍中即有所谓的五经，所以借用此字来称圣人的开示。佛教圣人的开示，除了经之外，还有律和论。

经，讲法义，是告诉弟子如何修行的；律，是教弟子们生活威仪、守则和规范；论，是有系统的法义整理，或解释经的著作。论典主要是菩萨或罗汉们所著，而经则是佛世的佛陀及由佛陀在场时的弟子与菩萨们所说，唯一的例外是《六祖坛经》。经都是佛灭度后才集结而成的，佛在世时只有口头传诵，并无文字记载。

四、译者

本经是鸠摩罗什三藏法师所译，鸠摩罗什是中国译经史上三大翻译家之一，为旧译派的领袖，而玄奘大师则是新译派的领袖。罗什三藏重意译，文字非常优美；玄奘则重直译，忠于原文形式。两家各有长处，但中国人喜欢文字优美，读来流畅，所以读诵时多采用罗什译本。

罗什三藏在东晋安帝时（401 年），到达长安，他通达许多种西域语言，汉文的造诣也很深。有关鸠摩罗什的传记资料，在汤用彤的《汉魏两晋南北朝佛教史》中，有详细的考证，并且有丰富的资料可供参考。

释 经 文

对全文的解释，我并没有采用古人的分科法，而采用现代人的分段标题方式，使脉络分明。本讲记分二十三段来解释《佛遗教经》的内容，每一段皆依：（1）原典经文；（2）现代语译；（3）内容疏解；（4）名词释义等四项来说明，若该段没有专有名词，则略去名词释义一项。

一、缘起

释迦牟尼佛初转法轮，度阿若憍陈如，最后说法度须跋陀罗，所应度者，皆已度讫。于娑罗双树间将入涅槃，是时中夜，寂然无声，为诸弟子，略说法要。

当释迦牟尼佛成佛之后，第一次说法转法轮，就度了阿若憍陈如等五比丘；最后将入涅槃之前，又说法度了须跋陀罗证阿罗汉果。在他有生之年，所应被他度的都已度完了。这时，他到了娑罗双树之间，准备进入涅槃。这是在中夜，夜深人静之时，对着围绕在旁的比丘弟子们，简单地开示了佛法的要点。

伟大的佛陀，终生游化，弘扬佛法，广度无量的众生。根据佛传资料显示，佛陀最后即将进入涅槃之前，还是一路从南向北沿途说法度众生，到了拘尸那罗，有四棵两两相对的娑罗树，他在这四棵树之间躺了下来，准备入涅槃，那时他的身体已经非常衰老疲累，也觉得任务已了。可是他还是谆谆地教诲追随在他身边的比丘弟子们，要他们在佛涅槃后，不要忘记出家学佛的目的；就好像一位慈爱的母亲要出远门之前，对孩子再三叮咛如何照顾自己。

从这一点看，伟大的人格一定有他不平凡的心胸和作为。如果说将军在战场阵亡，马革裹尸是死得其所；那么，法师到最后一口气为止，还是在讲台上说法度众，也可说是死得其所；禅师精进用功，而能立脱坐亡的话，也可叫作死得其所；佛陀临涅槃前，还留下最后的遗教，应该就是人天导师的表率。

初转法轮，意即最初说法。"转"是转烦恼为智慧、转生死为解脱、转凡夫为圣者、转污染为清净；用什么来转？必须用佛法来转。而为何以"轮"来形容佛法呢？这是取自印度的传说，据说能兵不血刃而统一四天下的转轮圣王，有一个轮宝在他面前做为先导，只要轮宝转到之处，该处就能心悦诚服地接受轮王仁政的教化，一切人民都能行十善法。所以把说佛法比喻做"转法轮"，代表凡是听到佛法的人，就能破除心中的一切执著，恶不善法。

阿若憍陈如，佛陀成道后最初度化的五个比丘：阿若憍陈如、頞鞞、跋提、十力迦叶、摩男俱利，以阿若憍陈如为代表，因为他是闻法后第一个证阿罗汉果的人。佛成道后，最先为五比丘说苦、集、灭、道四圣谛法，第一遍说"此是苦、此是集、此是灭、此是道"，憍陈如听了以后即证阿罗汉果。佛再进一步说明"苦应知、集应断、灭应证、道应修"。更进一步说"苦已尽、集已断、灭已证、道已修"。三转四谛法之后，其他四人在三个月之间，全都证得阿罗汉果。然后佛嘱咐他们，把弘法度生的任务交代给他们，要他们分别到人间游化，说法度众生，而且不要两人同行，原因是众生太苦，而说法的人又太少。

须跋陀罗，原是一位婆罗门外道，住在拘尸那罗城，已年高一百二十岁，自知未得解脱，听到佛即将涅槃，赶到娑罗双树间求见佛陀，被阿难尊者阻挡，佛亲自允许度他，听佛讲八正道后，即得初果，再听佛说四谛法之后，即证得阿罗汉果。

娑罗双树，娑罗树是印度的一种阔叶树，在佛传资料中又将娑罗双树称作"鹤林"。据说四棵树分成两对，每对皆一枯一荣，树叶由绿而泛白，树枝相交错，树根相蟠结，所以虽是四棵树，看起来却是两对，因此名为双树。

入涅槃，是进入寂灭的意思。就原始佛法的意义而言，不生不灭叫作究竟寂灭，又有两层意义：一是入"有余涅槃"，当证得阿罗汉果，虽已出离三界，但还留有色身；那是烦恼已灭、生死已了、所作已办、不受后有。二是入"无余涅槃"，那是指已得解脱的圣者（佛及阿罗汉），在肉体死亡、舍寿之后，不再回到世间。但是，大乘佛法的涅槃则另有胜义。

中夜，这是在佛教圣典中所见到的时间记载，印度当时将一日一夜分作六时，白天三时：晨朝、日中、日没；夜间三时：初夜、中夜、后夜。每一时相当于现代时间算法的四个小时，中夜约当晚上十点到清晨两点。

二、以戒为师

汝等比丘，于我灭后，当尊重珍敬波罗提木叉，如暗遇明、贫人得宝。当知此则是汝大师，若我住世，无异此也。

你们诸位比丘，在我入灭之后，应当尊重、珍惜、恭敬波罗提木叉的戒，那就像黑暗中有光明，又像贫穷的人有财宝。要晓得，戒就等于是你们的大师，就像我还住在世间让你们亲近、请教、依止一样。

不论是一个团体或一个社会，乃至一个国家，甚至全世界的人类，都必须有他们共同的生活守则，以及必须共同遵守的伦理，才能使生活在这个环境中的每一个人，既能自己平安，也能让别人平安，不但保护自己，也保护别人。否则就成了乌合之众，人人自私自利，乘兴而为，不但造成自己的痛苦，也使他人受害，失去了安全和安定的保障。所以无论任何团体，如果希望持久的话，就必须有一套共同的准则和伦理标准，让大家遵守，使参与其中的人得以成长。

佛陀制戒的用心，即在于为弟子们立下规章制度，好让大家能清净、少欲无诤地过修行的生活，而达成解脱的目的。当他在即将入涅槃之前，又再次叮咛大家，不要忘了遵守他所制定的戒律，如此，佛教团体才会继续存在，弟子们也才能继续得到佛法的利益。

否则，人亡政息，树倒猢狲散，世尊的悲愿就落空了，这个世间将会非常悲惨，众生也将非常可怜。

比丘，有三义：

一、怖魔——出家受比丘戒后，不再造种种恶业而修梵行，必定离欲而出三界，所以魔王会恐惧少了一个可能成为他的子孙的人。

二、乞士——有二义：1. 向人间乞食，以养身命；2. 向三宝乞法，以养慧命。

三、破恶——破除种种不善恶业，而修种种善业。

波罗提木叉，通常译作"别解脱戒"，其实只有"别解脱"的意思，并没有"戒"的涵义，"戒"是另一个梵文"尸罗"的义译。所谓"别解脱"是别别解脱的意思，又叫作处处解脱，即每持守一条戒，就已经种下一分解脱的因，就已经能从当下的烦恼获得解脱；不持戒则为烦恼所缚，如果能够时时留心、处处持戒，那就时时解脱、处处解脱。"波罗提木叉"包括僧俗大小七众戒，比丘应于五夏之内专精于戒律的修学，明白其中的开、遮、持、犯，对五篇七聚要分明清楚，否则就称为"哑羊僧"。

大师，在经律中所见的大师一词，是指人天导师，亦即世尊释迦牟尼佛。在大乘经论中，又称佛为法王，而称等觉菩萨为法王子。此处的大师，非常明确地是指佛。

三、所持戒相

持净戒者，不得贩卖贸易、安置田宅、畜养人民奴婢畜生，一切种植及诸财宝，皆当远离，如避火坑。

不得斩伐草木、垦土掘地、合和汤药、占相吉凶、仰观星宿、推步盈虚、历数算计，皆所不应。节身时食，清净自活。

不得参预世事、通致使命、咒术仙药、结好贵人、亲厚媟嫚，皆不应作。当自端心，正念求度。

不得包藏瑕疵，显异惑众，于四供养，知量知足，趣得供事，不应蓄积，此则略说持戒之相。

凡是持清净佛戒的人，应遵守以下四大类的戒相：

一、不得做贩卖和贸易的生意，不可以安置田地和宅舍，不可以畜养一般的人民和奴婢以及禽兽等畜生，也不可以种植一切庄稼植物，不可以储蓄财宝，以上这些都应该远离，就好像躲开火坑一样。

二、持净戒的人，不可以斩、砍、采、伐花草树木，也不可以垦土掘地，不可以调制各种为人治病的药物，不可以为人占卜看相而说吉道凶，也不可以观天象和推算自然界的盈亏增损，也不可以从事年历的计算，以上这些都不应该做。要勤劳节俭，不非时食，如此就能清净生活了。

三、不得参与世俗事务，不得为俗人做送信传达消息的人，不得用外道的咒术，不得调制长生延命之药，不得跟世俗的权贵之人相结交，不得跟自己熟稔的知亲好友相逗弄而显出自己的傲慢心，以上这些都不应该做。应当自己端正心念，以求度脱烦恼苦海。

四、不得掩饰隐藏自己的缺点和错误，更不可以在众人之前，凸显自己的所学和修行的经验，以达到惑他利己的目的；对四种供养应知量知足，不求多，不求好，所获得的供养物品，不应储蓄积聚。

以上是大略地宣说比丘应受持的各项戒相。

通常为了完成一项事业，不论是为自己经营或为社会大众服务，最好能先求精深，然后再求博大；能够专精，才容易把你所从事的行业做得熟练精准，并且能发现他人所未知、未行的技巧和道理。所谓三百六十行，行行出状元，绝对不是偶然的。在你对本行本业行有余力之后，就可能开发出相关的知识领域和工作范围，彼此环环相扣，内容实实在在。现代很多伟大的企业家，开发与原创事业相关的企业，绝不是在一样都未精通之前就贸然去做，否则会变成"样样都通，样样稀松"，最后必然是一事无成。

做为一位出家的比丘，目的是为解脱生死苦，而得涅槃究竟乐，所以最好不要碰世俗人的种种谋生的学问技巧。在戒律中有规定，如果对佛法的修学，能够相当快速的话，是可以分出一部分时间去认识了解世俗学问的，所以从大乘佛法的精神来讲，有说菩萨道当从五明中求，五明除了内明（佛法）之外，尚有因明、声明、工巧明、医方明。《佛遗教经》这一段是对当时比丘们的告诫，出家人在未解脱之前，应精勤于戒、定、慧的修学；在解脱之后，除了仍不离三无漏学，同时还应协助众生由三学而达成解脱的目的；这是从自利而利他，并能使佛法久住世间。

从这段经文所讲的戒相内容，可以看出是在两个范围之内：一种是为了衣食住行的生活问题而从事的各种行业；另一种是为了戒除对名与利的贪得无厌，而做的种种防御措施。做为一位出家的比丘，是以乞食为生，学法弘法为他的工作，以自利利他、断烦恼出苦海为宗旨，当然要避免去涉及这些行业和行为。所以不要一味地执著其戒相条文，应从其精神来看，那才能真正体会到佛陀遗教的功能。

贩卖贸易，买进卖出，谋取利润，称为"贩卖"；介绍他人互通有无、交易买卖，而从中获得报酬，称为"贸易"。这都不是比丘所应从事的行业。

安置田宅，以土地和房屋为对象，购置不动产。

畜养人民奴婢，官吏所管辖的一般人，称为"人民"；财阀地主所使用的男女，称作"奴婢"。比丘属于十方常住的十方僧，除了不得有不动产，亦不应有动产，所以不应像官吏那样管辖一般人民，也不应像地主财阀那样使用男女奴婢。

畜生，本来这个名词是指除了人之外的一切动物，但这里特别指家畜和家禽。一般俗人畜养种种动物，目的是为了食用它们的骨肉皮毛，或使用它们的劳力，比丘为了慈悲以及祛除贪念，皆不应畜养。

种植，凡是用人工培育繁殖各种植物，不论是为了食用或贩卖，都不是比丘所应为。

诸财宝，世间的动产、不动产，以及佛经所说的七宝：金、银、琉璃、赤珠、砗磲、玛瑙、玻璃等一切珍宝。

斩伐草木，比丘不得斩断砍伐花草树木，有三个原因：1. 草木也有生命，2. 草木是鬼神所依附居住之物，3. 山林中的草木也是各种动物云集繁殖、聚集生息之地。如果砍伐草木，将会伤及慈悲心，因此比丘如果不得不除草砍树时，应先存慈悲心，要对被砍伐的草木说法打招呼。

垦土掘地，为了种植而翻动泥土，叫作"垦土"；为了栽种或建筑或寻求地下物资而挖掘土地，叫作"掘地"。凡是为了农业、工业和商业的目的而动用土地，改变地形地貌，都不是比丘所应为。

合和汤药，调制各种治病的固体以及液体的药物，如果是专业的医师和药师，当然是正常事，但比丘如果假借慈悲救人病痛的理由，而兼任医师或药师，就叫"不务正业"。

占相吉凶，用各种工具来占卜，以观察所得的卦相和卜相，依此判断吉凶，这是一般江湖术士所为，非比丘所应为的。

仰观星宿，夜间以观察天上的星宿位置、形状的变化，来判断人间的祸福治乱，这也不是比丘所应从事的行业。

推步盈虚，《周易》："天地盈虚，与时消息。"在印度也有人专门用一定的技术来推算天地万物的盈亏消长、增损多寡，这也不是比丘所应为的。

历术算计，根据年历时间、月日时等数据的排列计算，来推测命运的好坏顺逆，即中国人根据八字算命，不是比丘所应从事的。

节身时食，节身就是节省身体上所用的物品，不要求好、求美、求舒服；时食是指日中一食，严格来说，早晨天亮之后，到中午日正当中之前，可以乞食和进食，名为"时食"。正午之后，到第二天早晨未明之前进食则名"非食"。这一部分的解说，请参考拙著《律制生活》中的《佛教的饮食规制》一文。

清净自活，比丘不得以四种邪命来做为谋生的方法。所谓邪命共有四种：1. 下口食，以种植田园、合和汤药来谋生；2. 仰口食，以观察天象的数术之学来谋生；3. 方口食，以谄媚豪贵、通使四方、巧言多求而生活；4. 维口食，以学习从事种种咒术、卜算吉凶来谋取生活所需。比丘应离四种邪命而以乞食为生，则名清净自活。

世事，指世俗人的种种事务，如男女、家族、经济、娱乐，乃至政治、军事等。

通致使命，简称"通使"，是指为人传递指令和消息。比丘不应为人带口信传话或为人担任信使，这是为了避免卷入世俗的是非之中，不仅降低了自己出俗的身份，也容易惹生讥嫌是非。

媟嫚，和自己亲密的朋友互相逗弄，称为狎媟；而在相互逗弄间，各自呈现自己的聪明以显示自己的骄慢，称作媟嫚。

四供养，通称为"四事供养"，乃比丘接受施主供养的四种资生之物：饮食、衣服、卧具、汤药。

四、持戒功德

戒是正顺解脱之本，故名波罗提木叉。依因此戒，得生诸禅定及灭苦智慧，是故比丘，当持净戒，勿令毁犯。若人能持净戒，是则能有善法。若无净戒，诸善功德皆不得生，是以当知，戒为第一安隐功德之所住处。

佛戒是正确地顺着走向解脱的根本，所以名为别解脱，依着戒的受持，能产生一切等次的禅定和灭除苦恼的智慧，所以比丘们应当坚持净戒，不让自己毁弃和违犯。如果能坚持净戒，则能拥有一切世出世间的善法，如不能坚持净戒，所有的胜善功德都不会生起。所以应该知道，持戒是最能获得安稳功德的着力处。

这一段经文是世尊说完了上述各种戒相之后，再次做总结的交代，要大家知道，持戒并不是因为佛陀的规定所以不得不持，也绝不是形式的条文和无理的要求。如果不持戒，则所有一切功德不易产生，所以戒在《阿含经》中是基本的四种增上——信、戒、定、慧之一，也是五种功德法身——戒、定、慧、解脱、解脱知见之一。

戒的功能在于防护自己的身、口、意三业，除了不做恶法，而且是修习一切善法的基础。恶法，是堕入三恶道的因；善法，是生于人、天乃至解脱道的因，所以要祛恶向善，一定要以坚持净戒为着力点。因此，世尊再次叮咛，持戒能生起禅定的功德，也会由持戒而灭除苦因，生起智慧的功德。持戒，免堕三涂之苦；修定，能灭欲界之苦；智慧，能灭三界生死之苦。所以要离生死苦得涅槃乐，一定要坚持净戒，才能生一切善法，灭一切苦因，而证解脱之果。

解脱，波罗提木叉就叫作"别解脱"，除了上文中所解释的之外，还有一层意思是，有别于只能让人获得一时解脱，不能永远解脱的世间法；唯有持佛的净戒，才能达成永远解脱的目的，从一项烦恼得解脱，而影响其他烦恼也得解脱，最后彻底解脱，即是涅槃。在阿含部和律部所见到的解脱阿罗汉有两类：一是慧解脱阿罗汉，二是定慧俱解脱阿罗汉。不但在解脱之前，必须持戒修定；在解脱之后，也永远不会违背佛制的净戒。

诸禅定，指九次第定。修习禅定，不论凡圣，必从初、二、三、四禅依次开始。世间禅定包括色界的四个层次，以及无色界的四个层次，称为"四禅八定"；如果听闻佛法四圣谛的道理，而修习禅定，就能从色界的四禅而得解脱定，名为"灭尽定"或"灭受想定"，以修此第九定而得解脱，出三界证阿罗汉果。

智慧，不是世间所说的知识和聪明，而是实证因缘所生一切诸法自性本来空寂，亦即亲自体验到佛在《阿含经》所说的：此生故彼生，纯大苦聚集；此灭故彼灭，纯大苦聚灭。

善法，凡是与十善业道相违背的，是不善法；与十善业道相应的，则是善法。其中又可分为与世间共通的善法和出世间善法两类，五戒十善是世间善法，可修得人天果报；而四圣谛、八正道、三十七道品、六波罗蜜等，是出世间善法。世间善法是出世间善法的基础，而一切修出世善法的人，则必须有世间善法做为阶梯，否则就会不切实际。

诸善功德，努力实践名"功"，心有所得名"德"。坚持净戒而使身、口、意三业调伏，转不净为净，将黑业改变为白业，由生死业转换为解脱业，凡所有一切修持实践而获得的结果，就叫作"诸善功德"。

安隐，古隐字通于稳，安隐即安稳。安全稳定是世人所追求的，但不论如何地安全稳当，在世间都是无常的，终究还是会遇到困苦厄难，因此佛说世间危脆，无安稳处；唯有出离三界，才是究竟第一安稳之处，而坚持净戒便能达成这个目的。

五、当制五根

　　汝等比丘，已能住戒，当制五根，勿令放逸，入于五欲。譬如牧牛之人，执杖视之，不令纵逸，犯人苗稼。若纵五根，非唯五欲，将无崖畔，不可制也。亦如恶马，不以辔制，将当牵人坠于坑陷。如被劫害，苦止一世，五根贼祸，殃及累世，为害甚重，不可不慎。是故智者，制而不随，持之如贼，不令纵逸，假令纵之，皆亦不久见其磨灭。

　　你们诸位比丘，已经能够住于净戒的话，就要制止五根，不让它放逸而贪著五欲。这有三个比喻：比丘就像牧牛的人，要用净戒的手杖看管五根，不让它放逸而跑到功德善法的庄稼田中，扰乱破坏庄稼。假如放纵五根的话，不仅对五欲享受的追求没有止境，而且也将无法控制它了。第二个比喻是，就像骑着一匹劣马，如果不用辔勒来制止牠，它会把骑马的人摔落到深坑里面去。第三个比喻是，不制五根，就像放纵五贼来抢劫功德法财，一般的贼，只会害你一生痛苦，而五根贼却会危害你累生累世，所以不可不小心。因此有智慧的人，一定要约制五根，不让它去随波追逐五欲，更要像防止盗贼一样地看着它，不让它有机可乘，即使偶尔有一点疏忽，也会在不久之后，使五根的罪行渐渐消灭。

这段经文是在说完约束种种行为的戒条之外，进一步说明必须向内做工夫，而着力点就从眼、耳、鼻、舌、身的五根开始；如果不对五根加以约束的话，色、声、香、味、触的五欲，就会从五根门头进入，而使持戒的人，虽然外表看起来清净，但内在却充满贪欲烦恼；唯有约制五根不贪著五欲，才能使烦恼的欲火渐渐淡化，而达成离欲的目的。在这里佛陀用了三个比喻，说明比丘应以约制五根来断五欲，如果不制五根，不断五欲，解脱道就不易修成，且生生世世都在三界六道中轮回，永无出离之日。

五根，眼、耳、鼻、舌、身等五种生理官能，如果再加上意根便称作六根，不过意根不属于生理的官能，也不是与五欲相对的肉体部分。众生造业，多半是为了满足五根的贪著，为了享受五欲，而造种种恶业，起种种烦恼，所以解脱道乃以制五根为起点。

五欲，是对色、声、香、味、触五种物质的贪求享受，以满足五根的放逸。也有人说五欲是财、色、名、食、睡，不过那不是这里所指的五欲。

六、当好制心

此五根者，心为其主，是故汝等，当好制心。心之可畏，甚于毒蛇、恶兽、怨贼、大火越逸，未足喻也。动转轻躁，但观于蜜，不见深坑，譬如狂象无钩，猿猴得树，腾跃踔踯，难可禁制，当急挫之，无令放逸。纵此心者，丧人善事；制之一处，无事不办。是故比丘，当勤精进，折伏其心。

以上所讲的五根的功能，是以心为它的主宰，因此，你们诸位比丘应好好制止自己的心。心的可畏之处，比毒蛇、恶兽、怨贼、大火等不受控制时，更加可怕，甚至根本不能用这些例子来比喻心不受制约时的可怕；如果任由它的话，就会像一个人手上拿着一盘蜜，高兴得手舞足蹈而轻举妄动，得意忘形，却没注意到脚边有深不见底的火坑；也像狂醉的大象，没有人用钩子来约束它，又像猴子爬到树上之后，上下腾跃，左右跳踯，没人能管得住它。

因此，应赶紧把心约束好，不要让它放逸。如果放纵心的话，就会丧失人的一切行善的事业；如果制心一处，那任何善事都可成办。所以比丘们，应当勤勉精进地来制伏自己的心。

这一段是承续上文制五根、离五欲而来的，谁能制五根、离五欲呢？那就是"心"。如果离开了心的贪著，五根就没有功能，也不会被五欲染著，正所谓擒贼先擒王。这是一层一层地从外向内，找到了众生为什么会以五根贪著五欲的根源。

一般人不会发现，更不会警觉到心有那么可怕，因此，常常放纵自己的心去追逐五欲，而满足五根，陷溺在贪、瞋、痴、慢、疑等种种的烦恼深渊而不自知。所以佛陀把不受约束的心，做了许多的比喻，都是要告诉我们，如果不约束自己的心，就会堕入三恶道去。

若能制心一处，修戒、定、慧三学，就能完成所作已办的阿罗汉果，所以比丘们应该努力不懈地制伏如狂象、如猿猴般的心；也就是说，持戒必须制心。

一般人认为声闻戒只止身、口二业的恶行（造恶业）恶作（犯威仪），而菩萨戒才重视心的制约，其实声闻戒如仅止于身、口二业的止恶行善，还是不得解脱，最多只能获得人天福报，必须以心制根、以心制心，才能达成解脱生死的目的。

心，此处的心主要是指第六意识，亦即种种烦恼现象的总称。在声闻乘不讲第七识、第八识，只说第六意识的功能，它是造作种种善恶诸业的主人。

善事，实践人天善法及出世善法，总名为善事，此处主要是指戒、定、慧三无漏学。依戒、定、慧三无漏学，灭贪、瞋、痴三种烦恼毒障，如果完成这三种善事，就叫作"所作已办，不受后有"，就是阿罗汉了。

制之一处，有两层意思，一是修止和观的禅定方法，不断地把心制约于一念，即是入定；二是专心一意地修行三无漏学的解脱之道。

七、诫多求供养

汝等比丘，受诸饮食，当如服药，于好于恶，勿生增减，趣得支身，以除饥渴。如蜂采花，但取其味，不损色香。比丘亦尔，受人供养，取自除恼，无得多求，坏其善心；譬如智者，筹量牛力，所堪多少，不令过分，以竭其力。

　　你们诸位比丘，在接受各种饮食供养之时，要像吃药那样，不可以求好而嫌坏，应当以平等心来接受，得到之后，仅是为了解决身体饥渴的问题；又要像蜜蜂到花朵之中采蜜一样，取得了所需，还不会损伤花的颜色和香味。比丘也应如此，当在受人供养之时，目的是为自己取得所需，同时还要使施主除去烦恼，所以不可以多求而破坏、伤害了施主的善心。也像有智慧的人在使用牛来工作时那样，一定会考虑到牛的体力强弱，再给它适当的工作，不可以让它过度劳累。

　　世间任何事，过与不及都会发生问题，如能考虑到两全其美，各取所需，互蒙其利，那才是最好的处事方式。做为一个出家的比丘，向施主乞食，应该是互动的，施主量力而为，以欢喜心、恭敬心供养比丘，比丘要以满心的祝福，为施主祈祷和说法，不能让施主觉得他所供养的东西不好或太少，也不能让施主觉得他所供养的比丘，对他的饮食起贪著或厌恶之心，否则会使施主丧失对三宝的信心，等于断人善根。所以在接受供养之时，不可予取予求，贪得无厌，目的是为了爱护施主的供养心和长远的善心；这里用蜜蜂从花中采蜜做为比喻，是非常恰当的。

　　如服药，佛说从修道者的立场来看，不论是哪一种资生的饮食或汤药，都应该看作疗病的药物，要以服药治病的心态来接受饮食，就不会生起贪心和瞋心。

八、诫多睡眠

汝等比丘，昼则勤心修习善法，无令失时，初夜后夜亦勿有废，中夜诵经以自消息，无以睡眠因缘，令一生空过，无所得也。当念无常之火，烧诸世间，早求自度，勿睡眠也。诸烦恼贼，常伺杀人，甚于怨家，安可睡眠，不自警寤。烦恼毒蛇睡在汝心，譬如黑蚖在汝室睡，当以持戒之钩，早摒除之。睡蛇既出，乃可安睡，不出而眠，是无惭人也。惭耻之服，于诸庄严，最为第一；惭如铁钩，能制人非法，是故比丘，常当惭耻，无得暂替。若离惭耻，则失诸功德；有愧之人，则有善法，若无愧者，与诸禽兽无相异也。

你们诸位比丘，白天要以勤勉的心来修习世出世间一切善法，不要把时间空过了，晚上的初夜、后夜也不要荒废了。中夜最好能以诵经来消弭自己的烦恼，不要因为贪著睡眠，而使一生空过，变成一无所得。

应系念无常的事实，它像火一样燃烧着世间的一切，应尽早为自己求得度脱生死，而不要贪著睡眠了。要知道各种烦恼就像贼一样，经常伺机来劫杀你们的善心，比冤家还要厉害，怎么可以贪著睡眠而不自我提高警觉呢？烦恼就像毒蛇在你的心中睡觉，就好像黑色的毒虺正在你的房中睡觉一样，应该用持戒的铁钩，尽早把它清除出去，把那睡在你心中的毒蛇赶出去之后，才可以好好睡觉，在还没有将毒蛇赶出去之前，而贪著睡眠的话，那是没有羞愧心的人啊！

惭愧而知耻，就像修道人的衣服，在一切修行功德的庄严之中，是最好的。惭愧就像能抓毒蛇的铁钩一样，可以使人受到约束而不会去做非法的事。所以比丘应当经常惭愧而知耻，不得稍有间断。有惭愧心的人，就会具有善法的功德；若离开惭愧之心，便将失去一切功德，和禽兽没什么不一样了。

这一段是指要充分地运用所有时间，来修行戒、定、慧三学，乃至于夜晚也不要中断，策励比丘们应夜以继日地用功办道，因为一般人都会纵容自己，假借理由躺下来休息，事实上昏沉睡眠是修行的大忌，贪著睡眠更要不得。但是我们看到经律中的记载，释迦世尊有时候也会睡眠，当然他多半是以入定来取代睡眠。还有另一个例子，那就是佛陀看到有一位比丘，因日夜修行，精进不懈而两眼失明，佛就告诉他一个比喻说，修行要像调琴弦一样，应当松紧适中才对。

通常比丘们夜晚都有休息，虽然有人中夜不休息，乃至终生胁不着席（俗称"不倒单"的修行法），但却不是多数人能做到的，所以《佛遗教经》中鼓励日夜都不睡眠虽是相当好，但只要以惭愧心不贪著睡眠，随时警惕自己精进用功就好，毕竟一般人还是需要适度的睡眠；所以不必因为看到这段经文，出家人就不敢睡眠，或要求出家人不要睡眠。

现代人都希望少工作多休闲，以表示生活品质的提高；但是，所有能做大贡献、成大事业的人，往往都是跟他们自己的生命抢时间，充分运用所有的时间，努力从事于他们自己的专业工作和服务项目，因此才可能有超过常人的成就和成果出现。不过，他们往往也能在工作中休息，所以也就不需要有更多时间休息了。

中夜诵经，中夜（晚上十点至清晨二点）不睡觉而必须读诵经典，在高僧传记中可以看到，确实有人整夜诵经而白天照常可以不睡。不过，也可解释成这四个小时虽是在诵经，但心是在休息的状态，不是阅读经典，而是持诵经典，所以不必思考，也可说是在修定的状态中，所以也能使身体的疲劳得到恢复。

烦恼毒蛇，烦恼之毒就像毒蛇那样可怕，而贪著睡眠就是一种烦恼，所以把它形容成睡蛇。

惭耻之服，惭耻即惭愧而知羞耻。如果经常心怀惭愧，就好像是穿着一件庄严的衣服，能使他人尊敬，也使自己精进，愈知惭愧愈精进，愈能让人尊敬；相反的，如果没有惭耻就不会受人尊敬，也不会精进。

九、对治瞋恚

汝等比丘，若有人来节节支解，当自摄心，无令瞋恨，亦当护口，勿出恶言，若纵恚心，则自妨道，失功德利。忍之为德，持戒苦行所不能及，能行忍者，乃可名为有力大人。若其不能欢喜忍受恶骂之毒，如饮甘露者，不名入道智慧人也。所以者何？瞋恚之害，能破诸善法，坏好名闻，今世后世，人不喜见。当知瞋心，甚于猛火，常当防护，无令得入；劫功德贼，无过瞋恚。白衣受欲，非行道人，无法自制，瞋犹可恕；出家行道，无欲之人，而怀瞋恚，甚不可也。譬如清冷云中，霹雳起火，非所应也。

你们诸位比丘，假如有人用刀把你的身体一部分一部分地分割时，你应当收摄自己的心，不可以生起瞋恨；也应当守护你的口，不要发出恶言。如果你放纵瞋恚的心，就自己妨碍了道业，也会失去功德的利益。

忍的功德，要比持戒的苦行更为重大，如能修忍，就叫作有力大人；如不能像饮甘露那样地欢喜忍受恶骂的毒，就不能称作入道有智慧的人。为什么呢？因为瞋恚的害处，能破坏各种善法，也会破坏美好的名声，今生乃至后世，大家都不喜欢遇到瞋恚的人。应当知道，瞋心比猛火还要可怕，应当时常防护着，不要让瞋火攻心。

抢夺一切功德的贼，没有再比瞋恚更厉害的。要知道，在家的白衣，因为享受五欲，不是修解脱道的人，自己无法克制瞋心的产生还可原谅；至于你们出家修道，应是无欲的人，如果还怀瞋恚之心，实在是不可以的，譬如在清冷的云层中而发生霹雳大火是不应该的。

这段经文，是和前面连贯下来的，先说明持戒所需的戒相，然后着重五根不受五欲，并且要约束自己不可贪食、贪睡，这些都属于三毒中的贪之一类，在贪类烦恼中，饮食和睡眠是非常重要的项目。

做为一个在家人，可以享受声色犬马、饮食男女等五欲之乐；

而做为一个比丘，则必须持戒，因为受到戒相的约束，不可能享受贪取俗人的五欲之乐，但因为还有身体，有身体就有五根，只要五根还在，自然就会受到种种五欲的刺激和诱惑，因此，《佛遗教经》教导比丘要防护五根，不去追求贪著五欲，这又必须先从心上做一些工夫。

出家人以乞食为生，身无长物，也不可置产业，唯一可以满足身体的享受，就只剩下饮食和睡眠了。贪求口腹之欲，见到好的饮食就喜欢，或专门去乞讨美味精致的饮食，如此虽未犯戒，但对增长贪心而言，则是很大的过失。一旦吃饱后，最大的享受就是睡觉，睡眠对懒人而言，是永远不够的，懒人意志力薄弱，运动量不够，体内氧气不足，所以常常昏昏欲睡，因此佛说睡眠是毒蛇，就是要破除比丘们最后的贪著。

贪的问题解决之后，接着讲到瞋，这是从一个人的身心状态自然反应出来的问题。往往有些修道的人，贪念不多，甚至很少有贪念，而且精进于苦行（头陀行）或禅定行，不贪著名闻利养乃至饮食睡眠等，非常精进用功；但是，如果没有调好自己的心，就很容易产生瞋念，所谓"嫉恶如仇"，遇到看不惯的人事物，马上会起瞋恨心，口出恶言，指责批评，甚至于毒骂；这种修行人，是缺少忍的工夫，也可说是没有智慧、没有慈悲的人。虽然他是精进行道的人，但心却如猛火般刚烈，碰到什么都会燃烧，不但将自己的功德、人缘都烧掉，甚至连三宝的形象也会被烧毁，所以佛陀要在诫贪之后，特别接着诫瞋。

在家的白衣贪著五欲，当然也会有强烈的瞋心，不过瞋心却不一定和贪心成正比，特别是有些人会为了贪而不让瞋心显露出来；倒是刚愎自用、守身如玉、孤芳自赏的人，很容易表现出瞋恨心的习气，一个修行的人，如果变成这样——贪心不强却瞋心猛烈，那是很可惜的。在修行人之中，经常发生这种现象，所以佛陀特别教诫大家要多小心，所谓"一把无明火，焚烧功德林"，一般人都会说"小不忍则乱大谋"，更何况是修学无上解脱法门的人，如果不诫瞋心，不除恚念，就会自毁毁人，还会让三宝受损。

其实，瞋和贪是有连带关系的，某些精进修戒定的人，为何会生起那么大的瞋恨心呢？那是因为自己一方面有戒相的约束，一方面又怕舆论的批评，为了自己的面子，表面上不敢有贪，但潜意识中贪的力量还在，因此当他看到自己能约束自己时，就想别人为什么不能做到？而自己不能要这些东西，别人又为何能要呢？于是瞋心就起来了。因此修行人瞋心特别强的原因，其实是和贪念有关的，这必须非常谨慎。不要以为有瞋心而无贪心，还是在修道，其实有瞋心就与道不相应了；真正有智慧、有慈悲的人，应是无贪亦无瞋。

在团体中，往往为了息事宁人而满足某些人的贪心，主要是不让他生起瞋心，因为如果有人起了瞋心，可能成事不足、败事有余，影响了全局。如果一时间少量地满足对方的贪欲，使他不生起瞋心，以顾全大局为重，让对方也不致于做大坏事；否则，瞋心一起，很可能会玉石俱焚，两败俱伤，所以瞋心实在比贪心更可怕。

节节支解，意谓有人用刀或剑把你的身体一部分一部分、一块一块地割下来，譬如五官的眼耳鼻舌、身体的手脚背腿等，一样一样地砍截切割，这叫节节肢解。被一刀砍死，或许还没那么痛苦，节节肢解则是非常难受的，在这种情形下，还能不起瞋恨心，这是比丘所应该学的。有一则佛陀本生故事：即释迦世尊往昔生中，曾是忍辱仙人，遇到一位歌利王把他活活支解，但他没有生起瞋恚，所以称作忍辱仙人。这则本生故事在《涅槃经卷三一》、《大智度论卷一四》以及《金刚经》中都曾被引用。

忍，六波罗蜜的第三项，不论声闻或菩萨，这都是必修的法门，即对怨害不回报、不起瞋。

有力大人，凡夫以征服、战胜他人为有力的勇士，圣贤以让人、容忍为有力的大人。

甘露，梵文 amta（阿密哩多），是印度传说中的一种饮食，又叫作"天酒"或"美露"，味甘如蜜，诸天以此为食而长寿，所以又称为"不死之药"。佛经中常用甘露来形容佛法的功能，名为甘露法食。

白衣，这是佛世印度对俗人的别称，因为印度的婆罗门以及俗人都穿鲜白的衣服，而出家沙门都穿染色衣，又名缁衣。

十、对治骄慢

汝等比丘，当自摩头，已舍饰好，着坏色衣，执持应器，以乞自活；自见如是，若起骄慢，当疾灭之，谓长骄慢，尚非世俗白衣所宜，何况出家入道之人，为解脱故，自降其心，而行乞耶。汝等比丘，谄曲之心，与道相违，是故宜应质直其心，当知谄曲但为欺诳，入道之人，则无是处，是故没等，宜应端心，以质直为本。

你们诸位比丘，应当自己摸摸已经剃光了的头，你们会发现，自己已经舍弃了美好的服饰以及璎珞庄严珠宝等，而披上了坏色的袈裟，托着应量的食器向俗人乞食自活；见到自己这个样子，如果还会生起骄慢心的话，应当立即消灭它。所谓增长骄慢心，连世俗的白衣都不应该有，何况你们已是出家进入圣道之门，为求解脱而降伏自己的心，而以乞食为生的人呢？

你们诸位比丘，同时也不要生起谄曲之心，那是与圣道相违背的，应该生起质直之心。你们必须知道，谄曲之心仅是为了达成欺诳的目的，已入圣道之人，谄曲绝对是错的，所以你们应该端正自心，以质直为原则。

这又是和上面经文相连贯的，当一个修道的人，不表现出贪，也不显示出瞋的烦恼时，就会觉得自己真是一个修道的人，并且对自己说：你看，我们出家人真是了不起，在家人要的，我们通通都不要，在家人有的坏习气、烦恼心，我们都没有，因此很快就可能产生傲慢心而不自知。

所谓"天下皆醉我独醒"，眼看世间人都是那样的烦恼、执著，出家人似乎什么问题也没有，一方面对自己感到满足，一方面对别人表示自己是了不起的，于是就生起了贡高我慢心，这是修道学法的人很容易犯的毛病。可能表面上看似慈悲清净，所谓三衣一钵、树下一宿、日中一食、慈祥恺悌，但心中却非常自满，自以为了不起，自命清高，这就是"傲慢"；比丘不得有傲慢心，因为这也是一种烦恼。

傲慢心如果表现出来，让人发现了，会损伤出家人的形象；若存于心中不表现出来，则圣道不易成就。因为有傲慢心，很可能会得少为足，自以为是；如说慢、过慢、卑劣慢是凡夫的烦恼，而增上慢却是圣者的缺陷，因此在《法华经》中有增上慢比丘闻大法而退席的记载，正是得少为足、自以为是的傲慢心所致。因此，修道之人应常怀谦虚，所谓"虚怀若谷"，不要自以为有道有学有德，更不要自以为是证果的解脱人，否则都还是一种执著，根本未得解脱，只是表面看似无贪无瞋，其实内在还有骄慢的"我"存在。

经文中又讲到谄曲，这似乎和骄慢无关，其实两者是息息相关的。凡是骄慢的人，一旦遇到自觉比对方有所不足，或担心别人发现他还有骄慢的我执时，就可能生起谄曲之心来对待他所接触到的人，主要目的是希望他们不要指责他，同时也希望从他们那儿得到称赞及保护的利益。这还是自私的念头在作怪，和圣道是相违背的。

所以比丘既不可骄慢，也不可谄曲，应实事求是，将自我的存在、自我的价值、自我的名声、自我的虚荣都摆下，这就叫作"质直"，正是《维摩经》所说的"菩萨以直心为道场"。

坏色衣，根据律藏记载，比丘所穿的袈裟名"粪扫衣"，是用各种在垃圾堆或坟场所捡来的布料缝制而成，然后再用树脂染成木兰色；如果得到的是新布制成的衣，则须"点净"，即用黑色颜料点上一点，以破坏原本统一、整体的颜色。

应器，是"应量器"的略称，梵语 pātra（钵多罗），是与法相应的食器，僧众接受施主供养时用的一种食器，能恰到好处地适应自己的胃的容量，因此名为"应量器"，在中国简称为"钵"。

骄慢，自高凌他之心，称为骄慢。《俱舍论》卷四："慢，对他心举；骄，由染自法，心高无所顾。"慢，是对他人表现出得意洋洋的样子；骄，是自心被烦恼所染，还目空一切的样子。

十一、少欲生善

> 汝等比丘，当知多欲之人，多求利故，苦恼亦多；少欲之人，无求无欲，则无此患。直尔少欲，尚应修习，何况少欲能生诸善功德。少欲之人，则无谄曲以求人意，亦复不为诸根所牵；行少欲者，心则坦然，无所忧畏，触事有余，常无不足。有少欲者，则有涅槃。是名少欲。

你们诸位比丘应当知道，多欲的人因为多求自利，所以苦恼也多；少欲的人，不求名闻利养，没有欲求就不会有苦恼。仅是为了少欲，尚应修习，更何况少欲还能增长诸种善法的功德。

如能少欲，就不会以谄曲之心来逢迎他人的心意，也不会被五根的贪著所牵引。

因此，修习少欲的人，其心坦荡，无所忧虑、无所畏惧，遇到任何事，无论多少，都觉得满足；若能少欲，则有涅槃的果位可得，这就叫作"少欲"。

这一段和前述的骄慢、谄曲是相衔接的，由骄慢而变成谄曲，对上谄曲，对下骄慢，对不如己者骄慢，对胜于己者谄曲，目的是为了呈现出自己存在的价值，而希望受到他人的肯定、恭敬、供养，亦即希望获得名闻利养，这种人并非无欲，而是另一种贪求，所以再回到少欲这一点来讲。

多欲的人，有时从表面上看不出来，因为这里所说的多欲，并不等于贪求五欲等物质的享受，而是追求名闻、追求地位或追求恭敬；名闻恭敬背后，一定会有物质的供养，所以修道之人一定要小心，只要还有一些期待，无论期待世间的任何东西，就会产生不安全感，就会有怀疑、忧虑、恐惧等烦恼心出现，就会怕人家看不起，就会怕失去自己的名声地位，因此需要用诌曲的态度来保持、稳固自己的傲慢，这些都是烦恼，所以是与离欲的涅槃背道而驰的。唯有少欲，才能生起世出世间一切善法功德。

这种微细的贪欲，只有已离欲的阿罗汉才不会有，凡夫是一定都会有的，所以应随时警惕。如果认为自己什么都不要了，但名声不能坏掉，或自以为自己是无欲之人，所以无论如何都胜人一筹，有这些想法，其实就是一种贪欲，已非无欲之人了，却还不自知。

欲，追求、贪取享受，是染污的烦恼欲，有两个层次：一是以五根贪取五欲；二是以心念贪著名闻。

十二、知足安乐

汝等比丘，若欲脱诸苦恼，当观知足，知足之法，即是富乐安隐之处。知足之人，虽卧地上，犹为安乐；不知足者，虽处天堂，亦不称意。不知足者，虽富而贫；知足之人，虽贫而富。不知足者，常为五欲所牵，为知足者之所怜愍。是名知足。

你们诸位比丘，如果真的希望解脱一切烦恼之苦，应该观想知足，知足这种观想法，就是富贵快乐安稳的着力处。知足的人虽然赤贫如洗，睡卧泥地，也还觉得非常安乐；不知足的人虽然上了天堂，也不会满意。因此，不知足的人，常常被五欲之毒所牵引，而被知足的人所怜悯。这叫作"知足"。

这是跟上一段的少欲密切衔接的，仅仅要求少欲是不容易做到的，因此要加上另一种观念和方法，来帮助自己达成少欲乃至离欲的目的，那就是"知足"。一般人很难确定什么叫作够、不够，什么叫作满足、不满足，往往一时间的够，只是当前所追求的；一时间的满足，只是当前所需要的。然而，所谓"欲壑难填"，当前的满足，并不等于永远能满足，他会考虑到：现在拥有了，未来是否也还会拥有？在此处拥有了，在别处是否也能拥有？我个人拥有了，我的家人是否也能拥有？我活着的时候所拥有的美名，死后是否仍会留芳百世呢？……因此，实在很不容易达成知足的目的。所以必须时时观想自己"有也足，无也足；多也足，少也足；好也满足，不好也满足"，这是一种内心自求安乐、稳定、自在的最好方法。

知足，并不等于没有进取心，并不就是什么东西都不要，而是现在我有，很好；没有，也很好；不为未来忧愁，未来还没有来，可以为未来作准备，但不要为未来担心；要为其他人准备，但不一定要为自己准备，但自己却也一定受惠。如果能这样，则随时是自在安乐的解脱者。否则，如果认为反正我什么都不要，知足就可能会变成消极而什么都不做了，事实上，最低限度的吃饭、睡觉都还是需要的，不可能什么都不要。

所以，知足应该是随缘努力、精进不懈但又随遇而安。人家给我的待遇好，很好；待遇差，也很好。昨天可以住在五星级的饭店中，今天可与乞丐同住，因此出家人是"上与君王并坐不以为贵，下与乞丐同行不以为贱"，这就是"知足"。

一般佛教徒倾向于什么都不要，这样对初学者而言是对的，应该如此；但如果为了让佛法久住世间，普遍弘扬，成就众生，就不能一直以贫为富，以富为烦恼，这种观念不一定是对的；但若一味追求富贵名望，则又是多欲而不知足了。

十三、远离愦闹

汝等比丘，若求寂静无为安乐，当离愦闹，独处闲居。静处之人，帝释诸天，所共敬重，是故当舍己众他众，空闲独处，思灭苦本。若乐众者，则受众恼，譬如大树，众鸟集之，则有枯折之患。世间缚著，没于众苦，譬如老象溺泥，不能自出。是名远离。

你们诸位比丘，如果想求得寂静无为的涅槃之乐，应当远离热闹之处，而单独住在无人来往的地方。像这样住在安静之处的人，会受到帝释天以及其他诸天护法的共同敬重，因此，你们要舍弃自己的徒众和其他跟你生活在一起的群众，到空闲的地方单独修行，才能够思惟灭除烦恼之苦的根本。如果你乐与众人共住，就会受到他们所给你的恼乱，譬如大树，如果许多鸟集中在上面，就有折枝枯萎之忧。你若对世间的一切束缚执著的话，就会淹没在众苦之中，就如同老象陷在烂泥淖中不能出来一样，这叫作"远离"。

对于初学的比丘而言，这一段非常重要。我们要知道，出家是为了放下世间所有的一切执著，而达成离欲出世的目的。如果出家之后，虽然摆下了世俗的一切，乃至名闻利养也都放下了，可是却还认为自己要担起什么重责大任，急着广收徒众，或要跟许多人在一起，就怕自己孤独而失去一切，弄得连自己都不知身处何地，这样的人是不能解脱的。

一定要舍弃一切依靠，不依赖物质，也不依赖环境或任何人，只有一心专注地修习出世善法，否则便不得解脱。如果希望依赖弟子信徒的供养、依赖团体的保护、依赖群众给予安全，依赖太多就无法解脱了，一定要放下所有一切对外的依赖，才真能进入圣道之门；因此佛陀住世时，也常赞叹在阿兰若处住的比丘。

可是，这也是有阶段性的，律藏中有许多比丘是在僧伽蓝中住的，所以在佛世以及佛涅槃后，僧团群体共住是事实，而阿兰若处住的比丘在人数比例上并不多。像五比丘证阿罗汉果之后，就到人间游化；还有许多比丘证阿罗汉果之后，就担任照顾僧团大众的执事；而在戒律中也有规定，比丘出家，五夏之内不得离开依止师。所以，这一段的主要精神在于：出家人不要有依赖任何人的习惯和存心，才能和出世的圣道相应。

安乐，在佛法中安乐即解脱涅槃之意，是究竟的，不是相对比较的安乐。世间的五欲之乐，乃至禅定之乐，都没有解脱之乐来得彻底究竟。在大乘经典中，例如《阿弥陀经》的极乐世界，在《无量寿经》中叫作安乐世界，就是指的净土佛国。

独处闲居，是指阿兰若处住，梵文 aranya 意译无诤声、闲寂、远离处，或距村落五百弓处、牛声不闻处。根据经律所载，若干比丘共同修行处，远离尘嚣，或单独一人的修行处，或二三人于室外造小型的房舍，或居于树下的空地，都可名为阿兰若。住在那些地方的比丘，名为"空寂行者"或"阿兰若比丘"，那是十二头陀行之一。依据印度婆罗门教的古风，人在一生之中，有一段时期名为"森林期"，必须离家到森林中去修行。而佛教的比丘，为了打下独立修行的基础，在出家五年之内，知法知律，懂得修行方法之后，是被鼓励独住修行的；但这也是阶段性而非永久性的，例如头陀第一的摩诃迦叶，也有许多弟子。在汉传和藏传佛教里，都有在山中住茅蓬或山洞者，也可算是此一类型。

帝释诸天，帝释，是欲界六天的第二忉利天（三十三天）的天主，又名释提桓因。诸天，指护法神王、天龙八部等。佛经中也有记载欲界乃至色界之大梵天主、梵辅天、梵众天，以及诸天天主、天女，都会护持三宝。

十四、策勉精进

汝等比丘，若勤精进，则事无难者，是故汝等，当勤精进，譬如小水常流则能穿石。若行者之心，数数懈废，譬如钻火未热而息，虽欲得火，火难可得。是名精进。

你们诸位比丘，如果能勤奋地精进于道业的修行，那就没有一桩事会难倒你，因此，你们应当要勤勉地精进努力，绵绵不绝地用功，就像小水常流，永不间断，则连石头都能滴穿。如果一个修行者的心，一次又一次地常常懈怠荒废，所修的道业一定不会成功。就像钻木取火的人，木还没有热，火还没有钻出来就休息了，虽然希望得到火，却是永远得不到的，这叫作"精进"。

通常要想完成任何一桩比较重大的事业时，都必须付出恒心和毅力，锲而不舍，不能一曝十寒，一定要连续不断，无论怎样艰辛疲倦，纵然有种种内在外在、主观客观的障碍阻扰，还是不能放弃自己的目标，也不能对自己所要完成的目标丧失信心，那么，终究一定会完成的。

不过，佛经中比喻修行当如小水常流，而不是山洪暴发。如果像山洪暴发，会一下子冲毁许多有益的田地庄稼，伤害许多众生的生命，而且山洪一泄之后就没有水了，这不是修行的态度；而应该像绵绵不绝、源远流长的水，虽然温和却终年不间断，这样才能完成大业。

一般人做普通的世间事业，如有精进心则无事不办，如果三天两头、三心二意、朝秦暮楚、走走停停、拿不起又放不下，到头来必然一事无成。做世间事尚且如此，何况修习出世间圣道，那更需要有精进心。

这段经文和前段是相连贯的，要精进修什么呢？要精进于修行前述各项善法，然后才能完成戒、定、慧的功德。

精进，在三十七道品中名"四正勤"，在六波罗蜜中叫"精进波罗蜜"。这是在知道如何修行之后，亦即已经选好了修行法门、确定好了修行方向之后，就要有精进的工夫，才能完成修行的目标。

十五、常当摄念

汝等比丘，求善知识，求善护助，而不忘念。若不忘念者，诸烦恼贼则不能入，是故汝等，常当摄念在心。若失念者，则失诸功德；若念力坚强，虽入五欲贼中，不为所害，譬如着铠入阵，则无所畏。是名不忘念。

你们诸位比丘，当在求得善知识以及善护助之后，不要把心念忘了，如果你能常守住心念不忘，一切烦恼贼就不能进入你们的心，因此，你们诸位应该常常摄念在心。如果失念的话，就会失去一切功德；如果念力坚强的话，虽然进入五欲的贼窟之中，也不会被五欲贼所害，譬如披着铠甲进入敌阵一样，没有什么好害怕的，这叫作"不忘念"。

这一段和精进是有连带关系的，精进是不断不断地继续用功，不忘念则是连一个念头都不会疏忽掉，念念系于修习的方法和方向，没有任何杂念妄想来打断或干扰，也就是前面所说的"制之一处"，把心制于一处，从此以后，心不再游离而失去正念。

修戒、定、慧任何一学都需要不忘念，只要心念稍一松懈，五欲的烦恼贼就会乘虚而入，攻其不备，你将因一点的疏漏而全盘崩溃。在佛经中有一则比喻：有一比丘乘着浮囊在海上漂流，一个罗刹希望从他的浮囊中要一点气，这是绝对不能给的，因为浮囊只要有一个小孔，气就会全部跑掉了；所以必须防微杜渐，亦即必须念兹在兹，收摄心念，不要以为稍稍疏忽一下没什么关系，一疏忽马上会被五欲之贼侵入，劫走所有功德财物，这是比丘必须要守持的。

持戒须如此，修定更须如此，只要有一念差池，就无法进入定境；倘若已在定中，只要有一点妄动，就会马上退失定力，这是非常不划算的。所以修行禅定者，非常重视收摄心念。至于智慧，即正见分明而私欲不起，那就是解脱自在的智慧，如果生起私心或自我的执著心，马上就和解脱道不相应。

所以为何有人证初果后，很快就证阿罗汉果，有的人却需要七返生死乃证，差别就是因为把握得住心念与把握不住心念；也有人无论如何修行，总是圣道不现前，也是因为心中有掺杂着细微烦恼的妄念，所以工夫不易得力。这段经文是要我们常披着摄念的铠甲，不要被五欲贼的毒箭射中。如能不失正念的话，即使陷入五欲阵中也能不为所动；反之，只要一念失去正念，马上就会被五欲的毒箭射中。修行工夫，主要在于心念的持续不失。

善知识，亦师亦友的人，名为善知识，孔子说"友直、友谅、友多闻"，直、谅、多闻的朋友也是善知识。在佛经中所说的善知识，大致可分三类：一是教授善知识，指的是老师；二是同行善知识，指的是同学、同修；三是外护善知识，指的是从正面协助你修学佛法的人，即"善护助"。

十六、修习禅定

> 汝等比丘，若摄心者，心则在定；心在定故，能知世间生灭法相，是故汝等，常当精勤修集诸定。若得定者，心则不乱，譬如惜水之家，善治堤塘，行者亦尔，为智慧水故，善修禅定，令不漏失。是名为定。

你们诸位比丘，如果能够摄心的话，你的心就能住于定境；心能住于定境，就能够知道世间的生灭法相，所以你们应该经常精进、勤勉地修集一切层次的禅定。如能得定，心则不乱，就像是爱惜水的人家，会好好修建池塘的堤防一样，修行的人为了爱惜智慧的水，所以要好好修习禅定，使智慧之水不会漏失。这叫作定。

这是紧接着上段经文而说的，上面讲摄心，亦即收摄自己的心念，不使它忘失或散乱，在日常生活中，就不会受五欲的侵害。但是摄心的功能在于入定，定有世间的四禅八定，与出世间的无漏定（灭尽定）。在定中可能有两种状况：一是住于一念，心外无境，心内没有攀缘，只止于一；二是入定之后，因为没有了自我中心所做的主观的分别、执著、判断、比较，所以对身心之外的种种现象能明察秋毫，了知生灭无常、变化不已的真相，同时，对自己心念的微细行相的生灭无常，也都历历分明，因为五蕴中的行蕴是通于微细的定境的。

　　如果已经进入出世间定，那是用空性的智慧来观察一切法的现象，这不一定是神通，而是智慧，得世间定而有神通的人，不一定对心念的微细行相能觉察明了。因此，为了达成这样的目标，必须修禅定，而修禅定的功能，在于开发智慧和维护智慧的不失；唯有开显了无漏的智慧，才是修行圣道的目的。

　　智慧，梵文 jñāna，译作"智"，prajñā 译作"慧"。智是决断，知俗谛；慧是简择，照真谛。或谓："慧门鉴空，智门照有。"智慧是通于世出世法的，破烦恼是空慧，化众生是智力。总之，这是已证无漏圣果的人所拥有的功德。

　　漏，梵文 āsrava，是烦恼的异名，因为有烦恼就会有流注和漏泄的功能，所以有烦恼就像储水的器具有漏洞、房舍的屋顶有漏孔。因此，凡是世间的一切境界都是有漏的，若能不受世间一切境界的现象所动，即进入烦恼的寂灭，名为无漏。

十七、智慧明灯

　　汝等比丘，若有智慧，则无贪著，常自省察，不令有失，是则于我法中能得解脱。若不尔者，既非道人，又非白衣，无所名也。实智慧者，则是度老病死海坚牢船也，亦是无明黑暗大明灯也，一切病苦之良药也，伐烦恼树者之利斧也。是故汝等，当以闻、思、修慧而自增益。若人有智慧之照，虽无天眼，而是明见人也。是为智慧。

你们诸位比丘，如果有了智慧，就不会产生贪著，应该经常省察，不要失去了智慧，如此则能在我释迦牟尼的佛法中得到解脱。如不是这样的话，那么这个人既不是修道的人，也不是在家的白衣，甚至无法给他什么名称了。

真实的智慧，就像一艘能渡过老病死之苦海的坚固大船，也像是无明黑暗中的大光明灯，也像是能治疗一切病苦的良药，也好像是能够砍伐一切烦恼之树的利斧。因此，诸位应当以闻、思、修三种慧来增益你们自己，如果有了智慧的照明功能，虽然还没有得到天眼，也已经是明眼人了，这就是"智慧"。

这一段是本经最精彩的重点，也可以说修行到这儿才点出了功能和目的所在，因为前文已讲过坚持净戒可以不堕三涂，修行禅定可以脱离五欲，而唯有启发智慧才能出三界、实证解脱而入涅槃。所以戒、定、慧三无漏学的戒和定，是智慧的基础以及引生智慧的善法，持戒修定的目的，就是为了开发无漏的智慧。因此本经到这一段指出修行一切圣道的目的和内容，就是智慧，开发出智慧才是实证圣道或悟入解脱道。

佛法之中不共世间的就是般若，其他一切戒和定，如果没有般若，就是世间法；有了般若，就能把一切世间法变成出世间法。也可以说，如果不依佛所说空慧的立场来看一切法，则一切法皆是世间法；如依佛所说空慧的立场来看一切世间法，则一切皆可转为出世间的解脱法。所以本经才把智慧的功能做了几种比喻，便是为了说明它的重要性。有智慧胜于有神通，有神通不一定有智慧，而有智慧的人可以有神通，也可以不需要神通；神通是方便，智慧才是究竟。

无明，烦恼的根本，称为"无始无明"。与智慧之明相反，有无明就无智慧；有智慧，无明即消灭。

闻思修慧，闻、思、修，总名三慧，彼此有连带关系。1. 闻慧，是以见闻经教而生的智慧；2. 思慧，是以思惟经教的义理而生的智慧；3. 修慧，是以修习禅定而生的智慧。一般人听闻经教之后，观念转变了，烦恼减轻了；进一步对经教的义理深入思惟，因此知见更加稳固，烦恼更加减轻；然后，如经教中所说的方法修行禅定，而开发出无漏的智慧。前两种是以散智而开发智慧，第三种是以定智来正确地断惑而实证空性的真理，所以三慧是有层次而相关的。

天眼，六通之一，也是三明之一；即凡夫有五种神通中的天眼通，圣者有三明中的天眼明。天眼通可以看未来、看深远、看微细；佛的三明六通是究竟的，其他三乘圣者的六通都是有尽的。

明见人，是指已经于五眼中开了慧眼见了空性的人，即二乘人所谓证初果得法眼净，从此阶位以上的圣者都是明见人，又称为"明眼人"。

十八、离诸戏论

汝等比丘，若种种戏论，其心则乱，虽复出家，犹未得脱。是故比丘，当急舍离乱心戏论，若汝欲得寂灭乐者，唯当善灭戏论之患。是名不戏论。

你们诸位比丘，如果作种种戏论的话，你们的心就会杂乱分散，虽然出家了，还是无法获得解脱。所以，比丘们应当赶紧舍弃乱心戏论的恶习，如果你们想要得到寂灭的究竟安乐，就必须努力灭去戏论的恶习，这叫作"不戏论"。

所谓戏论，就是聊天的意思，闲杂语、散乱语、天南地北、东家长西家短、此人好、彼人歹，不着边际地你一句他一句，没有一定的主题，也没有一定要表达的理念和想法，只是无聊找人聊天，三五个朋友在一起东拉西扯，从一个主题跳到另一个毫不相关的话题上去，最后没有结论，也不需要有结论，只是彼此闲话一场。

另一种戏论是故意玩弄文字游戏，辞藻华丽而文法严谨，所论的主题也冠冕堂皇，每个人都挖空心思，提供自己所能提供的知识学问和文字技巧的才能，或互相批评赞叹一番，之后最多留下几篇文章，甚至也没有留下什么文献，只是为了呈现各人的才能技巧，而做了一些游戏式的谈论。

另有一种戏论是指，凡是与佛法的三法印不相应，和解脱道、菩萨道不相关的种种议论，都叫作戏论。

如果出家人从事以上这三类戏论的话，是荒废时间，而且会使心散乱，顶多是聪明伶俐，而没有禅定和智慧。所以，"不戏论"也应该当作一条戒律来受持，如此才能得到究竟寂灭的安乐之处。

十九、反覆叮咛

> 汝等比丘，于诸功德，常当一心舍诸放逸，如离怨贼。大悲世尊，所欲利益，皆以究竟，汝等但当勤而行之。若

在山间，若空泽中，若在树下，闲处静室，念所受法，勿令忘失。常当自勉，精进修之，无为空死，后致忧悔。我如良医，知病说药，服与不服，非医咎也。又如善导，导人善道，闻之不行，非导过也。汝等若于苦等四谛，有所疑者，可疾问之，无得怀疑不求决也。尔时世尊如是三唱，人无问者，所以者何？众无疑故。

你们诸位比丘啊！对我以上所说的各种功德，应当经常一心修行，舍弃任何放逸的机会，好像离开怨贼那样。我这个大悲的世尊，都是用究竟的佛法来利益你们，你们应当勤而行之，譬如在山间或在空泽中，或在树下，或在闲处静室，系念你们所受的法门，不要忘失，应当经常勉力精进修行，不要什么也不做就白白死了，事后忏悔忧恼都已来不及了。

我就像良医一样，知道有什么病就给什么药，至于众生服不服药，那就不是医生的过失了；又好像是一个非常好的向导，能够引导人进入圣善之道，如果听了以后不照着去走，那不是向导的过失。

如果你们对于苦集灭道的四谛，还有疑惑的话，可以赶快问，不应该有怀疑而不求世尊为你们决疑。

当时世尊这样问了三遍，比丘之中没有一人发问，为什么呢？因为当时的每一位比丘都不再有任何怀疑了。

佛陀非常慈悲，在他临将涅槃之前，说出了以上非常精要的佛法，交代比丘弟子们如何持戒，如何修定，如何有智慧，如何避免和对治种种烦恼。讲完之后，还再重复一遍，告诉大家不要放逸，要好好修习圣道功德，要勤恳地修学，而且最好放下一切去做阿兰若比丘，同时，不要让心念忘失，要精进修行禅定和智慧；否则空过一生，到死为止，后悔也没有用了，这是非常可惜的。

佛的慈悲，就像慈母、良医、导师那样谆谆善诱，临别之前还要交代再交代，不仅是对当时围绕着他的那些比丘，以及看着他涅槃的徒众，其实还关心到涅槃之后，未来的出家弟子们应该如何修行，为后代所有佛教徒们，开出了治病的药方，画出了通向涅槃之城的路线图。至于是否吃药，是否照着去行，那已不是佛陀所能管得了的了。

释迦牟尼佛最初说法是讲四圣谛法，而最后的叮咛又提起四圣谛法，是彻始彻终、前后一致的。佛所说的法，确实是无量无数的，但浓缩起来精要地说，是以四圣谛为根本、主干、归宿。因此又再三地问比丘弟子们，对四圣谛法是否还有疑问？实际上是再三地对后代的弟子们，肯定他所说的四圣谛法。

四谛，苦、集、灭、道。苦是世间法的果，集是世间法的因；灭是出世间法的果，道是出世间法的因。凡是造作世间种种的恶不善业，都是苦的因；生老病死等种种的苦，就是世间的果。修戒、定、慧、八正道等出世间的善业，是解脱之因；而声闻、缘觉，乃至于佛，都是解脱之果。

二十、真实四谛

尔时阿楼驮观察众心而白佛言：世尊，月可令热，日

可令冷，佛说四谛，不可令异。佛说苦谛，真实是苦，不
可令乐；集真是因，更无异因；苦若灭者，即是因灭，因
灭故果灭；灭苦之道，实是真道，更无余道。世尊，是诸
比丘于四谛中，决定无疑。

当时，阿楼驮阿罗汉观察在场大众的心，然后向佛回报说：即
使月亮可以使它热，太阳可以使它冷，但佛说的四谛法不可能改变。
佛说的苦谛，真实是苦，不可能使它乐；佛说的集谛，真正是苦的
因，不会有其他的苦因；苦的果如灭了的话，苦因也会灭，苦的因
灭了的话，苦的果也会灭；灭苦之道，真实的是八正道，不会有其
他的道。世尊！我们这些比丘们对于佛所说的四圣谛，已绝对没有
什么疑问了。

这是阿楼驮对佛再三叮咛的回应，他是代表当时在场的大众，
向佛保证他们已经知道四谛是什么，他们已确实了知佛所说的四谛
法，就是佛所悟的境界和真理，也是佛一生所宣扬的真理，更是佛
希望所有一切的佛弟子们，亲自去实证的真理，唯有依止四圣谛法
如实修行，才能入圣道而得解脱。请释迦世尊不必挂虑，他的法大
家都已经了解。

这里虽然没有讲会一代代地传承下去，但已经暗示大家，了解
之后，必能如法修行，也能如法弘扬。

阿楼驮，这位比丘罗汉是释迦世尊十大弟子中天眼第一，又名
阿那律。当释迦世尊临涅槃前，十大弟子中似乎只有阿难和阿那律
尊者等少数大弟子在场，大迦叶尊者是后来才赶去的，另外有一些

已先于佛陀涅槃了，或接受佛的嘱咐到各地去弘化，因此在《佛遗教经》中只出现他一个名字。

二十一、两类弟子

> 于此众中，所作未办者，见佛灭度，当有悲感，若有初入法者，闻佛所说，即皆得度，譬如夜见电光，即得见道。若所作已办已度苦海者，但作是念，世尊灭度，一何疾哉。阿楼䭾虽说是语，众中皆悉了达四圣谛义。

在场的众比丘中，所作未办的人，见佛灭度，应当会有悲伤的感受，其中好像有一些初入法门的人，听佛说了以上的遗教，都能得度，他们这些人好像是在黑夜中见到了闪电的光，而看到了应该走的路。

如果是所作已办，已经度脱了生死苦海的人，只是生起这样的念头：世尊为什么这么快就灭度了呢？阿楼䭾虽然这样说出了以上两类弟子们的心情感受，但实际上，他们对四圣谛的胜义都已明了通达了。

许多人认为已断烦恼的人，或已见空性而悟道的人，是不会再有情感的，看到任何状况都好像镜子那样，只是如实反应各种形像和物像，他自己不会有任何主观意识在活动，如果是这样的话，那不是圣者，而是无情的矿植物。

《佛遗教经》这段呈现出的圣者们，不论是所作未办的初、二、三果，或所作已办的第四果，都还是有血有肉的人，照样有人情世故的关心，虽然没有烦恼执著，但还有为了尊重、恭敬、感恩以及慈悲等原因，心中有不同程度的种种反应，那不是烦恼，而是智慧；智慧不是冷冰冰的，它一定是和人与人之间的关心相应的。

因此，在这段经文中看到所作未办的初、二、三果，乃至初入圣道法门的比丘，还有悲凄的感受，如阿难尊者已证三果，还有哭泣的现象；至于四果圣人，已实证有余涅槃，烦恼已永不再起，但是见到佛陀即将涅槃，还是生起了这样的意念：佛陀为什么这么快就入涅槃了呢？还有许多众生需要度啊！这便是圣者的慈悲心了。

所作未办，1. 未得圣果的凡夫，不论他信不信佛、修不修行；2. 已得初、二、三果而尚未证四果的圣者，尚有事要办，所以又名"有学位"。

所作已办，是已证四果的阿罗汉，又名"无学位"，已出三界，是声闻乘的究竟位，通常有三句话："所作已办、生死已了、不受后有"，亦即对四圣谛之事已办完了。当然，如果对大乘的佛位而言，尚有事情可做，那就是要像《法华经》所说的回小向大、会三乘归于一乘。

二十二、开示无常

世尊欲令此诸大众皆得坚固，以大悲心，复为众说：汝等比丘，勿怀忧恼，若我住世一劫，会亦当灭，会而不离，终不可得，自利利人，法皆具足，若我久住，更无所益。应可度者，若天上人间皆悉已度；其未度者，皆亦已作得度因缘。自今已后，我诸弟子展转行之，则是如来法身常在而不灭也。是故当知，世皆无常，会必有离，勿怀忧也。世相如是，当勤精进，早求解脱，以智慧明灭诸痴暗。世实危脆无牢强者，我今得灭，如除恶病，此是应舍罪恶之物，假名为身，没在生老病死大海，何有智者得除灭之，如杀怨贼，而不欢喜？

世尊为了使在场的弟子们都能得到坚固的道心，所以用大慈悲心再次向大众开示：你们诸位比丘，不要再怀着忧愁苦恼，即使我住在世间一大劫，也会有要入灭的一天，如果只有聚会而不离别，终究是不可能的。而自利利人的法，我已经都讲了，就是继续久住下去，也没什么益处。应得度的人，不论是在天上或在人间都已经得度了；还没得度的人，也已经种下了得度的因缘。从今以后，凡是我的弟子们，应该把我所说的法，辗转实践，那就等于如来的法身常在而永不消灭。

因此，你们要知道，世间都是无常的，有聚会必有离别，所以不要忧戚悲苦，世间的现象就是这样，你们应当勤奋地精进，早日求得解脱，以智慧的光明来灭除种种愚痴的暗钝。世间实在是非常危脆的，没有任何一样东西是牢固坚强的。我现在能够入灭，就好像除去了一场大病，这个应该要舍弃的罪恶之物，名字叫作身，是被淹没在生老病死的大苦海中。一位有智慧的人，当他能像杀怨贼一样地把它灭掉时，还有什么不欢喜的呢？

这段话是真实地显现出佛的大慈悲心，因此说是大悲的佛、大悲的世尊以大悲心来说出他最后的遗教。他为我们点出了一个颠扑不破的真理，那就是佛所说的"三法印"：无常、无我和涅槃。三法印必须扣紧无常来讲，知无常就能知无我，能实证无常、无我就能证得涅槃寂静。所以这一段虽然没有提出三法印的名称，但其内容就是要告诉我们，"三法印"的事实才是绝对真理，亦是佛法的准则。

佛以他自己来示现无常，又从无常舍去我执，执什么？执世间法以及执肉身为我，如果透视世间无常的真相，透彻了知自己的身体一定会死，死就等于杀掉怨贼一样；因为以佛的智慧，观察、体验到众生的我见中，身见是最强烈的，所以，看到世间一切现象的无常，再实证自己必须舍弃这无常的色身，那就是无我，如此而生大欢喜，为什么呢？因为已入涅槃寂静了。所以，这段话非常重要。

另一点是指出和显示出佛是有大悲心的，所以成佛之后到涅槃之前，一直都在度化众生，甚至在涅槃之前，还要交代弟子们，辗转地修行佛法，使佛法永远住世，等于是如来法身常在。

如来以法为身，如依肉体为身的话，佛涅槃后弟子们就无处可依止了；如依止如来所说的法，则永远不会落空。这里点出了佛的智慧和慈悲所以能常留世间，必须要靠佛弟子们的自行化他，才能使佛法永久住世。

整部《佛遗教经》都在教导比丘们要修持戒、定、慧，但最后则说明：有智慧的人一定与大悲心相应，而大悲心又从哪里表现出来呢？要从以佛法利益众生中来实践，即叮咛弟子们有智慧之外，还要有慈悲，以此结束了佛陀最后的遗教。

大悲心，通常讲慈悲心。佛为众生拔除苦恼谓之"悲"，令得安乐谓之"慈"。对一切众生不论怨亲，平等救济，叫作"大慈悲"，简称为"大悲"；所谓"无缘大慈，同体大悲"，就是说普遍的、永远的、无限的、没有一点条件的救济众生。不为什么而救济叫作"无缘"；众生是诸佛自性中的众生，诸佛是众生自性中的诸佛，叫作"同体"。

法身常在，有几层不同的意思：1. 以如来所说的法义、法门和道法为如来身，亦即"以法为师"，就是以佛的法身为老师，所以只要佛法留驻世间，就等于如来常住世间；2. 如来以法性为身，诸法自性即是空性，空性遍一切时空，所以也是常住的，不仅是诸佛有此法身，一切众生也不离此法身；3. 实证一分无我的空性，断一分无明，就名为法身大士，这是指初地以上的菩萨。

在根本佛教所讲的法身，应是指第一种，以如来所说的法为"如来法身"。佛入涅槃后，即是自性本空的法性身，只要众生信佛学法，而发出离心和菩提心，就是在亲近佛的法性身，即知是与佛的法性身同在；如悟见空性，则是亲见如来法身。

二十三、勉求出离

汝等比丘，常当一心勤求出道，一切世间动不动法，皆是败坏不安之相。汝等且止，勿得复语，时将欲过，我欲灭度，是我最后之所教诲。

你们诸位比丘，应当经常专心一意勤勉地求得出离的圣道，一切世间不论是动法或不动法，都是败坏不安之相。你们不要再讲话了，现在的时间，中夜时分快过了，我必须进入涅槃了，以上是我最后的教诲。

这又和上一段密切相关，佛法化世救世的功能，是要弟子们发两种心：一是菩提心，二是出离心。上一段叮咛弟子们辗转修持、弘扬佛法，以使佛法常住世间，这是菩提心；而这一段再次勉励弟子们要有出离心，这二者如鸟之双翼，如车之双轮，如人之双足。亦即应以菩提心来住持佛法，广度众生；以出离心来祛除我执，断绝贪、瞋、痴三毒。否则，如果仅有菩提心而没有出离心，就可能变成世谛流布，与世俗法同流合污而不自知；如果只有出离心而没有菩提心，就可能变成独善其身的自了汉，既不能利益众生，也不能使佛法常住世间，那就是一个消极厌世而逃避现实的人。正确的佛法是，在出离心中一定有菩提心，在菩提心中一定有出离心，二者兼备，才真正是佛的弟子。

出道，修行出离世间而入涅槃之道，即以出离心修出离法而证解脱道。

动不动法，动法，是欲界的一切法；不动法，是色界、无色界的禅定法；动不动法即指三界一切法而言。

1999 年 6 月 23、24 日讲于纽约象冈道场，林孟颖记录整理

Chapter 7

八大人觉经讲记

如此八事，乃是诸佛菩萨大人之所觉悟。精进行道，慈悲修慧；乘法身船，至涅槃岸；复还生死，度脱众生；以前八事，开导一切；令诸众生，觉生死苦；舍离五欲，修心圣道。

绪　论

　　根据隋代的汉译佛经目录《法经录》所载，《八大人觉经》是由西域安息国来华的安世高，于东汉建和二年至建宁三年（148—170 年）之间译出。本经究竟属小乘或大乘圣典，古来也有不同的看法，隋代的费长房判之为小乘经典，唐代的道宣律师认为是大乘经；现代学者则大多将之归为小乘经。

　　本经名为"八大人觉"，乃是有八个项目为诸佛菩萨之所觉悟，若能觉知此八个项目，便是大人，便是诸佛菩萨；而此八个项目亦能令诸众生觉悟，令诸众生转生死之苦为解脱之乐，令诸众生如诸佛菩萨那样的成为大人。

　　由于这八个项目的内容及其精神，几乎与《佛遗教经》一致，故被视为带有原始圣典特色的所谓小乘经典。然在第五项的经文中有"菩萨常念"，第六项的经文中有"菩萨布施"，第八项的经文中有"发大乘心"，在第八项之后又有经文说："如此八事，乃是诸佛菩萨大人之所觉悟……令诸众生，觉生死苦……"这些表达的方式，均非《佛遗教经》的模式，确实有大乘圣典的气概，因此也被认作是大乘的经典。

　　本经的经文，连经题只有 375 字，但其内容丰实，组织严谨，如此简短精要，除了《心经》，于诸经之中尚无能出其右者。可是在中国的注经史上，关于此经的注释并不多。于《卍续藏经》中，只收有两种：1. 明末蕅益智旭的《八大人觉经略解》数纸，极其简略；2. 清代续法的《八大人觉经疏》一卷，是以华严宗的教判方式，引经据典并旁征儒、道二家之言，细判详释，是标准的经疏体例。当代的《太虚大师全书》的"三乘共学"之中，收有一篇《佛说八大人觉经讲记》，弘一大师亦曾手书本经。

虽然如此，本经于近四百年来的汉文化圈中，仍是相当受到重视的。特别是太虚大师，将大乘佛教中极受重视的普贤、文殊、弥勒、观音、地藏五大菩萨的功德，来配释本经第四项至第八项的经文涵义，可以说他已把此经视作三乘共学的一部概要书了。

《八大人觉经》是安世高于2世纪中译出，纵然可能不是世尊住世时所说的原貌，其集成的时代也相当的早，乃为素朴的大乘圣典，既保有原始佛教的面貌，也已带有大乘菩萨的精神了。

若从《阿含藏》及《巴利藏》中探查，也有与《八大人觉经》近似的经文，例如《中阿含经》卷一八的《八念经》，内容与本经的文字虽略异，宗旨几乎是一致的；由此可以说明，这八项大人之所觉悟、觉知的圣教，应该是佛陀所留遗教中的精义所在。

释 经 题

本经全名为《佛说八大人觉经》，也就是释迦牟尼佛亲口所说八项大人觉悟觉知的一部经典。

此处的"佛"即指历史上的释迦世尊。佛的涵义是自己已觉悟了，同时又以所觉悟的内容帮助众生觉悟，并且圆满无缺，所以被称为自觉、觉他、觉满的大觉者，又名为无上正等正遍的大觉者，梵文音译为"阿耨多罗三藐三菩提"。

释迦世尊所说的《八大人觉经》，主要是告诉弟子们，如果希望成为自利利他的大人，必须修持八项圣道行，那是大人之所觉悟，亦是使得众生成为觉者的圣道行。

至于为什么称为"大人"，那是因为具有大精进力，能成一切无量功德；具有大智慧力，能破一切无明烦恼；具有大悲愿力，能度无边苦恼众生。

佛法称已证解脱道的圣者为觉者，菩萨为自觉觉他的觉有情，佛为圆满的大觉者，此经是大觉者所觉，故名为"觉"。

"经"的梵文为 sūtra，音译为"修多罗"，意译则为"契经"，有契理契机之意；又有贯说及摄生之意；凡是彩线、席经、井索、圣教，皆名修多罗。在汉地特别将圣人之说名为经，贤人之言称为论，故将佛陀的圣教修多罗名为"经"。

释 经 文

一、诵念本经

为佛弟子，常于昼夜，至心诵念，八大人觉。

经文的意思是，做为佛弟子的人，应当不论昼夜，专心一意诵念八大人觉。

凡是接受佛法、皈依三宝，学着行佛所行，以期证佛所证的人，不论僧俗、男女老少、贫富贵贱，一旦进入如来的法门，便成佛的弟子。

"常于昼夜，至心诵念"，是叮咛佛弟子当勤精进，勿得懈怠，白天乃至夜间，都要诵持此经，系念此经，心不散乱，意不放逸。诵持有读诵、背诵、暗诵、忆诵，不论有事无事、有空没空，均应心系此经，如实修行。

昼有三时，夜有三时，称为昼夜六时。在经律中，世尊经常训勉弟子们，白昼固然不可荒废道业，夜间亦不得懈怠。夜间于前夜、后夜，应诵经习禅，中夜虽可睡眠，亦不得忘失所修圣道，仍当心系念忆，即是此处所说的"至心诵念"。

二、修四念住

第一觉悟，世间无常，国土危脆，四大苦空，五阴无我，生灭变异，虚伪无主，心是恶源，形为罪薮。如是观察，渐离生死。

大人觉悟的第一项是：世间万法都是迁流无常的，三界之内的任何国土，都是危机四伏、脆弱不堪的；地、水、火、风四大本空，若不领悟，便招众苦；色、受、想、行、识五蕴所构成的身心世界，因为生灭变幻，无有自我，亦无我所，所以也是虚伪的现象，并无谁在主宰。其中的心，虽非主宰，却是众生造恶的源头；肉体亦非自我，却是众生犯罪的渊薮。若能作如上的观察，便得渐离生死苦海了。

"四念住"旧译作"四念处"。小乘行者于修五停心观之后修四念住观，依五停心观可止乱心，得奢摩他（梵文 śamatha）；依四念住观可发观慧，是为毗婆舍那（梵文 vipaśyanā）。

小乘行者在入圣位初果之前，有七贤位，亦名七方便位、七加行位，即是五停心、别相念住、总相念住、暖、顶、忍、世第一；其中前三位又另名三贤位，后四位另名四善根位。第一加行的五停心观是指数息、不净、慈悲、因缘、界分别；第二加行的别相念住是指观身不净、观受是苦、观心无常、观法无我；第三加行的总相念住是指无常、苦、空、无我。

本经所列的四念住观，是先说总相念住，再说别相念住的身心不净。依四念住观的第三加行位，便可陆续生起四善根的功德，至世第一位满，即入见道位的得法眼净，而证声闻乘的初果圣位，再来七返生死便证无学位的第四阿罗汉果。所以本段经文的末句要说，依修四念住观，即可渐离生死了。

经文中的"世间"是指欲、色、无色三界，均在有限的时空范围之内，时间有交替，空间有变动，故皆属于无常的环境，不是常住的净土。

"国土"是指三界之中众生依止生存的环境，根据佛经所载，人间的国土，除了我们居住的地球名为南赡部洲，尚有我们无法到达的东洲、西洲、北洲。但均非究竟安乐之处，仍免不了兵灾、风灾、火灾、水灾、虫灾、疫疠等天灾人祸，随时都可能有不测的厄难降临；到劫末之际，纵然是三界中最高的禅定天，也难免遭劫，所以称为"危脆"。

所谓"四大"，即是组成人类肉体的四大元素：

1. 地大：骨、肉、筋络、皮肤、指爪、毛发等。

2. 水大：血液、涕唾、汗液、眼泪、舌津、精髓、便尿等。

3. 风大：消化、循环、新陈代谢等的运作。

4. 火大：体温、体能等。

四大和合，假名为人，而此四大元素若有一项不调，便生病苦，若缺其一，即会死亡；四大离散，人即成空，因此经云："四大苦空。"人类所依止而住的欲界环境，也是地、水、火、风的四大假合而成，若不悟其为空，执著为实有、恒有，便会起贪、瞋、取、舍等的烦恼之苦。

至于"五阴"则是构成人类身心世界的五大要素：

1. 色阴：是五尘及五根的物质现象，若无智慧，便会执著为我的身体或我所取物。

2. 受、想、行、识：是心理现象及生命的延续现象，若无智慧，便会执著为我的主宰及我的中心，产生人我是非、争长论短、孰好孰歹等的烦恼，层出不穷，真是苦不堪言。

其实，四大非真，五阴无我，才是佛的大人知见。因为世间的国土、四大、五阴经常都在"生灭变异"，是虚伪无主的，所以是危脆、苦空、无常、无我的。

由于众生愚痴，不体悟这些真理，便会起种种不善心，造作种种不善业，以四大的物质所成身，违犯无数罪恶行。所以经文要说"心是恶源，形为罪薮"了。

如果依照大人所觉悟而开示的圣教修行四念住观，便能由第三加行而渐入四善根，终究获得圣果，离生死而证涅槃。

在根本佛法的体系中，四圣谛是佛陀一代训示中的纲目，四念住则是佛陀一代禅法中的特色，两者是互为体用的。在四圣谛中有四念住的内容，在四念住中亦有四圣谛的内容；四圣谛重在慧解脱，四念住则由禅定的修持而开发观慧。

正由于四念住的无常、苦、空、无我，是与四圣谛的苦灭道相应，也与无常、无我、寂静的三法印一致，所以修习四念住观，虽为次第禅法，却已完全不同于外道所修的四禅八定，而是不共于外道的解脱圣道了。

三、少欲无为

第二觉知，多欲为苦，生死疲劳，从贪欲起；少欲无为，身心自在。

大人觉知的第二项是：多欲能带来苦恼，众生之所以在生死之中疲惫劳累，是从多欲引起的；如果能够少欲而不贪执追求，身心便得自在。

在本经的八条项目中，第一、第五、第七的三项，是用"觉悟"，其他五项，均用"觉知"；我们不明白梵文原典，对这两种语词的用法有什么差别，如果就本段的文义考查，似乎并无不同。"悟"是大人之悟，即是无上的正等正觉；"知"是大人之知，也是无上的正遍知觉。所以在历来的本经注释书中，均未对此"悟"与"知"二字，作任何分析解释。

"少欲无为"，是紧接着前一项的修习四念住观而说，因为修四念住观是为达到离欲而得解脱的目的，故在修习禅观的同时，必须要以少欲的心理建设来配合，否则"身心"会被多欲多求的苦恼所困扰，就会与成为离欲阿罗汉的目标背道而驰而不得自在了。

《佛遗教经》云："多欲之人，多求利故，苦恼亦多。"和这里所说的"多欲为苦"是一致的。经律论中所讲的欲，原则上是五根对五尘而产生对五欲的渴求、享受、占有，进而贪得无厌。五欲主要是指色、声、香、味、触，具体的说则为财物、男女、名位、饮食、睡眠等。

多欲多求的人，永远会为了不能满足而苦恼；在追求欲望时，往往会有求不得苦，一旦追求到手而正在享乐之时，又会为了不能每一项都满足和永保不失而忧愁苦恼，又会担心好景不常，或者害怕遭遇他人的明争暗夺，那就是爱别离苦及怨憎会苦了。

如果往未来世的因果报应来看，多欲之人，追求五欲之乐，往往损人利己，此生死后，便受地狱、饿鬼、畜生的三恶道果报之苦；如果是追求五欲之乐，但不损及他人，甚至也以五欲和他人共享，来生即于欲界的人间天上，享受欲乐的福报，福报享尽，还受苦报；如果贪求定乐，执著定境，死后即于色界、无色界的禅定天上受生，当定力退失时，还受生死流转的苦报。所以经文要说："生死疲劳，从贪欲起。"

因此，世尊在经律中，处处说少欲少恼是离生死之苦的主因，例如《佛遗教经》说："少欲之人，则无谄曲以求人意，亦复不为诸根所牵；行少欲者，心则坦然，无所忧畏。"佛说的少欲，不仅是少一些欲望，实际上是把贪欲少掉的意思；对于圣者无欲名为离欲，对于凡夫贤者尚未离欲，亦当"少欲"，故于《涅槃经》中有云："少欲者不求不取，知足者得少之时心不悔恨。"

至于"无为"，是不假因缘造作，不属生、住、异、灭四相的，即是佛的法身、涅槃，也是诸法的法性、实相、真如；在小乘的《俱舍论》标列有三种无为法，大乘的《唯识论》说有六种无为法。这段经文说"少欲无为"，是指若能少去欲求的生死法，便证涅槃的无为法，不再接受生死疲劳之苦，而从有为的身心获得"自在"解脱。

四、常念知足

第三觉知，心无厌足，唯得多求，增长罪恶，菩萨不尔，常念知足，安贫守道，唯慧是业。

大人觉知的第三项是：如果欲望之心永不满足，只知多求的话，便会增长各种的罪恶行为。菩萨行者就不一样了，应当经常想到必须知足，方能安于贫困，乐于道行，唯有开发离苦的智慧，才是自己的本业。

知足和少欲是互为因果的，能少欲者必由于知足，能知足者必由于少欲，所以说了少欲之后，接着阐明知足的重要性。

内有"无厌足"之心，即外有"多求"之行；人多求的对象，具体的说，大概是男女、饮食、名位、财富、权势等，由于贪欲不止，永不满足，便会将贪求的范围，从霸占一事一物、一人一家、一乡一族，扩展到征服、掠夺、奴役一地、一国、多国乃至全世界，为了达成目的，甚至不惜使用阴谋诡诈和战争杀戮，造成兵连祸结，尸横遍野，血流成河，为人间增长了滔天的罪恶。

此处的"菩萨"，有两层意思：一是小乘的立场，以释迦世尊未成正等正觉之前，历劫修行的阶段，皆名为菩萨。二是大乘的立场，以发起大菩提心，誓愿广度众生的人，不论凡圣，直到成佛为止，皆名菩萨。

无论大乘小乘，所说的菩萨行者，都应该是少欲知足的。唯有能够安身于贫困中的人，才能把守修行圣道的岗位，否则只要受到五欲之中任何一欲的勾引诱惑，便会把持不住而被牵着鼻子走，向欲境中打滚去了，那就是离开了修行慧业的圣道。

出家僧固然应该少欲知足，但一般人错认菩萨为了利益众生，则不妨随俗，可以享受凡人所追求的各种五欲。其实，僧俗的身份虽然有出家与在家之别，为了修习圣道，都应该少欲知足。而且大乘的菩萨道是以小乘的解脱道为基础，例如维摩、胜鬘等现居士身的大菩萨们，都是梵行清净的圣者。这在本经的第七项中，也特别有说明；否则不论是僧是俗，多欲而不知足者，必定会制造自害害人的罪恶行为。

五、常行精进

第四觉知，懈怠坠落，常行精进，破烦恼恶，摧伏四魔，出阴界狱。

大人觉知的第四项是：如何以恒常的精进心，来对治懈怠心与堕落心，然后才能破除一切烦恼的罪恶心，摧毁伏灭四种魔障，而得出离五阴十八界的生死牢狱。

一般凡夫，不论治学、治家、营业、理财，乃至服务人群、报答社会，也都要勤劳不懈，才能做出令人赞赏和自觉无憾的成绩来。做为一个修行圣道的人，更需要发起精进的长远心，才不会一曝十寒，虎头蛇尾。

许多人发起了初心，修行一段时日之后，便难以为继，半途废退，那就是因为不能经常提起精进心来，以致让烦恼恶魔有机可乘，一旦遇到诱惑难禁，或遭遇逆境挫折，便放逸懈怠去了。所以，不论是大小乘，都强调精进心的重要，例如三十七道品之中有"四正勤"，六度之中有"精进度"，《佛遗教经》也说："昼则勤心修习善法，无令失时，初夜后夜亦勿有废，中夜诵经以自消息。"《长阿含经卷九·十上经》则列举了八种懈怠法，是以八种精进法来对治，遇到任何疲劳、多事、病缘、障难之时，仍能提起心力，精进坐禅诵经；大乘的《普贤警众偈》则说："当勤精进，如救头然；但念无常，慎勿放逸。"

佛在说出修习四念住观，并勉励我们少欲知足之后，接着便告诫所有的佛弟子，应当"常行精进"，否则便会由于懈怠，而致堕落在烦恼罪恶的深渊之中，无法自救自拔了。唯有精进于圣道的观行，并且随时不忘少欲知足的生活原则，方能摧伏四种魔障，出离由五阴构成的三界牢狱。

所谓"四魔"，是指：

1. 天魔：来自欲界第六天，名叫波旬，能障人修行佛法，断人慧命。

2. 烦恼魔：贪、瞋、嫉妒、狐疑等心理现象，能恼乱身心，障碍菩提。

3. 五阴魔：或译为五蕴魔，有情众生由于色、受、想、行、识的五阴所构成的身心，常会有种种身心现象难以调伏，因而不受约束，起种种障害。

4. 生死魔：舍身受身，不由自主，贪生畏死又非死不可，尤其在善业未成，死魔即已现前，断人命根，无从修行。

在五阴构成的身心世界中，佛法将欲、色、无色的三界，形容为受生死苦患的牢狱、火宅、苦海、苦趣；在根本佛法中又进一步分为五阴、十二入、十八界三大科。

五阴的内容前面已介绍过；十二入又名十二处，是由六根、六尘互相涉入而生六识，六根、六尘合称是十二入；再加上六识，便成十八界。修习圣道的目的，在于出离生死苦海的五阴范围，出离十二入及十八界的生灭界，实证不生不灭的无为涅槃。

六、增长智慧

第五觉悟，愚痴生死，菩萨常念，广学多闻，增长智慧，成就辩才，教化一切，悉以大乐。

大人觉悟的第五项是：为了从愚痴的罗网及生死的牢狱中获得解脱，应当学习着像菩萨那样，经常系念着要广学多闻，来增长智慧、成就辩才，以利于教化众生的弘法工作，使得众生也能获得解脱的大乐。

这段经文是接着前一项而来的，前面四项是修习圣道的基础，此项则强调以智慧来祛除愚痴，以广学多闻来增长智慧度众生。如果缺少空慧，修习任何法门，都与无我的佛法不相应；修行禅观，不论如何精进，如果不能发起教化众生的菩提心，也和慈悲的佛法不相应。

此处的"愚痴"，即是烦恼的根本，亦名无始无明，众生的"生死"流转，不出十二因缘的循环三世；它们依序排列，周而复始，如圆环般无端无始，但却段落分明。而中心的祸源，实即是"无明"，它既是烦恼的根本，也是遮障智慧现前的主因。如果能够生起智慧之光，愚痴昏暗的无明烦恼便会消失于无形，愚痴的烦恼根源一旦拔除，生死的苦海也就可以顿时超越。因此，若要了生死，当先除愚痴；若要除愚痴，当先增智慧，如何增智慧？便要常念广学多闻。

为了自求解脱，应先一门深入，为了利益众生，则当广学多闻。初学的佛子，贵乎专一精要，菩萨为了适应种种众生的所需，则当博通三藏，遍访天下善知识；不过，如果所依止的善知识，本身就是博通三藏、广学多闻的，也就不必越山航海，踏破铁鞋，另外再去寻找善知识了。

广学多闻的目的，是在增长与解脱有关的智慧，不是为了学习世俗的知识及谋生工作的技能。如果已经在戒、定、慧的三无漏学，打下深厚不拔的基础，为了利益众生的方便，始得涉及世间的各种学问，所谓"菩萨道当于五明中学"。如果修学佛法尚自顾不暇，还是以专精一门最为牢靠。否则不但无法增长智慧，反而会惹来许多的烦恼；不能以佛法教化众生，反倒被众生同化去了；不仅不能以佛法协助众生获得解脱之大乐，反而自身受众苦交煎，脱不了身了。

如果离开了无私无欲的智慧，随时都会被愚痴的烦恼所吞噬，那就苦不堪言；所以应当效法文殊大士，常以智慧利剑，摧伏一切烦恼魔贼。

七、怨亲等施

第六觉知，贫苦多怨，横结恶缘，菩萨布施，等念怨亲，不念旧恶，不憎恶人。

大人觉知的第六项是：凡是生活在贫苦中的人，就会多生怨怼，容易与人横结种种恶缘，所以佛弟子们，应当学习菩萨们所作的布施行，常念怨亲平等，不念旧日的恶行，也不憎恨正在做坏事、说坏话的恶人。

释迦世尊从发心成佛到修行菩萨道的阶段，都表现出慈悲与智慧的交互并存，直至涅槃前为止，他不仅以悲智双运来自行化他，也以福慧并重来训勉弟子们。《佛遗教经》说："实智慧者，则是度老病死海坚牢船也。"又说："自今已后，我诸弟子展转行之，则是如来法身常在而不灭也。"这是告诫弟子们，智慧能度生死，所以很重要，用佛法的智慧行于人间，就等于如来的法身常住在世，但由于佛法重视自利利他、自度度人的悲智双运，福慧两足才是佛陀人格的圆满完成。所以经文在说出智慧的重要性之后，立即又开示慈悲的重要性。

经文所说的"贫苦"，含有两层意思：1. 一般凡夫缺乏养活身命的物资之时，便陷于贫苦之中；2. 一般凡夫缺乏因缘观及因果观的智慧，不论贫富贵贱，也是陷于贫苦之中。前者是因为无力生存而苦，后者是因为不能掌控命运而苦。

这两种贫苦的人，心中常存怨尤，跟任何人相遇相处之际，都会以仇恨不平的心情对待。就好像把两只斗鸡关在一个小笼子里，它们彼此为了伸展自己的空间，总以为是另外一只鸡妨害了自己，所以均以怨恨心来跟对方相斗，非得斗到两败俱伤、血肉模糊、无力再斗而等待死亡为止。这就像贫苦而心怀怨怒的人，往往见了任何人，都把对方看作怨家仇敌，随时都可能跟他人结上恶缘。

发了菩提心的菩萨行者，由于有了佛法的智慧和慈悲，对于任何众生，不论是怨是亲，只要他们愿意接受菩萨的布施，便给予平等的待遇；不会计较正在等待帮助的对象，过去有没有对自己犯过恶行的纪录；更不会在乎那些需要帮助的对象是善人还是恶人，都会一律给予平等的布施。

菩萨行者可能显现位高名盛、大富长者的身份，也可能示现一贫如洗、露宿街头的乞者身份；由于他们拥有智慧心和慈悲心，不论他们自己有没有财物，都会有力量以欢喜心来布施，贫苦的人遇到了他们，都能获得布施的救济。

布施的项目共有三种：1. 财施，2. 法施，3. 无畏施。遇到菩萨行者，可能同时得到三种布施，也可能只得到两种，但至少可以得到佛法的智慧心与慈悲心的布施。

智慧能助人转苦为乐，化忧为喜；慈悲能助人转失望为希望，化恐惧为安全。缺乏智慧与慈悲的人，纵然富甲天下，也等于是贫苦的人，舍不得拿出东西来布施给他人，纵然施舍一些小惠，还是希望从另一方面得到更多的回报。

菩萨行者经常富足而行布施，贫苦的愚者经常怨尤而患得患失；菩萨行者能够平等照顾怨与亲，贫苦的愚者满眼所见都是怨家和仇人。只要修学了佛法，便能转贫苦为欢喜富足，化贪求为布施修福。

慈悲的布施行，必须配合智慧的抉择力。如果是没有慈悲的智慧抉择，容易变成僵化的理性主义者，即使不伤人也会伤己；如果是没有智慧的慈悲布施，容易流为愚蠢的感性主义，不仅害己也会害人。所以佛法中的智者和仁者，一定是理性与感性的调和运用者。

八、不染世乐

第七觉悟，五欲过患。虽为俗人，不染世乐；常念三衣、瓦钵、法器；志愿出家，守道清白，梵行高远，慈悲一切。

大人觉悟的第七项是：五欲的过患，虽然做为一个在俗之人，也不应该染著五欲的世间之乐；应当常常想念出家人所持的仅仅是三衣一钵等简单的法器；同时也要发出家的心愿，以高远的梵行自律，希望做到修道者那样的三业清白，同时以慈悲心来利益一切众生。

在讲完平等布施而不别怨亲、不念旧恶之后，世尊提醒我们，贪著五欲的过患，接着又更进一步告诉我们，当以梵行高远的离俗生活为准则，唯有如此，才不会为了慈悲布施，而储积过多的财物，本来是为了满足受施者的欲望，结果反而自己也被卷入五欲阵中。所以要说，"虽为俗人"的在家菩萨身份，要广行财物的布施，但切勿被财物形成的欲乐所染。故在佛世，有好多位大富长者居士及居士女，由于受到佛法感化，而行无遮大施，但是自己的生活却非常节俭，如同修持梵行的比丘，这就是标准的在家菩萨精神，又例如《维摩经·方便品》说："示有妻子，常修梵行。"

这一段经文，是对在家菩萨说的，但也衬托出了出家菩萨的头陀生活与梵行生活，才是真正能远离五欲、自利利他的芳规模范。

"常念三衣、瓦钵、法器"，是指出家比丘所持的六物，也是比丘生活所需的最低资身之具：1. 僧伽梨（梵文 saṃghāṭī）：由九条乃至二十五条布制成的大衣，又称九条衣；2. 郁多罗僧（梵文 uttarāsaṅga）：由七条布缝制而成的巾衣，又称七条衣，是听讲、布萨时所穿，所以又称入众衣；3. 安陀会（梵文 antarvāsa）：是平常工作、就寝所穿的贴身衣物，即五条、下衣；4. 钵多罗（梵文 pātra）：有瓦钵及铁钵两种，又称应量器，出家僧应所需乞食所用的器具；5. 尼师坛（梵文 niṣīdana）：坐具；6. 滤水囊（梵文 parisrāvaṇa）：爱护水中生命之过滤器具。这里所说的"三衣"是六物中的前三项，"瓦钵"为第四项，"法器"则包括后二项。

"梵行高远"的意思，依续法大师（1641—1728 年）的解释是："如梵天行，高超六欲，远越释天。"这是认定"梵行"即是色界的梵天行，高过六欲天，远胜帝释天，因为修持断除淫欲的梵天行法而得生梵天。《大智度论卷八》也说："有人行十善业道不断淫，今更赞此行梵天行，断除淫欲故，言净修梵行。"卷二〇又说："断淫欲天皆名为梵，说梵皆摄色界，以是故断淫欲法，名为梵行，离欲亦名梵。若说梵则摄四禅四无色定。"

梵行也是涅槃的另一个异名，《法华经·序品》："具足清白梵行之相"，这是在介绍赞叹日月灯明如来的功德，所以嘉祥吉藏在《法华义疏》卷二说："梵行之相者，梵名涅槃，即根本法轮大涅槃也。"是以证得涅槃之万行名为梵行。小乘的《成实论卷一·三善品》也说："八直圣道名为梵行，梵名涅槃，是道能到，故名梵行。"若以本经所说的："守道清白"，与《法华经·序品》经文对照，确是指佛的功德名为梵行。

不过照这段经文的前后文义来研读，所谓"梵行高远"，又像是指出家生活断除淫欲的梵行，高过不断淫欲之人，且梵行精进始能远离生死之苦，唯以慈悲愿力，济度一切众生。

九、代众生苦

第八觉知，生死炽然，苦恼无量。发大乘心，普济一切；愿代众生，受无量苦；令诸众生，毕竟大乐。

大人觉知的第八项是：众生由于生死炽然，受无量苦恼。佛弟子们当发起大乘菩提心，来普济一切众生；应当发愿，代诸众生，受无量苦；使诸众生，究竟涅槃，住大安乐。

世尊说了第七项的不染世乐，并且鼓励弟子们当发出离心，修净梵行之后，唯恐弟子们忘了慈悲行而偏于自求解脱的小乘行，那不是佛陀应化世间的本怀，因此接着说出第八项的"发大乘心"、"愿代众生，受无量苦"等的悲深弘愿，这才是佛法的伟大所在。

尽管众生的根器有高有下，接受佛法的程度有深有浅、有广有狭；有的人只喜欢人天善法，有的人偏好二乘小法，有的可受用佛乘大法。但是佛陀的教法，并无二味，正如《维摩经·佛国品》云："佛以一音演说法，众生随类各得解。"一切众生各依不同的程度而各自取其能取；但就佛陀的本怀而言，是愿一切众生尽皆成佛，所以在《法华经·方便品》中畅演会三乘归一乘，明白宣示了"如来但以一佛乘故，为众生说法，无有余乘，若二若三"的究竟大乘之义。本经则于第八项中，提出了大乘胜义，而说："令诸众生，毕竟大乐。"不仅与《法华经》的立场相同，也跟《大般泥洹经卷四·分别邪正品》所说"一切众生，皆有佛性"的圣教无异。因此，可以肯定这部《八大人觉经》是属于大乘法门的。

至于"代众生，受无量苦"的这句经文，似乎是说菩萨可代众生受种种苦恼，众生便可以免受苦报，而得涅槃乐。这在蕅益智旭大师的本经《略解》中，便是如此理解的："不发代众生苦之心，则悲心不切。"

太虚大师的本经《讲记》中，也说："以为众生柔弱，不能受此身心大苦，自愿代其受苦，令诸众生反得安乐。像地藏王菩萨为众生故，深入地狱，不自以为苦，而以众生的苦为苦。"这样的理解，的确显示了菩萨悲心的崇高伟大，但是跟佛法的因果观，自作自受的说法，似乎有些出入。

所以续法大师在本经《疏》中便说："普代众生受苦者，谓修诸行法，不为自身，但欲广利群生……以身为质，于三恶趣，救赎一切受苦众生，恶（务）令得乐。"又说："菩萨代众生受苦者……教令修止观两门，心无暂替，因亡果丧，苦业无由得生，但令不入三途，名为普代众生受苦恼也。"指出他力开示与自力修持的关系，如果从这个立场来看，就跟基本佛法的因缘观、因果论是一致的。

经文中说的："毕竟大乐"，是指究竟寂灭的大涅槃，这也是大乘思想。原始的基本佛法，针对世人的四种颠倒——执著垢秽不净的四大所成肉身为清净、执著危脆不实的坏苦为快乐、执著五阴非我的身心世界为实我、执著生灭不已的无常现象为永恒，所以有四念住观所示的不净、苦空、无我、无常的修持法门；但是到了大乘的《大般涅槃经》，又将涅槃、般若、法身的三德说为真常、真乐、真我、真净，在《法华经》及《无量寿经》有安乐行及安乐国土之名，《阿弥陀经》称为极乐国土，都是佛的净土。本经第五项及此第八项所云"大乐"，乃表示涅槃寂静的真乐。

十、总结全经

> 如此八事，乃是诸佛菩萨大人之所觉悟。精进行道，慈悲修慧；乘法身船，至涅槃岸；复还生死，度脱众生；以前八事，开导一切；令诸众生，觉生死苦；舍离五欲，修心圣道。

如上所说的八项，乃是诸佛菩萨大人觉悟的圣道，佛弟子们应当精进修此圣道的慈悲及智慧，那便等于是乘坐如来法身的大船，航至涅槃的彼岸；完成不退转位之后，为了度脱众生，应当倒驾慈航，还入生死界中，将本经以上所示八事，开导一切众生；令诸众生，悉觉生死之苦，因而舍离五欲，修行此心而入于圣道。

这段经文，主要目的是将以上八条的内容，重点式地复习一遍，并且再度叮咛听闻、阅读到本经的佛弟子们，一旦解脱之后，切勿忘掉要再来生死界中，并且以佛的法身《八大人觉经》的八事，代佛宣化，令一切众生，都能舍离五欲、修行圣道、觉生死、证寂灭。

十一、劝诵灭罪

　　若佛弟子，诵此八事，于念念中，灭无量罪。进趣菩提，速登正觉；永断生死，常住快乐。

如是佛的弟子，应当常诵本经八项大人之所觉悟的圣教。于每一念中，都能灭却无量罪愆，得令进趣菩提之道，速登正等正觉，永断生死之苦，常住涅槃快乐。

一般经典的最后一段，均有"流通分"，目的在劝勉后人读诵、流传、弘通，本经也不例外。

诵此八事，就能在念念之中，灭无量罪，并且因而入菩提道，速成正觉的佛果，功德之大，不可思议。

我也劝请看到这本讲录的读者们，发愿经常读诵此经，就像背诵《心经》、《大悲咒》那样，便能在诵这部经时，灭无量罪，早成佛道。

1999 年 7 月 2 日讲于纽约象冈道场，林孟颖记录整理

Chapter 8
佛经精选

观自在菩萨，行深般若波罗蜜多时，照见五蕴皆空，度一切苦厄。舍利子，色不异空，空不异色，色即是空，空即是色，受想行识，亦复如是。

妙法莲华经观世音菩萨普门品

姚秦·三藏法师鸠摩罗什译

　　尔时无尽意菩萨即从座起，偏袒右肩，合掌向佛，而作是言："世尊！观世音菩萨，以何因缘，名观世音。"

　　佛告无尽意菩萨："善男子！若有无量百千万亿众生，受诸苦恼。闻是观世音菩萨，一心称名，观世音菩萨即时观其音声，皆得解脱。若有持是观世音菩萨名者，设入大火，火不能烧，由是菩萨威神力故。若为大水所漂，称其名号，即得浅处。若有百千万亿众生，为求金、银、琉璃、砗磲、玛瑙、珊瑚、琥珀、真珠等宝，入于大海。假使黑风吹其船舫，飘堕罗刹鬼国。其中若有乃至一人，称观世音菩萨名者，是诸人等，皆得解脱罗刹之难。以是因缘，名观世音。若复有人，临当被害，称观世音菩萨名者，彼所执刀杖，寻段段坏，而得解脱。若三千大千国土，满中夜叉、罗刹，欲来恼人，闻其称观世音菩萨名者，是诸恶鬼，尚不能以恶眼视之，况复加害？设复有人，若有罪，若无罪，杻械枷锁，检系其身。称观世音菩萨名者，皆悉断坏，即得解脱。若三千大千国土，满中怨贼，有一商主，将诸商人，赍持重宝，经过险路，其中一人，作是唱言：诸善男子，勿得恐怖！汝等应当一心称观世音菩萨名号，是菩萨能以无畏，施于众生。汝等若称名者，于此怨贼，当得解脱。众商人闻，俱发声言：南无观世音菩萨。称其名故，即得解脱。无尽意！观世音菩萨摩诃萨，威神之力，巍巍如是。若有众生，多于淫欲，常念恭敬观世音菩萨，便得离欲。若多瞋恚，常念恭敬观世音菩萨，便得离瞋。若多愚痴，常念恭敬观世音菩萨，便得离痴。无尽意！观世音菩萨，有如是等大威神力，多所饶益，是故众生，常应心念。若有女人，设欲求男，礼拜供养观世音菩萨，便生福德智慧之男，设欲求女，便生端正有相之女，宿植德本，众人爱敬。无尽意！观世音菩萨有如是力。若有众生，恭敬礼拜观世音菩萨，福不唐捐。是故众生，皆应受持观世音菩萨名号。无尽意！若有人受持六十二亿恒河沙菩萨名字，复尽形供养饮食、衣服、卧具、医药。于汝意云何？是善男子、善女人，功德多不？"

无尽意言："甚多！世尊。"

佛言："若复有人，受持观世音菩萨名号，乃至一时礼拜供养，是二人福正等无异，于百千万亿劫不可穷尽。无尽意！受持观世音菩萨名号，得如是无量无边福德之利。"

无尽意菩萨白佛言："世尊！观世音菩萨云何游此娑婆世界？云何而为众生说法？方便之力其事云何？"

佛告无尽意菩萨："善男子！若有国土众生，应以佛身得度者，观世音菩萨即现佛身而为说法。应以辟支佛身得度者，即现辟支佛身而为说法。应以声闻身得度者，即现声闻身而为说法。应以梵王身得度者，即现梵王身而为说法。应以帝释身得度者，即现帝释身而为说法。应以自在天身得度者，即现自在天身而为说法。应以大自在天身得度者，即现大自在天身而为说法。应以天大将军身得度者，即现天大将军身而为说法。应以毗沙门身得度者，即现毗沙门身而为说法。应以小王身得度者，即现小王身而为说法。应以长者身得度者，即现长者身而为说法。应以居士身得度者，即现居士身而为说法。应以宰官身得度者，即现宰官身而为说法。应以婆罗门身得度者，即现婆罗门身而为说法。应以比丘、比丘尼、优婆塞、优婆夷身得度者，即现比丘、比丘尼、优婆塞、优婆夷身而为说法。应以长者、居士、宰官、婆罗门妇女身得度者，即现妇女身而为说法。应以童男、童女身得度者，即现童男、童女身而为说法。应以天、龙、夜叉、干闼婆、阿修罗、迦楼罗、紧那罗、摩睺罗伽人非人等身得度者，即皆现之而为说法。应以执金刚神得度者，即现执金刚神而为说法。无尽意！是观世音菩萨，成就如是功德，以种种形，游诸国土，度脱众生。是故汝等应当一心供养观世音菩萨。是观世音菩萨摩诃萨，于怖畏急难之中，能施无畏，是故此娑婆世界，皆号之为施无畏者。"

无尽意菩萨白佛言："世尊！我今当供养观世音菩萨。"即解颈众宝珠璎珞，价值百千两金，而以与之，作是言："仁者！受此法施珍宝璎珞。"

时观世音菩萨不肯受之。无尽意复白观世音菩萨言："仁者！愍我等故，受此璎珞。"

尔时佛告观世音菩萨："当愍此无尽意菩萨及四众、天、龙、夜叉、干闼婆、阿修罗、迦楼罗、紧那罗、摩睺罗伽人非人等故，受是璎珞。"

　　即时观世音菩萨愍诸四众及于天、龙、人非人等，受其璎珞，分作二分，一分奉释迦牟尼佛，一分奉多宝佛塔。

　　"无尽意！观世音菩萨有如是自在神力，游于娑婆世界。"

　　尔时无尽意菩萨以偈问曰：

世尊妙相具，我今重问彼，佛子何因缘，名为观世音，

具足妙相尊？偈答无尽意：汝听观音行，善应诸方所，

弘誓深如海，历劫不思议，侍多千亿佛，发大清净愿。

我为汝略说：闻名及见身，心念不空过，能灭诸有苦。

假使兴害意，推落大火坑，念彼观音力，火坑变成池。

或漂流巨海，龙鱼诸鬼难，念彼观音力，波浪不能没。

或在须弥峰，为人所推堕，念彼观音力，如日虚空住。

或被恶人逐，堕落金刚山，念彼观音力，不能损一毛。

或值怨贼绕，各执刀加害，念彼观音力，咸即起慈心。

或遭王难苦，临刑欲寿终，念彼观音力，刀寻段段坏。

或囚禁枷锁，手足被杻械，念彼观音力，释然得解脱。

咒诅诸毒药，所欲害身者，念彼观音力，还着于本人。

或遇恶罗刹，毒龙诸鬼等，念彼观音力，时悉不敢害。

若恶兽围绕，利牙爪可怖，念彼观音力，疾走无边方。

蚖蛇及蝮蝎，气毒烟火燃，念彼观音力，寻声自回去。

云雷鼓掣电，降雹澍大雨，念彼观音力，应时得消散。

众生被困厄，无量苦逼身，观音妙智力，能救世间苦。

具足神通力，广修智方便，十方诸国土，无刹不现身。

种种诸恶趣，地狱鬼畜生；生老病死苦，以渐悉令灭。

真观清净观，广大智慧观，悲观及慈观，常愿常瞻仰。

无垢清净光，慧日破诸暗，能伏灾风火，普明照世间。

悲体戒雷震，慈意妙大云，澍甘露法雨，灭除烦恼焰。

诤讼经官处，怖畏军阵中，念彼观音力，众怨悉退散。

妙音观世音，梵音海潮音，胜彼世间音，是故须常念。

念念勿生疑，观世音净圣，于苦恼死厄，能为作依怙。

具一切功德，慈眼视众生，福聚海无量，是故应顶礼。

尔时持地菩萨即从座起，前白佛言："世尊！若有众生闻是观世音菩萨品自在之业，普门示现神通力者，当知是人功德不少！"

佛说是普门品时，众中八万四千众生，皆发无等等阿耨多罗三藐三菩提心。

般若波罗蜜多心经

唐·玄奘译

观自在菩萨，行深般若波罗蜜多时，照见五蕴皆空，度一切苦厄。舍利子，色不异空，空不异色，色即是空，空即是色，受想行识，亦复如是。

舍利子，是诸法空相，不生不灭，不垢不净，不增不减。是故空中无色，无受想行识，无眼耳鼻舌身意，无色声香味触法，无眼界，乃至无意识界。无无明，亦无无明尽，乃至无老死，亦无老死尽。无苦集灭道，无智亦无得。以无所得故，菩提萨埵，依般若波罗蜜多故，心无挂碍，无挂碍故，无有恐怖，远离颠倒梦想，究竟涅槃。三世诸佛，依般若波罗蜜多故，得阿耨多罗三藐三菩提。

故知般若波罗蜜多，是大神咒，是大明咒，是无上咒，是无等等咒，能除一切苦，真实不虚。故说般若波罗蜜多咒，即说咒曰：

揭谛揭谛，波罗揭谛，波罗僧揭谛，菩提萨婆诃。

地藏菩萨本愿经

唐·于阗国三藏沙门实叉难陀译

忉利天宫神通品第一

如是我闻，一时佛在忉利天，为母说法。尔时十方无量世界，不可说不可说一切诸佛，及大菩萨摩诃萨，皆来集会，赞叹释迦牟尼佛，能于五浊恶世，现不可思议大智慧神通之力，调伏刚强众生，知苦乐法，各遣侍者，问讯世尊。是时如来含笑，放百千万亿大光明云，所谓大圆满光明云、大慈悲光明云、大智慧光明云、大般若光明云、大三昧光明云、大吉祥光明云、大福德光明云、大功德光明云、大皈依光明云、大赞叹光明云。放如是等不可说光明云已，又出种种微妙之音，所谓檀波罗蜜音、尸波罗蜜音、羼提波罗蜜音、毗离耶波罗蜜音、禅波罗蜜音、般若波罗蜜音、慈悲音、喜舍音、解脱音、无漏音、智慧音、大智慧音、师子吼音、大师子吼音、云雷音、大云雷音。出如是等不可说不可说音已，娑婆世界，及他方国土，有无量亿天龙鬼神，亦集到忉利天宫。所谓四天王天、忉利天、须焰摩天、兜率陀天、化乐天、他化自在天、梵众天、梵辅天、大梵天、少光天、无量光天、光音天、少净天、无量净天、遍净天、福生天、福爱天、广果天、无想天、无烦天、无热天、善见天、善现天、色究竟天、摩醯首罗天，乃至非想非非想处天，一切天众、龙众、鬼神等众，悉来集会。复有他方国土，及娑婆世界海神、江神、河神、树神、山神、地神、川泽神、苗稼神、昼神、夜神、空神、天神、饮食神、草木神，如是等神，皆来集会。复有他方国土及娑婆世界，诸大鬼王，所谓恶目鬼王、啖血鬼王、啖精气鬼王、啖胎卵鬼王、行病鬼王、摄毒鬼王、慈心鬼王、福利鬼王、大爱敬鬼王，如是等鬼王，皆来集会。

尔时释迦牟尼佛，告文殊师利法王子菩萨摩诃萨："汝观是一切诸佛菩萨及天龙鬼神，此世界他世界，此国土他国土，如是今来集会到忉利天者，汝知数不？"

文殊师利白佛言："世尊，若以我神力，千劫测度，不能得知。"

佛告文殊师利："吾以佛眼观故，犹不尽数。此皆是地藏菩萨久远劫来，已度、当度、未度，已成就、当成就、未成就。"

文殊师利白佛言："世尊，我已过去久修善根，证无碍智，闻佛所言，即当信受。小果声闻，天龙八部，及未来世诸众生等，虽闻如来诚实之语，必怀疑惑。设使顶受，未免兴谤，唯愿世尊，广说地藏菩萨摩诃萨，因地作何行，立何愿，而能成就不思议事。"

佛告文殊师利："譬如三千大千世界所有草木丛林，稻麻竹苇，山石微尘，一物一数，作一恒河；一恒河沙，一沙之界，一界之内，一尘一劫，一劫之内，所积尘数尽充为劫。地藏菩萨证十地果位已来，千倍多于上喻，何况地藏菩萨在声闻辟支佛地？文殊师利，此菩萨威神誓愿，不可思议。若未来世，有善男子善女人，闻是菩萨名字，或赞叹，或瞻礼，或称名，或供养，乃至彩画刻镂塑漆形像，是人当得百返生于三十三天，永不堕恶道。

文殊师利，是地藏菩萨摩诃萨，于过去久远不可说不可说劫前，身为大长者子，时世有佛，号曰师子奋迅具足万行如来。时长者子，见佛相好，千福庄严，因问彼佛，作何行愿，而得此相。时师子奋迅具足万行如来告长者子，欲证此身，当须久远度脱一切受苦众生。文殊师利，时长者子因发愿言：我今尽未来际，不可计劫，为是罪苦六道众生，广设方便，尽令解脱，而我自身方成佛道。以是于彼佛前立斯大愿，于今百千万亿那由他不可说劫，尚为菩萨。

又于过去不可思议阿僧祇劫，时世有佛，号曰觉华定自在王如来。彼佛寿命四百千万亿阿僧祇劫，像法之中，有一婆罗门女，宿福深厚，众所钦敬，行住坐卧，诸天卫护。其母信邪，常轻三宝。是时圣女，广设方便，劝诱其母，令生正见。而此女母，未全生信，不久命终，魂神堕在无间地狱。时婆罗门女，知母在世，不信因果，计当随业，必生恶趣，遂卖家宅，广求香华及诸供具，于先佛塔寺，大兴供养。见觉华定自在王如来，其形像在一寺中，塑画威容，端严毕备。时婆罗门女，瞻礼尊容，倍生敬仰。私自念言：佛名大觉，具一切智，若在世时，我母死后，傥来问佛，必知处所。时婆罗门女，垂泣良久，瞻恋如来，忽闻空中声曰：'泣者圣女，勿至悲哀，我今示汝母之去处。'婆罗门女合掌向空，而白空曰：'是何神德，宽我忧虑。我自失母以来，昼夜忆恋，无处可问，知母生界。'时空中有声。再报女曰：'我是汝所瞻礼者，过去觉华定自在王如来。见汝忆母，倍于常情众生之分，故来告示。'婆罗门女闻此声已，举身自扑，肢节皆损。左右扶侍，良久方苏。而白空曰：'愿佛慈愍，速说我母生界，我今身心将死不久。'时觉华定自在王如来，告圣女

曰：'汝供养毕，但早返舍，端坐思惟吾之名号，即当知母所生去处。'

时婆罗门女寻礼佛已，即归其舍，以忆母故，端坐念觉华定自在王如来。经一日一夜，忽见自身到一海边，其水涌沸，多诸恶兽，尽复铁身，飞走海上，东西驰逐。见诸男子女人，百千万数，出没海中，被诸恶兽争取食噉。又见夜叉，其形各异，或多手多眼，多足多头，口牙外出，利刃如剑，驱诸罪人，使近恶兽，复自搏攫，头足相就，其形万类，不敢久视。时婆罗门女，以念佛力故，自然无惧。

有一鬼王，名曰无毒，稽首来迎，白圣女曰：'善哉菩萨，何缘来此？'

时婆罗门女问鬼王曰：'此是何处？'

无毒答曰：'此是大铁围山，西面第一重海。'

圣女问曰：'我闻铁围之内，地狱在中，是事实不？'

无毒答曰：'实有地狱。'

圣女问曰：'我今云何得到狱所？'

无毒答曰：'若非威神，即须业力。非此二事，终不能到。'

圣女又问：'此水何缘，而乃涌沸，多诸罪人，及以恶兽？'

无毒答曰：'此是阎浮提造恶众生，新死之者，经四十九日后，无人继嗣，为作功德，救拔苦难，生时又无善因，当据本业所感地狱，自然先渡此海。海东十万由旬，又有一海，其苦倍此。彼海之东，又有一海，其苦复倍。三业恶因之所招感，共号业海，其处是也。'

圣女又问鬼王无毒曰：'地狱何在？'

无毒答曰：'三海之内，是大地狱，其数百千，各各差别。所谓大者，具有十八。次有五百，苦毒无量。次有千百，亦无量苦。'

圣女又问大鬼王曰：'我母死来未久，不知魂神当至何趣？'

鬼王问圣女曰：'菩萨之母，在生习何行业？'

圣女答曰：'我母邪见，讥毁三宝，设或暂信，旋又不敬，死虽日浅，未知生处。'

无毒问曰：'菩萨之母，姓氏何等？'

圣女答曰：'我父我母，俱婆罗门种。父号尸罗善现，母号悦帝利。'

无毒合掌启菩萨曰：'愿圣者却返本处，无至忧忆悲恋。悦帝利罪女，生天以来，经今三日，云承孝顺之子，为母设供修福，布施觉华定自在王如来塔寺。非唯菩萨之母，得脱地狱，应是无间罪人，此日悉得受乐，俱同生讫。'

鬼王言毕，合掌而退。婆罗门女寻如梦归，悟此事已，便于觉华定自在王如来塔像之前，立弘誓愿：愿我尽未来劫，应有罪苦众生，广设方便，使令解脱。"

佛告文殊师利："时鬼王无毒者，当今财首菩萨是。婆罗门女者，即地藏菩萨是。"

分身集会品第二

尔时百千万亿不可思不可议不可量不可说无量阿僧祇世界，所有地狱处，分身地藏菩萨，俱来集在忉利天宫。以如来神力故，各以方面，与诸得解脱。从业道出者，亦各有千万亿那由他数，共持香华，来供养佛。彼诸同来等辈，皆因地藏菩萨教化，永不退转于阿耨多罗三藐三菩提。是诸众等，久远劫来，流浪生死，六道受苦，暂无休息，以地藏菩萨广大慈悲，深誓愿故，各获果证。既至忉利，心怀踊跃，瞻仰如来，目不暂舍。

尔时世尊舒金色臂，摩百千万亿不可思不可议不可量不可说无量阿僧祇世界，诸分身地藏菩萨摩诃萨顶，而作是言："吾于五浊恶世，教化如是刚强众生，令心调伏，舍邪归正，十有一二，尚恶习在。吾亦分身千百亿，广设方便，或有利根，闻即信受；或有善果，勤劝成就；或有暗钝，久化方归；或有业重，不生敬仰。如是等辈众生，各各差别，分身度脱，或现男子身，或现女人身，或现天龙身，或现神鬼身，或现山林川原，河池泉井，利及于人，悉皆度脱。或现天帝身，或现梵王身，或现转轮王身，或现居士身，或现国王身，或现宰辅身，或现官属身，或现比丘比丘尼，优婆塞优婆夷身，乃至声闻罗汉，辟支佛菩萨等身，而以化度，非但佛身独现其前。汝观吾累劫勤苦，度脱如是等难化刚强罪苦众生，其有未调伏者，随业报应，若堕恶趣，受大苦时，汝当忆念吾在忉利天宫殷勤付嘱，令娑婆世界至弥勒出世以来众生，悉使解脱，永离诸苦，遇佛授记。"

尔时诸世界分身地藏菩萨，共复一形，涕泪哀恋，白其佛言："我从久远劫来，蒙佛接引，使获不可思议神力，具大智慧。我所分身，遍满百千万亿恒河沙世界，每一世界化百千万亿身，每一身度百千万亿人，令皈敬三宝，永离生死，至涅槃乐。但于佛法中所为善事，一毛一渧，一沙一尘，或毫发许，我渐度脱，使获大利。唯愿世尊，不以后世恶业众生为虑。"如是三白佛言："唯愿世尊，不以后世恶业众生为虑。"

尔时佛赞地藏菩萨言："善哉善哉，吾助汝喜。汝能成就久远劫来，发弘誓愿，广度将毕，即证菩提。"

观众生业缘品第三

尔时佛母摩耶夫人，恭敬合掌问地藏菩萨言："圣者，阎浮众生，造业差别，所受报应，其事云何？"

地藏答言："千万世界，乃及国土，或有地狱，或无地狱，或有女人，或无女人，或有佛法，或无佛法，乃至声闻辟支佛，亦复如是，非但地狱罪报一等。"

摩耶夫人重白菩萨："且愿闻于阎浮罪报所感恶趣。"

地藏答言："圣母，唯愿听受，我粗说之。"

佛母白言："愿圣者说。"

尔时地藏菩萨白圣母言："南阎浮提，罪报名号如是。若有众生不孝父母，或至杀害，当堕无间地狱，千万亿劫，求出无期。若有众生出佛身血，毁谤三宝，不敬尊经，亦当堕于无间地狱，千万亿劫，求出无期。若有众生侵损常住，玷污僧尼，或伽蓝内恣行淫欲，或杀或害，如是等辈，当堕无间地狱，千万亿劫，求出无期。若有众生伪作沙门，心非沙门，破用常住，欺诳白衣，违背戒律，种种造恶，如是等辈当堕无间地狱，千万亿劫，求出无期。若有众生偷窃常住财物谷米，饮食衣服，乃至一物不与取者，当堕无间地狱，千万亿劫，求出无期。"

地藏白言："圣母，若有众生作如是罪，当堕五无间地狱，求暂停苦一念不得。"

摩耶夫人重白地藏菩萨言："云何名为无间地狱?"

地藏白言："圣母,诸有地狱在大铁围山之内,其大地狱有一十八所。次有五百,名号各别。次有千百,名字亦别。无间狱者,其狱城周匝八万余里,其城纯铁,高一万里,城上火聚,少有空缺。其狱城中,诸狱相连,名号各别。独有一狱,名曰无间。其狱周匝万八千里,狱墙高一千里,悉是铁为,上火彻下,下火彻上。铁蛇铁狗,吐火驰逐,狱墙之上,东西而走。狱中有床,遍满万里,一人受罪,自见其身遍卧满床。千万人受罪,亦各自见身满床上。众业所感,获报如是。又诸罪人,备受众苦,千百夜叉及以恶鬼,口牙如剑,眼如电光,手复铜爪,拖拽罪人。复有夜叉执大铁戟,中罪人身,或中口鼻,或中腹背,抛空翻接,或置床上。复有铁鹰啗罪人目,复有铁蛇缴罪人颈。百肢节内,悉下长钉。拔舌耕犁,抽肠锉斩。烊铜灌口,热铁缠身。万死千生,业感如是。动经亿劫,求出无期。此界坏时,寄生他界。他界次坏,转寄他方。他方坏时,辗转相寄。此界成后,还复而来。无间罪报,其事如是。又五事业感,故称无间。何等为五? 一者,日夜受罪,以至劫数,无时间绝,故称无间。二者,一人亦满,多人亦满,故称无间。三者,罪器叉棒,鹰蛇狼犬,碓磨锯凿,锉斫镬汤,铁网铁绳,铁驴铁马,生革络首,热铁浇身,饥吞铁丸,渴饮铁汁,从年竟劫,数那由他,苦楚相连,更无间断,故称无间。四者,不问男子女人,羌胡夷狄,老幼贵贱,或龙或神,或天或鬼,罪行业感,悉同受之,故称无间。五者,若堕此狱,从初入时,至百千劫,一日一夜,万死万生,求一念间暂住不得,除非业尽,方得受生,以此连绵,故称无间。"

地藏菩萨白圣母言："无间地狱，粗说如是。若广说地狱罪器等名，及诸苦事，一劫之中，求说不尽。"

摩耶夫人闻已，愁忧合掌，顶礼而退。

阎浮众生业感品第四

尔时地藏菩萨摩诃萨白佛言："世尊，我承佛如来威神力故，遍百千万亿世界，分是身形，救拔一切业报众生，若非如来大慈力故，即不能作如是变化。我今又蒙佛付嘱，至阿逸多成佛已来，六道众生，遣令度脱。唯然世尊，愿不有虑。"

尔时佛告地藏菩萨："一切众生未解脱者，性识无定，恶习结业，善习结果。为善为恶，逐境而生，轮转五道，暂无休息。动经尘劫，迷惑障难，如鱼游网，将是长流，脱入暂出，又复遭网。以是等辈，吾当忧念，汝既毕是往愿，累劫重誓，广度罪辈，吾复何虑。"

说是语时，会中有一菩萨摩诃萨，名定自在王，白佛言："世尊，地藏菩萨累劫已来，各发何愿，今蒙世尊殷勤赞叹？唯愿世尊，略而说之。"

尔时世尊告定自在王菩萨："谛听谛听，善思念之，吾当为汝分别解说。乃往过去无量阿僧祇那由他不可说劫，尔时有佛，号一切智成就如来、应供、正遍知、明行足、善逝、世间解、无上士、调御丈夫、天人师、佛、世尊。其佛寿命六万劫，未出家时，为小国王，与一邻国王为友，同行十善，饶益众生。其邻国内所有人民，多造众恶，二王议计，广设方便，一王发愿，早成佛道，当度是辈，令使无余；一王发愿，若不先度罪苦，令是安乐，得至菩提，我终未愿成佛。佛告定自在王菩萨，一王发愿早成佛者，即一切智成就如来是；一王发愿永度罪苦众生，未愿成佛者，即地藏菩萨是。复于过去无量阿僧祇劫，有佛出世，名清净莲华目如来，其佛寿命四十劫。像法之中，有一罗汉，福度众生，因次教化，遇一女人，字曰光目，设食供养。罗汉问之，欲愿何等。光目答言：'我以母亡之日，资福救拔，未知我母生处何趣。'罗汉愍之，为入定观，见光目女母堕在恶趣，受极大苦。罗汉问光目言：'汝母在生作何行业，今在恶趣受极大苦？'光目答言。'我母所习，唯好食啖鱼鳖之属。所食鱼鳖，多食其子，或炒或煮，恣情食啖，计其命数，千万复倍。尊者慈愍，如何哀救？'罗汉愍之，为作方便，劝光目言：'汝可志诚念清净莲华目如来，兼塑画形像，存亡获报。'光目闻已，即舍所爱，寻画佛像而供养之。复恭敬心，悲泣瞻礼，忽于夜后，梦见佛身，金色晃耀，如须弥山，放大光明，而告光目：'汝母不久当生汝家，才觉饥寒，即当言说。'其后家内婢生一子，未满三日，而乃言说，稽首悲泣，告于光目：'生死业缘，果报自受，吾是汝母，久处暗冥，自别汝来，累堕大地狱，蒙汝福力，方得受生，为下贱人。又复短命，寿年十三，更落恶道。汝有何计，令吾脱免？'光目闻说，知母无疑，哽咽悲啼而白婢子：'既是我母，合知本罪，作何行业，堕于恶道。'婢子答言：'以杀害毁骂二业受报。若非蒙福，救拔吾难，以是业故，未合解脱。'光目问言：'地狱罪报，其事云何？'婢子答言：'罪苦之事，不忍称说，百千岁中，卒白难竟。'光目闻已，啼泪号泣而白空界：'愿我之母，永脱地狱，毕十三岁，更无重罪，及历恶道。十方诸佛慈哀愍我，听我为母所发广大誓愿：

若得我母永离三涂及斯下贱，乃至女人之身永劫不受者，愿我自今日后，对清净莲华目如来像前，却后百千万亿劫中，应有世界，所有地狱及三恶道诸罪苦众生，誓愿救拔，令离地狱恶趣，畜生饿鬼等。如是罪报等人，尽成佛竟，我然后方成正觉。'发誓愿已，具闻清净莲华目如来而告之曰：'光目，汝大慈愍，善能为母发如是大愿。吾观汝母十三岁毕，舍此报已，生为梵志，寿年百岁。过是报后，当生无忧国土，寿命不可计劫。后成佛果，广度人天，数如恒河沙。'"

佛告定自在王："尔时罗汉福度光目者，即无尽意菩萨是。光目母者，即解脱菩萨是。光目女者，即地藏菩萨是。过去久远劫中，如是慈愍，发恒河沙愿，广度众生，未来世中，若有男子女人，不行善者行恶者，乃至不信因果者，邪淫妄语者，两舌恶口者，毁谤大乘者，如是诸业众生，必堕恶趣，若遇善知识，劝令一弹指间，皈依地藏菩萨，是诸众生，即得解脱三恶道报。若能志心皈敬及瞻礼赞叹，香华衣服，种种珍宝，或复饮食，如是奉事者，未来百千万亿劫中，常在诸天受胜妙乐。若天福尽，下生人间，犹百千劫常为帝王，能忆宿命因果本末。定自在王，如是地藏菩萨有如此不可思议大威神力，广利众生，汝等诸菩萨当记是经，广宣流布。"定自在王白佛言："世尊，愿不有虑，我等千万亿菩萨摩诃萨，必能承佛威神广演是经，于阎浮提利益众生。"定自在王菩萨白世尊已，合掌恭敬作礼而退。

尔时四方天王俱从座起，合掌恭敬白佛言："世尊，地藏菩萨于久远劫来，发如是大愿，云何至今犹度未绝，更发广大誓言？唯愿世尊为我等说。"

佛告四天王："善哉善哉，吾今为汝及未来现在天人众等，广利益故，说地藏菩萨于娑婆世界阎浮提内生死道中，慈哀救拔度脱一切罪苦众生方便之事。"四天王言："唯然世尊，愿乐欲闻。"佛告四天王："地藏菩萨久远劫来，迄至于今，度脱众生，犹未毕愿。慈愍此世罪苦众生，复观未来无量劫中，因蔓不断，以是之故，又发重愿。如是菩萨于娑婆世界，阎浮提中，百千万亿方便，而为教化。四天王，地藏菩萨若遇杀生者，说宿殃短命报；若遇窃盗者，说贫穷苦楚报；若遇邪淫者，说雀鸽鸳鸯报；若遇恶口者，说眷属斗诤报；若遇毁谤者，说无舌疮口报；若遇嗔恚者，说丑陋癃残报；若遇悭恪者，说所求违愿报；若遇饮食无度者，说饥渴咽病报；若遇畋猎恣情者，说惊狂丧命报；若遇悖逆父母者，说天地灾杀报；若遇烧山林木者，说狂迷取死报；若遇前后父母恶毒者，说返生鞭挞现受报；若遇网捕生雏者，说骨肉分离报；若遇毁谤三宝者，说盲聋喑哑报；若遇轻法慢教者，说永处恶道报；若遇破用常住者，说亿劫轮回地狱报；若遇污梵诬僧者，说永在畜生报；若遇汤火斩斫伤生者，说轮回递偿报；若遇破戒犯斋者，说禽兽饥饿报；若遇非理毁用者，说所求阙绝报；若遇吾我贡高者，说卑使下贱报；若遇两舌斗乱者，说无舌百舌报；若遇邪见者，说边地受生报。如是等阎浮提众生，身口意业，恶习结果，百千报应，今粗略说。如是等阎浮提众生业感差别，地藏菩萨百千方便而教化之。是诸众生，先受如是等报，后堕地狱，动经劫数，无有出期。是故汝等护人护国，无令是诸众业，迷惑众生。"四天王闻已，涕泪悲叹合掌而退。

地狱名号品第五

尔时普贤菩萨摩诃萨白地藏菩萨言："仁者，愿为天龙四众，及未来现在一切众生，说娑婆世界，及阎浮提罪苦众生，所受报处，地狱名号，及恶报等事，使未来世末法众生，知是果报。"

地藏答言："仁者，我今承佛威神，及大士之力，略说地狱名号，及罪报恶报之事。仁者，阎浮提东方有山，号曰铁围，其山黑邃，无日月光，有大地狱，号极无间。又有地狱，名大阿鼻。复有地狱，名曰四角。复有地狱，名曰飞刀。复有地狱，名曰火箭。复有地狱，名曰夹山。复有地狱，名曰通枪。复有地狱，名曰铁车。复有地狱，名曰铁床。复有地狱，名曰铁牛。复有地狱，名曰铁衣。复有地狱，名曰千刃。复有地狱，名曰铁驴。复有地狱，名曰烊铜。复有地狱，名曰抱柱。复有地狱，名曰流火。复有地狱，名曰耕舌。复有地狱，名曰锉首。复有地狱，名曰烧脚。复有地狱，名曰啖眼。复有地狱，名曰铁丸。复有地狱，名曰诤论。复有地狱，名曰铁鈇。复有地狱，名曰多嗔。"

地藏白言："仁者，铁围之内，有如是等地狱，其数无限。更有叫唤地狱、拔舌地狱、粪尿地狱、铜锁地狱、火象地狱、火狗地狱、火马地狱、火牛地狱、火山地狱、火石地狱、火床地狱、火梁地狱、火鹰地狱、锯牙地狱、剥皮地狱、饮血地狱、烧手地狱、烧脚地狱、倒刺地狱、火屋地狱、铁屋地狱、火狼地狱，如是等地狱。其中各各复有诸小地狱，或一或二，或三或四，乃至百千，其中名号，各各不同。"

地藏菩萨告普贤菩萨言："仁者，此者皆是南阎浮提行恶众生，业感如是。业力甚大，能敌须弥，能深巨海，能障圣道。是故众生莫轻小恶，以为无罪，死后有报，纤毫受之。父子至亲，歧路各别，纵然相逢，无肯代受。我今承佛威力，略说地狱罪报之事，唯愿仁者暂听是言。"

普贤答言："吾以久知三恶道报，望仁者说，令后世末法一切恶行众生，闻仁者说，使令皈佛。"

地藏白言："仁者，地狱罪报，其事如是。或有地狱，取罪人舌，使牛耕之。或有地狱，取罪人心，夜叉食之。或有地狱，镬汤盛沸，煮罪人身。或有地狱，赤烧铜柱，使罪人抱。或有地狱，使诸火烧，趁及罪人。或有地狱，一向寒冰。或有地狱，无限粪尿。或有地狱，纯飞蒺藜。或有地狱，多攒火枪。或有地狱，唯撞胸背。或有地狱，但烧手足。或有地狱，盘绞铁蛇。或有地狱，驱逐铁狗。或有地狱，尽驾铁骡。仁者，如是等报，各各狱中，有百千种业道之器，无非是铜是铁，是石是火，此四种物，众业行感。若广说地狱罪报等事，一一狱中，更有百千种苦楚，何况多狱。我今承佛威神及仁者问，略说如是，若广解说，穷劫不尽。"

如来赞叹品第六

尔时世尊举身放大光明，遍照百千万亿恒河沙等诸佛世界，出大音声，普告诸佛世界一切诸菩萨摩诃萨，及天龙鬼神人非人等，听吾今日称扬赞叹地藏菩萨摩诃萨，于十方世界，现大不可思议威神慈悲之力，救护一切罪苦之事。吾灭度后，汝等诸菩萨大士，及天龙鬼神等，广作方便，卫护是经，令一切众生证涅槃乐。说是语已，会中有一菩萨，名曰普广，合掌恭敬而白佛言："今见世尊赞叹地藏菩萨，有如是不可思议大威神德，唯愿世尊为未来世末法众生，宣说地藏菩萨利益人天因果等事，使诸天龙八部，及未来世众生，顶受佛语。"

尔时世尊告普广菩萨及四众等："谛听谛听，吾当为汝略说地藏菩萨利益人天福德之事。"

普广白言："唯然世尊，愿乐欲闻。"

佛告普广菩萨："未来世中，若有善男子善女人，闻是地藏菩萨摩诃萨名者，或合掌者，赞叹者，作礼者，恋慕者，是人超越三十劫罪。普广，若有善男子善女人，或彩画形像，或土石胶漆，金银铜铁，作此菩萨，一瞻一礼者，是人百返生于三十三天，永不堕于恶道。假如天福尽故，下生人间，犹为国王，不失大利。若有女人，厌女人身，尽心供养地藏菩萨画像，及土石胶漆铜铁等像，如是日日不退，常以华香，饮食衣服，缯彩幢幡，钱宝物等供养。是善女人，尽此一报女身，百千万劫，更不生有女人世界，何况复受。除非慈愿力故，要受女身，度脱众生。承斯供养地藏力故，及功德力，百千万劫不受女身。

复次普广，若有女人，厌是丑陋，多疾病者，但于地藏像前，志心瞻礼，食顷之间，是人千万劫中所受生身，相貌圆满。是丑陋女人，如不厌女身，即百千万亿生中，常为王女，乃及王妃，宰辅大姓，大长者女，端正受生，诸相圆满。由志心故，瞻礼地藏菩萨，获福如是。复次普广，若有善男子善女人，能对菩萨像前，作诸伎乐，及歌咏赞叹，香华供养，乃至劝于一人多人，如是等辈，现在世中及未来世，常得百千鬼神日夜卫护，不令恶事辄闻其耳，何况亲受诸横。

复次普广，未来世中，若有恶人及恶神恶鬼，见有善男子善女人，皈敬供养赞叹瞻礼地藏菩萨形像，或妄生讥毁，谤无功德及利益事，或露齿笑，或背面非，或劝人共非，或一人非，或多人非，乃至一念生讥毁者。如是之人，贤劫千佛灭度，讥毁之报，尚在阿鼻地狱受极重罪。过是劫已，方受饿鬼。又经千劫，复受畜生。又经千劫，方得人身。纵受人身，贫穷下贱，诸根不具，多被恶业来结其心。不久之间，复堕恶道。是故普广，讥毁他人供养，尚获此报，何况别生恶见毁灭。

复次普广，若未来世，有男子女人久处床枕，求生求死，了不可得。或夜梦恶鬼，乃及家亲，或游险道，或多魇寐，共鬼神游，日月岁深，转复尪瘵，眠中叫苦，惨凄不乐者。此皆是业道论对，未定轻重，或难舍寿，或不得愈，男女俗眼，不辨是事。但当对诸佛菩萨像前，高声转读此经一遍，或取病人可爱之物，或衣服宝贝，庄园舍宅，对病人前，高声唱言，我某甲等，为是病人，对经像前舍诸等物，或供养经像，或造佛菩萨形像，或造塔寺，或燃油灯，或施常住。如是三白病人，遣令闻知，假令诸识分散，至气尽者，乃至一日二日三日四日至七日以来，但高声白，高声读经，是人命终之后，宿殃重罪，至于五无间罪，永得解脱，所受生处，常知宿命，何况善男子善女人自书此经，或教人书，或自塑画菩萨形像，乃至教人塑画，所受果报，必获大利。是故普广，若见有人读诵是经，乃至一念赞叹是经，或恭敬者，汝须百千方便，劝是等人，勤心莫退，能得未来现在千万亿不可思议功德。

　　复次普广，若未来世诸众生等，或梦或寐见诸鬼神乃及诸形，或悲或啼，或愁或叹，或恐或怖，此皆是一生十生百生千生过去父母、男女弟妹、夫妻眷属，在于恶趣，未得出离，无处希望福力救拔。当告宿世骨肉，使作方便，愿离恶道。普广，汝以神力，遣是眷属，令对诸佛菩萨像前，志心自读此经，或请人读，其数三遍或七遍，如是恶道眷属，经声毕是遍数，当得解脱。乃至梦寐之中，永不复见。

　　复次普广，若未来世有诸下贱等人，或奴或婢，乃至诸不自由之人，觉知宿业，要忏悔者，志心瞻礼地藏菩萨形像，乃至一七日中，念菩萨名，可满万遍。如是等人，尽此报后，千万生中，常生尊贵，更不经三恶道苦。

　　复次普广，若未来世中，阎浮提内，刹利、婆罗门、长者、居士、一切人等，及异姓种族，有新产者，或男或女，七日之中，早与读诵此不思议经典，更为念菩萨名，可满万遍，是新生子或男或女，宿有殃报，便得解脱，安乐易养，寿命增长。若是承福生者，转增安乐，及与寿命。

　　复次普广，若未来世众生，于月一日、八日、十四日、十五日、十八日、二十三、二十四、二十八、二十九日，乃至三十日，是诸日等，诸罪结集，定其轻重。南阎浮提众生，举止动念，无不是业，无不是罪，何况恣情杀害，窃盗，邪淫，妄语，百千罪状。能于是十斋日，对佛菩萨诸贤圣像前，读是经一遍，东西南北百由旬内，无诸灾难。当此居家，若长若幼，现在未来百千岁中，永离恶趣。能于十斋日每转一遍，现世令此居家无诸横病，衣食丰溢。是故普广，当知地藏菩萨有如是等不可说百千万亿大威神力，利益之事。

阎浮众生，于此大士有大因缘。是诸众生，闻菩萨名，见菩萨像，乃至闻是经三字五字，或一偈一句者，现在殊妙安乐，未来之世，百千万生，常得端正，生尊贵家。"

尔时普广菩萨，闻佛如来称扬赞叹地藏菩萨已，胡跪合掌，复白佛言："世尊，我久知是大士有如此不可思议神力，及大誓愿力，为未来众生遣知利益。故问如来，唯然顶受。世尊，当何名此经？使我云何流布？"佛告普广："此经有三名：一名地藏本愿，亦名地藏本行，亦名地藏本誓力经。缘此菩萨，久远劫来，发大重愿，利益众生。是故汝等，依愿流布。"普广闻已，合掌恭敬，作礼而退。

利益存亡品第七

尔时地藏菩萨摩诃萨白佛言："世尊，我观是阎浮众生，举心动念，无非是罪。脱获善利，多退初心。若遇恶缘，念念增益。是等辈人，如履泥涂，负于重石，渐困渐重，足步深邃。若得遇知识，替与减负，或全与负，是知识有大力故，复相扶助，劝令牢脚，若达平地，须省恶路，无再经历。世尊，习恶众生，从纤毫间，便至无量。是诸众生有如此习，临命终时，父母眷属，宜为设福，以资前路。或悬幡盖及燃油灯，或转读尊经，或供养佛像及诸圣像，乃至念佛菩萨，及辟支佛名字。一名一号，历临终人耳根，或闻在本识，是诸众生所造恶业，计其感果，必堕恶趣，缘是眷属为临终人修此圣因，如是众罪，悉皆消灭。若能更为身死之后，七七日内，广造众善，能使是诸众生永离恶趣，得生人天，受胜妙乐，现在眷属，利益无量。是故我今对佛世尊，及天龙八部人非人等，劝于阎浮提众生临终之日，慎勿杀害，及造恶缘，拜祭鬼神，求诸魍魉。何以故？尔所杀害乃至拜祭，无纤毫之力，利益亡人，但结罪缘，转增深重。假使来世或现在生，得获圣分，生人天中，缘是临终，被诸眷属，造是恶因，亦令是命终人，殃累对辩，晚生善处。何况临命终人，在生未曾有少善根，各据本业，自受恶趣，何忍眷属，更为增业。譬如有人从远地来，绝粮三日，所负担物，强过百斤。忽遇邻人，更附少物，以是之故，转复困重。世尊，我观阎浮众生，但能于诸佛教中，乃至善事，一毛一渧，一沙一尘，如是利益，悉皆自得。"

说是语时，会中有一长者，名曰大辩，是长者久证无生，化度十方，现长者身，合掌恭敬，问地藏菩萨言："大士，是南阎浮提众生，命终之后，小大眷属，为修功德，乃至设斋，造众善因。是命终人，得大利益及解脱不？"

地藏答言："长者，我今为未来现在一切众生，承佛威力，略说是事。长者，未来现在诸众生等，临命终日，得闻一佛名，一菩萨名，一辟支佛名，不问有罪无罪，悉得解脱。若有男子女人，在生不修善因，多造众罪，命终之后，眷属小大，为造福利，一切圣事，七分之中而乃获一，六分功德，生者自利。以是之故，未来现在善男女等，闻健自修，分分已获。无常大鬼，不期而到。冥冥游神，未知罪福。七七日内，如痴如聋。或在诸司，辩论业果。审定之后，据业受生。未测之间，千万愁苦，何况堕于诸恶趣等。是命终人，未得受生，在七七日内，念念之间，望诸骨肉眷属，与造福力救拔。过是日后，随业受报。若是罪人，动经千百岁中，无解脱日。若是五无间罪，堕大地狱，千劫万劫，永受众苦。复次长者，如是罪业众生，命终之后，眷属骨肉，为修营斋，资助业道，未斋食竟，及营斋之次，米泔菜叶，不弃于地，乃至诸食未献佛僧，勿得先食。如有违食及不精勤，是命终人，了不得力。如精勤护净，奉献佛僧，是命终人，七分获一。是故长者，阎浮众生，若能为其父母乃至眷属，命终之后，设斋供养，志心勤恳，如是之人，存亡获利。"说是语时。忉利天宫，有千万亿那由他阎浮鬼神，悉发无量菩提之心。大辩长者作礼而退。

阎罗王众赞叹品第八

尔时铁围山内，有无量鬼王，与阎罗天子，俱诣忉利，来到佛所。所谓恶毒鬼王，多恶鬼王，大诤鬼王，白虎鬼王，血虎鬼王，赤虎鬼王，散殃鬼王，飞身鬼王，电光鬼王，狼牙鬼王，千眼鬼王，啖兽鬼王，负石鬼王，主耗鬼王，主祸鬼王，主食鬼王，主财鬼王，主畜鬼王，主禽鬼王，主兽鬼王，主魅鬼王，主产鬼王，主命鬼王，主疾鬼王，主险鬼王，三目鬼王，四目鬼王，五目鬼王，祁利失王，大祁利失王，祁利叉王，大祁利叉王，阿那咤王，大阿那咤王，如是等大鬼王，各各与百千诸小鬼王，尽居阎浮提，各有所执，各有所主。是诸鬼王与阎罗天子，承佛威神，及地藏菩萨摩诃萨力，俱诣忉利，在一面立。

尔时阎罗天子胡跪合掌白佛言："世尊，我等今者与诸鬼王，承佛威神，及地藏菩萨摩诃萨力，方得诣此忉利大会，亦是我等获善利故。我今有小疑事，敢问世尊，唯愿世尊慈悲宣说。"

佛告阎罗天子："恣汝所问，吾为汝说。"

是时阎罗天子瞻礼世尊，及回视地藏菩萨，而白佛言："世尊，我观地藏菩萨在六道中，百千方便而度罪苦众生，不辞疲倦，是大菩萨有如是不可思议神通之事。然诸众生获脱罪报，未久之间，又堕恶道。世尊，是地藏菩萨既有如是不可思议神力，云何众生而不依止善道，永取解脱？唯愿世尊为我解说。"

佛告阎罗天子："南阎浮提众生，其性刚强，难调难伏。是大菩萨，于百千劫，头头救拔如是众生，早令解脱。是罪报人乃至堕大恶趣，菩萨以方便力，拔出根本业缘，而遣悟宿世之事。自是阎浮众生，结恶习重，旋出旋入，劳斯菩萨久经劫数而作度脱。譬如有人迷失本家，误入险道。其险道中，多诸夜叉，及虎狼师子，蚖蛇蝮蝎。如是迷人，在险道中，须臾之间，即遭诸毒。有一知识，多解大术，善禁是毒。乃及夜叉诸恶毒等，忽逢迷人欲进险道，而语之言：'咄哉男子，为何事故而入此路？有何异术，能制诸毒？'是迷路人忽闻是语，方知险道，即便退步，求出此路。是善知识，提携接手，引出险道，免诸恶毒。至于好道，令得安乐。而语之言：'咄哉迷人，自今以后，勿履是道。此路入者，卒难得出，复损性命。'是迷路人，亦生感重。临别之时，知识又言：'若见亲知及诸路人，若男若女，言于此路多诸毒恶，丧失性命，无令是众，自取其死。'是故地藏菩萨具大慈悲，救拔罪苦众生，生人天中，令受妙乐。是诸罪众，知业道苦，脱得出离，永不再历。如迷路人，误入险道，遇善知识引接令出，永不复入。逢见他人，复劝莫入。自言因是迷故，得解脱竟，更不复入。若再履践，犹尚迷误，不觉旧曾所落险道，或致失命，如堕恶趣。地藏菩萨方便力故，使令解脱，生人天中。旋又再入，若业结重，永处地狱，无解脱时。"

尔时恶毒鬼王合掌恭敬白佛言："世尊，我等诸鬼王，其数无量。在阎浮提，或利益人，或损害人，各各不同。然是业报，使我眷属游行世界，多恶少善，过人家庭，或城邑聚落，庄园房舍，或有男子女人，修毛发善事，乃至悬一幡一盖，少香少花，供养佛像及菩萨像，或转读尊经，烧香供养一句一偈，我等鬼王敬礼是人，如过去现在未来诸佛。勅诸小鬼，各有大力，及土地分，便令卫护，不令恶事横事，恶病横病，乃至不如意事，近于此舍等处，何况入门。"

佛赞鬼王："善哉善哉，汝等及与阎罗，能如是拥护善男女等，吾亦告梵王帝释，令卫护汝。"说是语时，会中有一鬼王，名曰主命，白佛言："世尊，我本业缘，主阎浮人命。生时死时，我皆主之。在我本愿，甚欲利益，自是众生，不会我意，致令生死，俱不得安。何以故？是阎浮提人，初生之时，不问男女，或欲生时，但作善事，增益舍宅，自令土地，无量欢喜，拥护子母，得大安乐，利益眷属。或已生下，慎勿杀害，取诸鲜味，供给产母，及广聚眷属，饮酒食肉，歌乐弦管，能令子母，不得安乐。何以故？是产难时，有无数恶鬼及魍魉精魅，欲食腥血。是我早令舍宅土地灵祇，荷护子母，使令安乐，而得利益。如是之人，见安乐故，便合设福，答诸土地。翻为杀害，聚集眷属，以是之故，犯殃自受，子母俱损。又阎浮提临命终人，不问善恶，我欲令是命终之人，不落恶道，何况自修善根增我力故。是阎浮提行善之人，临命终时，亦有百千恶道鬼神，或变作父母，乃至诸眷属，引接亡人，令落恶道，何况本造恶者。世尊，如是阎浮提男子女人临命终时，神识惛昧，不辨善恶，乃至眼耳更无见闻。是诸眷属，当须设大供养，转读尊经，念佛菩萨名号。如是善缘，能令亡者离诸恶道，诸魔鬼神，悉皆退散。世尊，一切众生临命终时，若得闻一佛名，一菩萨名，或大乘经典，一句一偈，我观如是辈人，除五无间杀害之罪。小小恶业，合堕恶趣者，寻即解脱。"

佛告主命鬼王："汝大慈故，能发如是大愿，于生死中，护诸众生。若未来世中，有男子女人至生死时，汝莫退是愿。总令解脱，永得安乐。"

鬼王白佛言："愿不有虑，我毕是形，念念拥护阎浮众生，生时死时，俱得安乐。但愿诸众生于生死时，信受我语，无不解脱，获大利益。"

尔时佛告地藏菩萨："是大鬼王主命者，已曾经百千生，作大鬼王。于生死中，拥护众生。是大士慈悲愿故，现大鬼身，实非鬼也。却后过一百七十劫，当得成佛，号曰无相如来。劫名安乐，世界名净住，其佛寿命不可计劫。地藏，是大鬼王，其事如是不可思议，所度人天亦不可限量。"

称佛名号品第九

尔时地藏菩萨摩诃萨白佛言："世尊，我今为未来众生演利益事，于生死中，得大利益。唯愿世尊，听我说之。"

佛告地藏菩萨："汝今欲兴慈悲，救拔一切罪苦六道众生，演不思议事。今正是时，唯当速说。吾即涅槃，使汝早毕是愿，吾亦无忧现在未来一切众生。"

地藏菩萨白佛言："世尊，过去无量阿僧祇劫，有佛出世，号无边身如来。若有男子女人，闻是佛名，暂生恭敬，即得超越四十劫生死重罪。何况塑画形像，供养赞叹，其人获福，无量无边。又于过去恒河沙劫，有佛出世，号宝性如来。若有男子女人闻是佛名，一弹指顷，发心皈依，是人于无上道永不退转。又于过去有佛出世，号波头摩胜如来。若有男子女人闻是佛名，历于耳根，是人当得千返生于六欲天中，何况志心称念。又于过去不可说不可说阿僧祇劫，有佛出世，号师子吼如来。若有男子女人闻是佛名，一念皈依，是人得遇无量诸佛摩顶授记。又于过去有佛出世，号拘留孙佛。若有男子女人闻是佛名，志心瞻礼，或复赞叹，是人于贤劫千佛会中，为大梵王，得授上记。又于过去有佛出世，号毗婆尸。若有男子女人闻是佛名，永不堕恶道，常生人天，受胜妙乐。又于过去无量无数恒河沙劫，有佛出世，号宝胜如来。若有男子女人闻是佛名，毕竟不堕恶道，常在天上受胜妙乐。又于过去有佛出世，号宝相如来。若有男子女人闻是佛名，生恭敬心，是人不久得阿罗汉果。又于过去无量阿僧祇劫，有佛出世，号袈裟幢如来。若有男子女人闻是佛名者，超一百大劫生死之罪。又于过去有佛出世，号大通山王如来。若有男子女人闻是佛名者，是人得遇恒河沙佛广为说法，必成菩提。又于过去有净月佛、山王佛、智胜佛、净名王佛、智成就佛、无上佛、妙声佛、满月佛、月面佛，有如是等不可说佛。世尊，现在未来一切众生，若天若人，若男若女，但念得一佛名号，功德无量，何况多名。是众生等，生时死时，自得大利，终不堕恶道。若有临命终人，家中眷属，乃至一人，为是病人高声念一佛名，是命终人，除五无间罪，余业报等悉得消灭。是五无间罪，虽至极重，动经亿劫，了不得出，承斯临命终时，他人为其称念佛名，于是罪中，亦渐消灭。何况众生自称自念，获福无量，灭无量罪。"

校量布施功德缘品第十

尔时地藏菩萨摩诃萨承佛威神，从座而起，胡跪合掌白佛言："世尊，我观业道众生，校量布施，有轻有重。有一生受福，有十生受福，有百生千生受大福利者。是事云何？唯愿世尊为我说之？"

尔时佛告地藏菩萨："吾今于忉利天宫一切众会，说阎浮提布施校量功德轻重。汝当谛听，吾为汝说。"

地藏白佛言："我疑是事，愿乐欲闻。"

佛告地藏菩萨："南阎浮提，有诸国王，宰辅大臣，大长者，大刹利，大婆罗门等，若遇最下贫穷，乃至癃残喑哑，聋痴无目，如是种种不完具者。是大国王等欲布施时，若能具大慈悲下心含笑，亲手遍布施。或使人施，软言慰喻。是国王等所获福利，如布施百恒河沙佛功德之利。何以故？缘是国王等，于是最贫贱辈及不完具者发大慈心，是故福利有如此报。百千生中，常得七宝具足，何况衣食受用。

复次地藏，若未来世，有诸国王至婆罗门等，遇佛塔寺，或佛形像，乃至菩萨声闻辟支佛像，躬自营办供养布施。是国王等，当得三劫为帝释身，受胜妙乐。若能以此布施福利，回向法界。是大国王等，于十劫中，常为大梵天王。

复次地藏，若未来世，有诸国王，至婆罗门等，遇先佛塔庙，或至经像，毁坏破落，乃能发心修补。是国王等，或自营办，或劝他人，乃至百千人等布施结缘。是国王等，百千生中常为转轮王身。

如是他人同布施者，百千生中常为小国王身。更能于塔庙前，发回向心，如是国王乃及诸人，尽成佛道，以此果报无量无边。

复次地藏，未来世中，有诸国王及婆罗门等，见诸老病及生产妇女。若一念间，具大慈心，布施医药饮食卧具，使令安乐，如是福利最不思议，一百劫中常为净居天主，二百劫中常为六欲天主，毕竟成佛，永不堕恶道，乃至百千生中，耳不闻苦声。

复次地藏，若未来世中，有诸国王及婆罗门等，能作如是布施，获福无量。更能回向，不问多少，毕竟成佛，何况释梵转轮之报。是故地藏，普劝众生当如是学。

复次地藏，未来世中，若善男子善女人，于佛法中，种少善根，毛发沙尘等许，所受福利，不可为喻。

复次地藏，未来世中，若有善男子善女人，遇佛形像，菩萨形像，辟支佛形像，转轮王形像，布施供养，得无量福，常在人天受胜妙乐。若能回向法界，是人福利不可为喻。

复次地藏，未来世中，若有善男子善女人，遇大乘经典，或听闻一偈一句，发殷重心，赞叹恭敬，布施供养，是人获大果报，无量无边。若能回向法界，其福不可为喻。

复次地藏，若未来世中，有善男子善女人，遇佛塔寺，大乘经典，新者布施供养，瞻礼赞叹，恭敬合掌；若遇故者，或毁坏者，修补营理，或独发心，或劝多人同共发心。如是等辈，三十生中常为诸小国王。檀越之人，常为轮王，还以善法教化诸小国王。

复次地藏，未来世中，若有善男子善女人，于佛法中所种善根，或布施供养，或修补塔寺，或装理经典。乃至一毛一尘，一沙一渧，如是善事，但能回向法界，是人功德，百千生中受上妙乐。如但回向自家眷属，或自身利益，如是之果，即三生受乐，舍一得万报。

是故地藏，布施因缘，其事如是。"

地神护法品第十一

尔时坚牢地神白佛言："世尊，我从昔来，瞻视顶礼无量菩萨摩诃萨，皆是大不可思议神通智慧，广度众生。是地藏菩萨摩诃萨，于诸菩萨誓愿深重。世尊，是地藏菩萨，于阎浮提有大因缘。如文殊普贤，观音弥勒，亦化百千身形度于六道，其愿尚有毕竟。是地藏菩萨教化六道一切众生，所发誓愿劫数，如千百亿恒河沙。世尊，我观未来及现在众生，于所住处，于南方清洁之地，以土石竹木作其龛室。是中能塑画，乃至金银铜铁，作地藏形像，烧香供养，瞻礼赞叹，是人居处即得十种利益。何等为十？一者，土地丰壤。二者，家宅永安。三者，先亡生天。四者，现存益寿。五者，所求遂意。六者，无水火灾。七者，虚耗辟除。八者，杜绝恶梦。九者，出入神护。十者，多遇圣因。世尊，未来世中，及现在众生，若能于所住处方面，作如是供养，得如是利益。"

复白佛言："世尊，未来世中，若有善男子善女人，于所住处，有此经典及菩萨像，是人更能转读经典，供养菩萨。我常日夜以本神力，卫护是人。乃至水火盗贼，大横小横，一切恶事，悉皆消灭。"

佛告坚牢地神："汝大神力，诸神少及。何以故？阎浮土地，悉蒙汝护。乃至草木沙石，稻麻竹苇，谷米宝贝，从地而有，皆因汝力。又常称扬地藏菩萨利益之事，汝之功德，及以神通，百千倍于常分地神。若未来世中，有善男子善女人，供养菩萨，及转读是经。但依地藏本愿经一事修行者，汝以本神力而拥护之，勿令一切灾害及不如意事，辄闻于耳，何况令受。非但汝独护是人故，亦有释梵眷属，诸天眷属，拥护是人。何故得如是圣贤拥护？皆由瞻礼地藏形像，及转读是本愿经故，自然毕竟出离苦海，证涅槃乐。以是之故，得大拥护。”

见闻利益品第十二

尔时世尊从顶门上放百千万亿大毫相光，所谓白毫相光、大白毫相光、瑞毫相光、大瑞毫相光、玉毫相光、大玉毫相光、紫毫相光、大紫毫相光、青毫相光、大青毫相光、碧毫相光、大碧毫相光、红毫相光、大红毫相光、绿毫相光、大绿毫相光、金毫相光、大金毫相光、庆云毫相光、大庆云毫相光、千轮毫光、大千轮毫光、宝轮毫光、大宝轮毫光、日轮毫光、大日轮毫光、月轮毫光、大月轮毫光、宫殿毫光、大宫殿毫光、海云毫光、大海云毫光。于顶门上放如是等毫相光已，出微妙音，告诸大众，天龙八部，人非人等：“听吾今日于忉利天宫，称扬赞叹地藏菩萨于人天中，利益等事，不思议事，超圣因事，证十地事，毕竟不退阿耨多罗三藐三菩提事。”

说是语时，会中有一菩萨摩诃萨，名观世音，从座而起，胡跪合掌白佛言：“世尊，是地藏菩萨摩诃萨具大慈悲，怜愍罪苦众生，于千万亿世界，化千万亿身，所有功德及不思议威神之力，我闻世尊与十方无量诸佛，异口同音赞叹地藏菩萨云，正使过去现在未来诸佛说其功德，犹不能尽。向者又蒙世尊普告大众，欲称扬地藏利益等事，唯愿世尊为现在未来一切众生，称扬地藏不思议事，令天龙八部，瞻礼获福。"

佛告观世音菩萨："汝于娑婆世界有大因缘，若天若龙，若男若女，若神若鬼，乃至六道罪苦众生，闻汝名者，见汝形者，恋慕汝者，赞叹汝者。是诸众生，于无上道，必不退转。常生人天，具受妙乐。因果将熟，遇佛授记。汝今具大慈悲，怜愍众生，及天龙八部，听吾宣说地藏菩萨不思议利益之事。汝当谛听，吾今说之。"

观世音言："唯然世尊，愿乐欲闻。"

佛告观世音菩萨："未来现在诸世界中，有天人受天福尽，有五衰相现，或有堕于恶道之者。如是天人，若男若女，当现相时，或见地藏菩萨形像，或闻地藏菩萨名，一瞻一礼。是诸天人，转增天福，受大快乐，永不堕三恶道报。何况见闻菩萨，以诸香华，衣服饮食，宝贝璎珞，布施供养。所获功德福利，无量无边。

复次观世音，若未来现在诸世界中，六道众生临命终时，得闻地藏菩萨名，一声历耳根者。是诸众生，永不历三恶道苦。何况临命终时，父母眷属，将是命终人舍宅财物，宝贝衣服，塑画地藏形像。或使病人未终之时，眼耳见闻，知道眷属将舍宅宝贝等，为其自身塑画地藏菩萨形像。是人若是业报，合受重病者，承斯功德，寻即除愈，寿命增益。是人若是业报命尽，应有一切罪障业障，合堕恶趣者，承斯功德，命终之后，即生人天，受胜妙乐。一切罪障，悉皆消灭。

复次观世音菩萨，若未来世，有男子女人，或乳哺时，或三岁五岁十岁以下，亡失父母，乃及亡失兄弟姊妹。是人年既长大，思忆父母及诸眷属，不知落在何趣，生何世界，生何天中。是人若能塑画地藏菩萨形像，乃至闻名，一瞻一礼，一日至七日，莫退初心。闻名见形，瞻礼供养。是人眷属，假因业故，堕恶趣者，计当劫数，承斯男女，兄弟姊妹，塑画地藏形像，瞻礼功德，寻即解脱，生人天中。受胜妙乐者，即承斯功德，转增圣因，受无量乐。是人更能三七日中，一心瞻礼地藏形像，念其名字，满于万遍，当得菩萨现无边身，具告是人，眷属生界。或于梦中，菩萨现大神力，亲领是人，于诸世界，见诸眷属。更能每日念菩萨名千遍，至于千日，是人当得菩萨遣所在土地鬼神，终身卫护。现世衣食丰溢，无诸疾苦，乃至横事不入其门，何况及身。是人毕竟得菩萨摩顶授记。

复次观世音菩萨，若未来世，有善男子善女人，欲发广大慈心，救度一切众生者，欲修无上菩提者，欲出离三界者。是诸人等，见地藏形像，及闻名者，至心皈依。或以香华衣服，宝贝饮食，供养瞻礼。是善男女等，所愿速成，永无障碍。

复次观世音，若未来世，有善男子善女人，欲求现在未来百千万亿等愿，百千万亿等事，但当皈依瞻礼，供养赞叹，地藏菩萨形像。如是所愿所求，悉皆成就。复愿地藏菩萨具大慈悲，永拥护我，是人于睡梦中即得菩萨摩顶授记。

复次观世音菩萨，若未来世，善男子善女人，于大乘经典，深生珍重，发不思议心，欲读欲诵。纵遇明师，教视令熟，旋得旋忘，动经年月，不能读诵。是善男子等，有宿业障，未得消除。故于大乘经典，无读诵性。如是之人，闻地藏菩萨名，见地藏菩萨像，具以本心恭敬陈白。更以香华，衣服饮食，一切玩具，供养菩萨。以净水一盏，经一日一夜，安菩萨前，然后合掌请服，回首向南。临入口时，至心郑重。服水既毕，慎五辛酒肉，邪淫妄语，及诸杀害。

一七日或三七日，是善男子善女人，于睡梦中，具见地藏菩萨现无边身。于是人处，授灌顶水。其人梦觉，即获聪明。应是经典，一历耳根，即当永记，更不忘失一句一偈。

复次观世音菩萨，若未来世有诸人等，衣食不足，求者乖愿，或多病疾，或多凶衰，家宅不安，眷属分散，或诸横事，多来忤身，睡梦之间，多有惊怖。如是人等，闻地藏名，见地藏形，至心恭敬，念满万遍。是诸不如意事，渐渐消灭，即得安乐，衣食丰溢，乃至于睡梦中悉皆安乐。

复次观世音菩萨，若未来世，有善男子善女人，或因治生，或因公私，或因生死，或因急事，入山林中，过渡河海，乃及大水，或经险道。是人先当念地藏菩萨名万遍，所过土地，鬼神卫护。行住坐卧，永保安乐。乃至逢于虎狼师子，一切毒害，不能损之。”

佛告观世音菩萨：“是地藏菩萨，于阎浮提有大因缘。若说于诸众生见闻利益等事，百千劫中，说不能尽。是故观世音，汝以神力流布是经。令娑婆世界众生，百千万劫永受安乐。”

尔时世尊而说偈言：吾观地藏威神力，恒河沙劫说难尽。见闻瞻礼一念间，利益人天无量事。若男若女若龙神，报尽应当堕恶道。至心皈依大士身，寿命转增除罪障。少失父母恩爱者，未知魂神在何趣。兄弟姊妹及诸亲，生长以来皆不识。或塑或画大士身，悲恋瞻礼不暂舍。三七日中念其名，菩萨当现无边体。示其眷属所生界，纵堕恶趣寻出离。若能不退是初心，即获摩顶受圣记。欲修无上菩提者，乃至出离三界苦。是人既发大悲心，先当瞻礼大士像。一切诸愿速成就，永无业障能遮止。有人发心念经典，欲度群迷超彼岸。虽立是愿不思议，旋读旋忘多废失。斯人有业障惑故，于大乘经不能记。供养地藏以香华，衣服饮食诸玩具。以净水安大士前，一日一夜求服之。
发殷重心慎五辛，酒肉邪淫及妄语。三七日内勿杀害，至心思念大士
名。即于梦中见无边，觉来便得利根耳。应是经教历耳闻，千万生中
永不忘。以是大士不思议，能使斯人获此慧。贫穷众生及疾病，家宅
凶衰眷属离。睡梦之中悉不安，求者乖违无称遂。至心瞻礼地藏像，
一切恶事皆消灭。至于梦中尽得安，衣食丰饶神鬼护。欲入山林及渡
海，毒恶禽兽及恶人。恶神恶鬼并恶风，一切诸难诸苦恼。但当瞻礼
及供养，地藏菩萨大士像。如是山林大海中，应是诸恶皆消灭。观音
至心听吾说，地藏无尽不思议。百千万劫说不周，广宣大士如是力。
地藏名字人若闻，乃至见像瞻礼者。香花衣服饮食奉，供养百千受妙
乐。若能以此回法界，毕竟成佛超生死。是故观音汝当知，普告恒沙
诸国土。

嘱累人天品第十三

尔时世尊举金色臂，又摩地藏菩萨摩诃萨顶，而作是言："地藏
地藏，汝之神力不可思议，汝之慈悲不可思议，汝之智慧不可思议，
汝之辩才不可思议，正使十方诸佛赞叹宣说汝之不思议事，千万劫
中不能得尽。

地藏地藏，记吾今日在忉利天中，于百千万亿不可说不可说一
切诸佛菩萨，天龙八部，大会之中，再以人天诸众生等，未出三界，
在火宅中者，付嘱于汝。无令是诸众生，堕恶趣中，一日一夜。何
况更落五无间及阿鼻地狱，动经千万亿劫，无有出期。

地藏，是南阎浮提众生，志性无定，习恶者多。纵发善心，须

臾即退。若遇恶缘，念念增长。以是之故，吾分是形，百千亿化度，随其根性而度脱之。

地藏，吾今殷勤，以天人众，付嘱于汝。未来之世，若有天人，及善男子善女人，于佛法中，种少善根，一毛一尘，一沙一渧，汝以道力，拥护是人，渐修无上，勿令退失。

复次地藏，未来世中，若天若人，随业报应，落在恶趣。临堕趣中，或至门首，是诸众生，若能念得一佛名，一菩萨名，一句一偈，大乘经典。是诸众生，汝以神力，方便救拔。于是人所，现无边身，为碎地狱，遣令生天，受胜妙乐。"

尔时世尊，而说偈言：

现在未来天人众。吾今殷勤付嘱汝。
以大神通方便度。勿令堕在诸恶趣。

尔时地藏菩萨摩诃萨胡跪合掌白佛言："世尊，唯愿世尊不以为虑。未来世中，若有善男子善女人，于佛法中，一念恭敬。我亦百千方便，度脱是人，于生死中，速得解脱。何况闻诸善事，念念修行，自然于无上道永不退转。"

说是语时，会中有一菩萨，名虚空藏，白佛言："世尊，我自至忉利，闻于如来赞叹地藏菩萨，威神势力，不可思议。未来世中，若有善男子善女人，乃及一切天龙，闻此经典及地藏名字，或瞻礼形像，得几种福利？唯愿世尊，为未来现在一切众等，略而说之。"

佛告虚空藏菩萨："谛听谛听，吾当为汝分别说之。若未来世，有善男子善女人，见地藏形像，及闻此经，乃至读诵，香花饮食，衣服珍宝，布施供养，赞叹瞻礼，得二十八种利益。一者，天龙护念。二者，善果日增。三者，集圣上因。四者，菩提不退。五者，衣食丰足。六者，疾疫不临。七者，离水火灾。八者，无盗贼厄。九者，人见钦敬。十者，神鬼助持。十一者，女转男身。十二者，为王臣女。十三者，端正相好。十四者，多生天上。十五者，或为帝王。十六者，宿智命通。十七者，有求皆从。十八者，眷属欢乐。十九者，诸横消灭。二十者，业道永除。二十一者，去处尽通。二十二者，夜梦安乐。二十三者，先亡离苦。二十四者，宿福受生。二十五者，诸圣赞叹。二十六者，聪明利根。二十七者，饶慈愍心。二十八者，毕竟成佛。复次，虚空藏菩萨，若现在未来，天龙鬼神，闻地藏名，礼地藏形，或闻地藏本愿事行，赞叹瞻礼，得七种利益。一者，速超圣地。二者，恶业消灭。三者，诸佛护临。四者，菩提不退。五者，增长本力。六者，宿命皆通。七者，毕竟成佛。"

尔时十方一切诸来，不可说不可说诸佛如来，及大菩萨天龙八部，闻释迦牟尼佛，称扬赞叹地藏菩萨，大威神力，不可思议，叹未曾有。是时忉利天，雨无量香华，天衣珠璎，供养释迦牟尼佛，及地藏菩萨已。一切众会，俱复瞻礼，合掌而退。

普贤菩萨行愿赞

唐·不空三藏译

所有十方世界中，一切三世人师子，
我今礼彼尽无余，皆以清净身口意。
身如刹土微尘数，一切如来我悉礼，
皆以心意对诸佛，以此普贤行愿力。
于一尘端如尘佛，诸佛佛子坐其中，
如是法界尽无余，我信诸佛悉充满。
于彼无尽功德海，以诸音声功德海，
阐扬如来功德时，我常赞叹诸善逝。
以胜花鬘及涂香，及以伎乐胜伞盖，
一切严具皆殊胜，我悉供养诸如来。
以胜衣服及诸香，末香积聚如须弥，
殊胜灯明及烧香，我悉供养诸如来。
所有无上广大供，我悉胜解诸如来，
以普贤行胜解力，我礼供养诸如来。
我曾所作众罪业，皆由贪欲瞋恚痴，
由身口意亦如是，我皆陈说于一切。

所有十方群生福，有学无学辟支佛，

及诸佛子诸如来，我皆随喜咸一切。

所有十方世间灯，以证菩提得无染，

我今劝请诸世尊，转于无上妙法轮。

所有欲现涅槃者，我皆于彼合掌请，

唯愿久住刹尘劫，为诸群生利安乐。

礼拜供养及陈罪，随喜功德及劝请，

我所积集诸功德，悉皆回向于菩提。

于诸如来我修学，圆满普贤行愿时，

愿我供养过去佛，所有现住十方世；

所有未来速愿成，意愿圆满证菩提，

所有十方诸刹土，愿皆广大咸清净。

诸佛咸诣觉树王，诸佛子等皆充满，

所有十方诸众生，愿皆安乐无众患。

一切群生获法利，愿得随顺如意心。

我当菩提修行时，于诸趣中忆宿命。

若诸生中为生灭，我皆常当为出家；

戒行无垢恒清净，常行无缺无孔隙。

天语龙语夜叉语，鸠槃荼语及人语，

所有一切群生语，皆以诸音而说法。

妙波罗蜜常加行，不于菩提心生迷，

所有众罪及障碍，悉皆灭尽无有余。

于业烦恼及魔境，世间道中得解脱；

犹如莲华不著水，亦如日月不著空。

诸恶趣苦愿寂静，一切群生令安乐；

于诸群生行利益，乃至十方诸刹土。

常行随顺诸众生，菩提妙行令圆满。

普贤行愿我修习，我于未来劫修行。

所有共我同行者，共彼常得咸聚会；

于身口业及意业，同一行愿而修习。

所有善友益我者，为我示现普贤行；

共彼常得而聚会，于彼皆得尤伏心。

常得面见诸如来，与诸佛子共围绕，

于彼皆兴广供养，皆于未来劫无倦。

常持诸佛微妙法，皆令光显菩提行；

咸皆清净普贤行，皆于未来劫修行。

于诸有中流转时，福德智慧得无尽；

般若方便定解脱，获得无尽功德藏。

如一尘端如尘刹，彼中佛刹不思议；

佛及佛子坐其中，常见菩提胜妙行。

如是无量一切方，于一毛端三世量；

佛海及与刹土海，我入修行诸劫海。

于一音声功德海，一切如来清净声；

一切群生意乐音，常皆得入佛辩才。

于彼无尽音声中，一切三世诸如来；

当转理趣妙轮时，以我慧力普能入。

以一刹那诸未来，我入未来一切劫；
三世所有无量劫，刹那能入俱胝劫。
所有三世人师子，以一刹那我咸见；
于彼境界常得入，如幻解脱行威力。
所有三世妙严刹，能现出生一尘端，
如是无尽诸方所，能入诸佛严刹土。
所有未来世间灯，彼皆觉悟转法轮；
示现涅槃究竟寂，我皆往诣于世尊。
以神足力普迅疾，以乘威力普遍门，
以行威力等功德，以慈威力普遍行，
以福威力普端严，以智威力无著行，
般若方便等持力，菩提威力皆积集。
皆于业力而清净，我今摧灭烦恼力，
悉能降伏魔罗力，圆满普贤一切力。
普令清净刹土海，普能解脱众生海，
悉能观察诸法海，及以得源于智海，
普令行海咸清净，又令愿海咸圆满，
诸佛海会咸供养，普贤行劫无疲倦。
所有三世诸如来，菩提行愿众差别，
愿我圆满悉无余，以普贤行悟菩提。
诸佛如来有长子，彼名号曰普贤尊；
皆以彼慧同妙行，回向一切诸善根。
身口意业愿清净，诸行清净刹土净，

如彼智慧普贤名，愿我于今尽同彼。

普贤行愿普端严，我行曼殊室利行，

于诸未来劫无倦，一切圆满作无余。

所须胜行无能量，所有功德不可量，

无量修行而住已，尽知一切彼神通。

乃至虚空得究竟，众生无余究竟然，

及业烦恼乃至尽，乃至我愿亦皆尽。

若有十方无边刹，以宝庄严施诸佛，

天妙人民胜安乐，如刹微尘劫舍施。

若人于此胜愿王，一闻能生胜解心，

于胜菩提求渴仰，获得殊胜前福聚。

彼得远离诸恶趣，彼皆远离诸恶友，

速疾得见无量寿，唯忆普贤胜行愿。

得大利益胜寿命，善来为此人生命，

如彼普贤大菩萨，彼人不久当获得。

所作罪业五无间，由无智慧而所作，

彼诵普贤行愿时，速疾销灭得无余。

智慧容色及相好，族姓品类得成就；

于魔外道得难摧，常于三界得供养。

速疾往诣菩提树，到彼坐已利有情；

觉悟菩提转法轮，摧伏魔罗并营从。

若有持此普贤愿，读诵受持及演说；

如来具知得果报，得胜菩提勿生疑。

如妙吉祥勇猛智，亦如普贤如是智，
我当习学于彼时，一切善根悉回向；
一切三世诸如来，以此回向殊胜愿，
我皆一切诸善根，悉已回向普贤行。
当于临终舍寿时，一切业障皆得转，
亲睹得见无量光，速往彼刹极乐界。
得到于彼此胜愿，悉皆现前得具足，
我当圆满皆无余，众生利益于世间。
于彼佛会甚端严，生于殊胜莲华中；
于彼获得受记莂，亲对无量光如来。
于彼获得受记已，变化俱胝无量种，
广作有情诸利乐，十方世界以慧力。
若人诵持普贤愿，所有善根而积集；
以一刹那得如愿，以此群生获胜愿。
我获得此普贤行，殊胜无量福德聚；
所有群生溺恶习，皆往无量光佛宫。

四十二章经

后汉·迦叶摩腾、竺法兰译

第一章

佛言：辞亲出家为道，名曰沙门，常行二百五十戒，为四真道，行进志清净，成阿罗汉。阿罗汉者，能飞行变化，住寿命，动天地。次为阿那含。阿那含者，寿终魂灵上十九天，于彼得阿罗汉。次为斯陀含，斯陀含者，一上一还，即得阿罗汉。次为须陀洹，须陀洹者，七死七生，便得阿罗汉。爱欲断者，譬如四支断，不复用之。

第二章

佛言：除须发，为沙门，受道法，去世资财，乞求取足，日中一食，树下一宿，慎不再矣！使人愚弊者，爱与欲也。

第三章

佛言：众生以十事为善，亦以十事为恶。身三、口四、意三。身三者，杀、盗、淫。口四者，两舌、恶骂、妄言、绮语。意三者，嫉、恚、痴。不信三尊，以邪为真。优婆塞行五事，不懈退，至十事，必得道也。

第四章

佛言：人有众过，而不自悔，顿止其心，罪来归身，犹水归海，自成深广矣。有恶知非，改过得善，罪日消灭，后会得道也。

第五章

佛言：人愚吾以为不善，吾以四等慈，护济之。重以恶来者，吾重以善往。福德之气，常在此也。害气重殃，反在于彼。

第六章

有人闻佛道，守大仁慈，以恶来、以善往，故来骂。佛默然不答，愍之痴冥狂愚使然。骂止问曰：子以礼从人，其人不纳，实礼如之乎？曰：持归。今子骂我，我亦不纳，子自持归。祸子身矣，犹响应声，影之追形，终无免离，慎为恶也。

第七章

佛言：恶人害贤者，犹仰天而唾，唾不污天，还污己身。逆风坋人，尘不污彼，还坋于身。贤者不可毁，过必灭己也。

第八章

佛言：夫人为道务博爱，博哀施德莫大施。守志奉道，其福甚大；睹人施道，助之欢喜，亦得福报。质曰：彼福不当减乎？佛言：犹若炬火，数千百人，各以炬来，取其火去，熟食、除冥。彼火如故，福亦如之。

第九章

佛言：饭凡人百，不如饭一善人。饭善人千，不如饭持五戒者一人。饭持五戒者万人，不如饭一须陀洹。饭须陀洹百万，不如饭一斯陀含。饭斯陀含千万，不如饭一阿那含。饭阿那含一亿，不如饭一阿罗汉。饭阿罗汉十亿，不如饭辟支佛一人。饭辟支佛百亿，不如以三尊之教，度其一世二亲。教千亿，不如饭一佛，学愿求佛，欲济众生也。饭善人，福最深重。凡人事天地鬼神，不如孝其亲矣，二亲最神也。

第十章

佛言：天下有五难：贫穷布施难，豪贵学道难，制命不死难，得睹佛经难，生值佛世难。

第十一章

有沙门问佛：以何缘得道，奈何知宿命？佛言：道无形，知之无益，要当守志行。譬如磨镜，垢去明存，即自见形，断欲守空，即见道真，知宿命矣。

第十二章

佛言：何者为善？唯行道善。何者最大？志与道合大。何者多力？忍辱最健，忍者无怨，必为人尊。何者最明？心垢除、恶行灭，内清净无瑕；未有天地，逮于今日，十方所有，未见之萌，得无不知、无不见、无不闻，得一切智，可谓明乎。

第十三章

佛言：人怀爱欲不见道。譬如浊水，以五彩投其中，致力搅之，众人共临水上，无能睹其影者。爱欲交错，心中为浊，故不见道。水澄秽除，清净无垢，即自见形。猛火着釜下，中水踊跃，以布覆上，众生照临，亦无睹其影者。心中本有三毒涌沸在内，五盖覆外，终不见道。要心垢尽，乃知魂灵所从来，生死所趣向，诸佛国土、道德所在耳。

第十四章

佛言：夫为道者，譬如持炬火入冥室中，其冥即灭，而明犹在。学道见谛，愚痴都灭，得无不见。

第十五章

佛言：吾何念念道？吾何行行道？吾何言言道？吾念谛道，不忽须臾也。

第十六章

佛言：睹天地念非常，睹山川念非常，睹万物形体丰炽念非常。执心如此，得道疾矣。

第十七章

佛言：一日行，常念道、行道，遂得信根，其福无量。

第十八章

佛言：熟自念身中四大，名自有名都为无，吾我者寄生，生亦不久，其事如幻耳。

第十九章

佛言：人随情欲求华名，譬如烧香。众人闻其香，然香以熏自烧。愚者贪流俗之名誉，不守道真，华名危己之祸，其悔在后时。

第二十章

佛言：财色之于人，譬如小儿贪刀刃之蜜，甜不足一食之美，然有截舌之患也。

第二十一章

佛言：人系于妻子、宝宅之患，甚于牢狱、桎梏、锒铛。牢狱有原赦，妻子情欲虽有虎口之祸，己犹甘心投焉，其罪无赦。

第二十二章

佛言：爱欲莫甚于色，色之为欲，其大无外。赖有一矣，假其二，普天之民，无能为道者。

第二十三章

佛言：爱欲之于人，犹执炬火逆风而行。愚者不释炬，必有烧手之患。贪淫、恚怒、愚痴之毒，处在人身，不早以道除斯祸者，必有危殃。犹愚贪执炬，自烧其手也。

第二十四章

天神献玉女于佛，欲以试佛意、观佛道。佛言：革囊众秽，尔来何为？以可斯俗，难动六通。去！吾不用尔。天神逾敬佛，因问道意，佛为解释，即得须陀洹。

第二十五章

佛言：夫为道者，犹木在水，寻流而行，不左触岸，亦不右触岸；不为人所取，不为鬼神所遮，不为洄流所住，亦不腐败，吾保其入海矣。人为道，不为情欲所惑、不为众邪所诳，精进无疑，吾保其得道矣。

第二十六章

佛告沙门：慎无信汝意，意终不可信。慎无与色会，与色会即祸生。得阿罗汉道，乃可信汝意耳。

第二十七章

佛告诸沙门：慎无视女人，若见无视。慎无与言，若与言者，勅心正行，曰：吾为沙门，处于浊世，当如莲花不为泥所污。老者以为母，长者以为姊，少者为妹，幼者子，敬之以礼。意殊当谛惟观，自头至足自视内，彼身何有，唯盛恶露诸不净种，以释其意矣。

第二十八章

佛言：人为道去情欲，当如草见火，火来已却。道人见爱欲，必当远之。

第二十九章

佛言：人有患淫，情不止，踞斧刃上，以自除其阴。佛谓之曰：若断阴不如断心，心为功曹，若止功曹，从者都息。邪心不止，断阴何益？斯须即死？佛言：世俗倒见，如斯痴人。

第三十章

有淫童女与彼男誓，至期不来而自悔曰：欲吾知尔本，意以思想生，吾不思想尔，即尔而不生。佛行道闻之，谓沙门曰：记之！此迦叶佛偈，流在俗间。

第三十一章

佛言：人从爱欲生忧，从忧生畏。无爱即无忧，不忧即无畏。

第三十二章

佛言：人为道，譬如一人与万人战，被甲、操兵、出门欲战，意怯胆弱乃自退走，或半道还，或格斗而死，或得大胜还国高迁。夫人能牢持其心，精锐进行，不惑于流俗狂愚之言者，欲灭恶尽，必得道矣。

第三十三章

有沙门夜诵经甚悲，意有悔疑，欲生思归。佛呼沙门问之：汝处于家将阿修为？对曰：恒弹琴。佛言：弦缓何如？曰：不鸣矣。弦急何如？曰：声绝矣。急缓得中何如？诸音普悲。佛告沙门：学道犹然，执心调适，道可得矣。

第三十四章

佛言：夫人为道，犹所锻铁渐深，弃去垢，成器必好。学道以渐深，去心垢，精进就道。暴即身疲，身疲即意恼，意恼即行退，行退即修罪。

第三十五章

佛言：人为道亦苦，不为道亦苦。惟人自生至老，自老至病，自病至死，其苦无量。心恼积罪，生死不息，其苦难说。

第三十六章

佛言：夫人离三恶道得为人难。既得为人，去女即男难。既得为男，六情完具难。六情已具，生中国难。既处中国，值奉佛道难。既奉佛道，值有道之君难，生菩萨家难。既生菩萨家，以心信三尊，值佛世难。

第三十七章

佛问诸沙门：人命在几间？对曰：在数日间。佛言：子未能为道。复问一沙门：人命在几间？对曰：在饭食间。佛言：子未能为道。复问一沙门：人命在几间？对曰：呼吸之间。佛言：善哉！子可谓为道者矣。

第三十八章

佛言：弟子去，离吾数千里，忆念吾戒必得道。在吾左侧，意在邪，终不得道。其实在行，近而不行，何益万分耶。

第三十九章

佛言：人为道，犹若食蜜，中边皆甜。吾经亦尔，其义皆快，行者得道矣。

第四十章

佛言：人为道，能拔爱欲之根，譬如摘悬珠，一一摘之，会有尽时。恶尽得道也。

第四十一章

佛言：诸沙门行道，当如牛负，行深泥中，疲极，不敢左右顾，趣欲离泥，以自苏息。沙门视情欲，甚于彼泥，直心念道可免众苦。

第四十二章

佛言：吾视诸侯之位如过客，视金玉之宝如砾石，视素之好如弊帛。

佛遗教经

姚秦·三藏法师鸠摩罗什译

释迦牟尼佛初转法轮，度阿若骄陈如，最后说法度须跋陀罗，所应度者，皆已度讫。于娑罗双树间将入涅槃，是时中夜，寂然无声，为诸弟子，略说法要。

汝等比丘，于我灭后，当尊重珍敬波罗提木叉，如暗遇明、贫人得宝，当知此则是汝大师，若我住世，无异此也。

持净戒者，不得贩卖贸易、安置田宅、畜养人民奴婢畜生，一切种殖及诸财宝，皆当远离，如避火坑。

不得斩伐草木、垦土掘地、合和汤药、占相吉凶、仰观星宿、推步盈虚、历数算计，皆所不应。节身时食，清净自活。

不得参预世事、通致使命、咒术仙药、结好贵人、亲厚媟嫚，皆不应作。当自端心，正念求度。

不得包藏瑕疵，显异惑众，于四供养，知量知足，趣得供事，不应蓄积，此则略说持戒之相。

戒是正顺解脱之本，故名波罗提木叉。依因此戒，得生诸禅定及灭苦智慧，是故比丘，当持净戒，勿令毁犯。若人能持净戒，是则能有善法。若无净戒，诸善功德皆不得生，是以当知，戒为第一安隐功德之所住处。

汝等比丘，已能住戒，当制五根，勿令放逸，入于五欲。譬如牧牛之人，执杖视之，不令纵逸，犯人苗稼。若纵五根，非唯五欲，将无崖畔，不可制也。亦如恶马，不以辔制，将当牵人坠于坑陷。如被劫害，苦止一世，五根贼祸，殃及累世，为害甚重，不可不慎。是故智者，制而不随，持之如贼，不令纵逸，假令纵之，皆亦不久见其磨灭。

此五根者，心为其主，是故汝等，当好制心。心之可畏，甚于毒蛇、恶兽、怨贼、大火越逸，未足喻也。动转轻躁，但观于蜜，不见深坑，譬如狂象无钩，猿猴得树，腾跃踔踯，难可禁制，当急挫之，无令放逸。纵此心者，丧人善事；制之一处，无事不办。是故比丘，当勤精进，折伏其心。

汝等比丘，受诸饮食，当如服药，于好于恶，勿生增减，趣得支身，以除饥渴。如蜂采花，但取其味，不损色香。比丘亦尔，受人供养，取自除恼，无得多求，坏其善心；譬如智者，筹量牛力，所堪多少，不令过分，以竭其力。

汝等比丘，昼则勤心修习善法，无令失时，初夜后夜亦勿有废，中夜诵经以自消息，无以睡眠因缘，令一生空过，无所得也。当念无常之火，烧诸世间，早求自度，勿睡眠也。诸烦恼贼，常伺杀人，甚于怨家，安可睡眠，不自警寤。烦恼毒蛇睡在汝心，譬如黑蚖在汝室睡，当以持戒之钩，早摒除之。睡蛇既出，乃可安睡，不出而眠，是无惭人也。惭耻之服，于诸庄严，最为第一；惭如铁钩，能制人非法，是故比丘，常当惭耻，无得暂替，若离惭耻，则失诸功德；有愧之人，则有善法，若无愧者，与诸禽兽无相异也。

汝等比丘，若有人来节节支解，当自摄心，无令瞋恨，亦当护口，勿出恶言，若纵恚心，则自妨道，失功德利。忍之为德，持戒苦行所不能及，能行忍者，乃可名为有力大人。若其不能欢喜忍受恶骂之毒，如饮甘露者，不名入道智慧人也。所以者何？瞋恚之害，能破诸善法，坏好名闻，今世后世，人不喜见。当知瞋心，甚于猛火，常当防护，无令得入；劫功德贼，无过瞋恚。白衣受欲，非行道人，无法自制，瞋犹可恕；出家行道，无欲之人，而怀瞋恚，甚不可也，譬如清冷云中，霹雳起火，非所应也。

汝等比丘，当自摩头，已舍饰好，着坏色衣，执持应器，以乞自活；自见如是，若起骄慢，当疾灭之，谓长骄慢，尚非世俗白衣所宜，何况出家入道之人，为解脱故，自降其心，而行乞耶。汝等比丘，谄曲之心，与道相违，是故宜应质直其心，当知谄曲但为欺诳，入道之人，则无是处，是故汝等，宜应端心，以质直为本。

汝等比丘，当知多欲之人，多求利故，苦恼亦多；少欲之人，无求无欲，则无此患。直尔少欲，尚应修习，何况少欲能生诸善功德。少欲之人，则无谄曲以求人意，亦复不为诸根所牵；行少欲者，心则坦然，无所忧畏，触事有余，常无不足。有少欲者，则有涅槃。是名少欲。

汝等比丘，若欲脱诸苦恼，当观知足，知足之法，即是富乐安隐之处。知足之人，虽卧地上，犹为安乐；不知足者，虽处天堂，亦不称意。不知足者，虽富而贫；知足之人，虽贫而富。不知足者，常为五欲所牵，为知足者之所怜愍。是名知足。

汝等比丘，若求寂静无为安乐，当离愦闹，独处闲居。静处之人，帝释诸天，所共敬重，是故当舍己众他众，空闲独处，思灭苦本。若乐众者，则受众恼，譬如大树，众鸟集之，则有枯折之患。世间缚著，没于众苦，譬如老象溺泥，不能自出。是名远离。

汝等比丘，若勤精进，则事无难者，是故汝等，当勤精进，譬如小水常流则能穿石。若行者之心，数数懈废，譬如钻火未热而息，虽欲得火，火难可得。是名精进。

汝等比丘，求善知识，求善护助，而不忘念，若不忘念者，诸烦恼贼则不能入，是故汝等，常当摄念在心。若失念者，则失诸功德；若念力坚强，虽入五欲贼中，不为所害，譬如着铠入阵，则无所畏。是名不忘念。

汝等比丘，若摄心者，心则在定；心在定故，能知世间生灭法相，是故汝等，常当精勤修集诸定。若得定者，心则不乱，譬如惜水之家，善治堤塘，行者亦尔，为智慧水故，善修禅定，令不漏失。是名为定。

汝等比丘，若有智慧，则无贪著，常自省察，不令有失，是则于我法中能得解脱。若不尔者，既非道人，又非白衣，无所名也。实智慧者，则是度老病死海坚牢船也，亦是无明黑暗大明灯也，一切病苦之良药也，伐烦恼树者之利斧也。是故汝等，当以闻、思、修慧而自增益，若人有智慧之照，虽无天眼，而是明见人也。是为智慧。

汝等比丘，若种种戏论，其心则乱，虽复出家，犹未得脱。是故比丘，当急舍离乱心戏论，若汝欲得寂灭乐者，唯当善灭戏论之患。是名不戏论。

汝等比丘，于诸功德，常当一心舍诸放逸，如离怨贼。大悲世尊，所欲利益，皆以究竟，汝等但当勤而行之。若在山间，若空泽中，若在树下，闲处静室，念所受法，勿令忘失。常当自勉，精进修之，无为空死，后致忧悔。我如良医，知病说药，服与不服，非医咎也。又如善导，导人善道，闻之不行，非导过也。汝等若于苦等四谛，有所疑者，可疾问之，无得怀疑不求决也。尔时世尊如是三唱，人无问者，所以者何？众无疑故。

尔时阿楼驮观察众心而白佛言：世尊，月可令热，日可令冷，佛说四谛，不可令异。佛说苦谛，真实是苦，不可令乐；集真是因，更无异因；苦若灭者，即是因灭，因灭故果灭；灭苦之道，实是真道，更无余道。世尊，是诸比丘于四谛中，决定无疑。

于此众中，所作未办者，见佛灭度，当有悲感，若有初入法者，闻佛所说，即皆得度，譬如夜见电光，即得见道。若所作已办已度苦海者，但作是念，世尊灭度，一何疾哉。阿楼驮虽说是语，众中皆悉了达四圣谛义。

世尊欲令此诸大众皆得坚固，以大悲心，复为众说：汝等比丘，勿怀忧恼，若我住世一劫，会亦当灭，会而不离，终不可得，自利利人，法皆具足，若我久住，更无所益。应可度者，若天上人间皆悉已度；其未度者，皆亦已作得度因缘。自今已后，我诸弟子展转行之，则是如来法身常在而不灭也。是故当知，世皆无常，会必有离，勿怀忧也。世相如是，当勤精进，早求解脱，以智慧明灭诸痴暗。世实危脆无牢强者，我今得灭，如除恶病，此是应舍罪恶之物，假名为身，没在生老病死大海，何有智者得除灭之，如杀怨贼，而不欢喜？

汝等比丘，常当一心勤求出道，一切世间动不动法，皆是败坏不安之相。汝等且止，勿得复语，时将欲过，我欲灭度，是我最后之所教诲。

佛说八大人觉经

东汉·安息国三藏安世高译

为佛弟子，常于昼夜，至心诵念，八大人觉。

第一觉悟，世间无常，国土危脆，四大苦空，五阴无我，生灭变异，虚伪无主，心是恶源，形为罪薮。如是观察，渐离生死。

第二觉知，多欲为苦，生死疲劳，从贪欲起；少欲无为，身心自在。

第三觉知，心无厌足，唯得多求，增长罪恶，菩萨不尔，常念知足，安贫守道，唯慧是业。

第四觉知，懈怠坠落，常行精进，破烦恼恶，摧伏四魔，出阴界狱。

第五觉悟，愚痴生死。菩萨常念，广学多闻，增长智慧，成就辩才，教化一切，悉以大乐。

第六觉知，贫苦多怨，横结恶缘，菩萨布施，等念怨亲，不念旧恶，不憎恶人。

第七觉悟，五欲过患。虽为俗人，不染世乐；常念三衣、瓦钵法器；志愿出家，守道清白，梵行高远，慈悲一切。

第八觉知，生死炽然，苦恼无量。发大乘心，普济一切；愿代众生，受无量苦；令诸众生，毕竟大乐。

　　如此八事，乃是诸佛菩萨大人之所觉悟。精进行道，慈悲修慧；乘法身船，至涅槃岸；复还生死，度脱众生；以前八事，开导一切；令诸众生，觉生死苦；舍离五欲，修心圣道。

　　若佛弟子，诵此八事，于念念中，灭无量罪。进趣菩提，速登正觉；永断生死，常住快乐。

中阿含·八念经

《中阿含经卷一八·八念经》中有一段，是佛说大人之八念，极似《八大人觉经》之八事，兹录于此，供读者参考。

是时世尊，便从定觉，叹尊者阿那律陀曰：善哉善哉阿那律陀！谓汝在安静处，燕坐思惟，心作是念：道从无欲，非有欲得；道从知足，非无厌得；道从远离，非乐聚会，非住聚会，非合聚会得；道从精勤，非懈怠得；道从正念，非邪念得；道从定意，非乱意得；道从智慧，非愚痴得；阿那律陀！汝从如来，更受第八大人之念，受已便思道从不戏乐、不戏行、不戏，非戏、非乐戏、非行戏得。阿那律陀！若汝成就此大人八念者，汝必能离欲，离恶不善之法，至得第四禅成就游。

2015.4